REALSCHULE TRAINING

Schirrmacher · Steger
Deutsch
Aufsatz
7./8. Klasse

STARK

Illustrator: Igor Schulz-Bertram

Dieser Band wurde nach der neuen Rechtschreibung abgefasst. Ausgenommen sind die der Inhaltsangabe und dem textgebundenen Aufsatz zugrunde liegenden Originaltexte.

ISBN: 3-89449-333-X

© 1997 by Stark Verlagsgesellschaft mbH · D-85318 Freising · Postfach 1852 · Tel. (0 81 61) 1790
Nachdruck verboten!

Inhalt

Vorwort
Wichtige Hinweise

1 Die Erlebniserzählung 1

1.1	Themenwahl	1
1.2	Der Aufbau der Erzählung	2
1.3	Der Inhalt einer Erzählung	3
1.4	Die Sprache der Erzählung	6
1.4.1	Die Erzählzeit	6
1.4.2	Der Erzählstil	7
1.4.3	Die Gestaltung des Höhepunkts	9
1.5	Die Ausarbeitung der Erzählung	11
1.6	Test zur Erlebniserzählung	14

2 Der Bericht 15

2.1	Der Aufbau des Berichts	16
2.2	Der Inhalt eines Berichts	17
2.3	Die Sprache des Berichts	18
2.4	Die Ausarbeitung des Berichts	22
2.5	Test zum Bericht	24

3 Die Vorgangsbeschreibung 25

3.1	Der Aufbau der Vorgangsbeschreibung	25
3.2	Der Inhalt der Vorgangsbeschreibung	26
3.3	Die Sprache der Vorgangsbeschreibung	27
3.4	Die Ausarbeitung der Vorgangsbeschreibung	30

Fortsetzung siehe nächste Seite

4	**Die Personenschilderung**.............................	**33**
4.1	Der Aufbau der Personenschilderung......................	33
4.2	Der Inhalt der Personenschilderung.......................	34
4.3	Sprachliche Gestaltung.................................	38
4.4	Die Ausarbeitung der Personenschilderung................	40

5	**Die Bildbeschreibung**...............................	**45**
5.1	Der Aufbau der Bildbeschreibung........................	46
5.2	Der Inhalt der Bildbeschreibung.........................	47
5.3	Techniken der Bildgestaltung...........................	47
5.4	Sprachliche Gestaltung................................	51
5.5	Die Ausarbeitung der Bildbeschreibung..................	53

6	**Das Protokoll/Die Niederschrift**.....................	**57**
6.1	Die Protokollarten....................................	57
6.2	Der Aufbau des Protokolls.............................	58
6.3	Der Inhalt des Protokolls..............................	59
6.4	Die Sprache des Protokolls............................	60
6.5	Die Ausarbeitung eines Protokolls......................	62

7	**Das persönliche Schreiben**.........................	**67**
7.1	Die Postkarte..	67
7.2	Der Brief..	71
7.2.1	Äußere Form..	71
7.2.2	Der Aufbau eines Briefes..............................	72
7.2.3	Unterschiedliche Briefarten............................	72
7.2.4	Die Sprache des Briefes...............................	73
7.2.5	Die Gestaltung des Briefumschlags.....................	74

8	**Die Inhaltsangabe**.................................	**77**
8.1	Der Aufbau der Inhaltsangabe..........................	77
8.2	Die Zusammenfassung des Inhalts......................	78
8.3	Die Sprache der Inhaltsangabe.........................	85
8.4	Die Ausarbeitung der Inhaltsangabe.....................	86

9	**Der textgebundene Aufsatz**	**93**
9.1	Der Lehrplan zum textgebundenen Aufsatz	94
9.2	Textarten	95
9.2.1	Literarische Texte	95
9.2.2	Sach- oder Gebrauchstexte	95
9.3	Gattungsmerkmale literarischer Texte	96
9.3.1	Das Märchen	97
9.3.2	Die Sage/Legende	97
9.3.3	Die Fabel	98
9.3.4	Die Anekdote	99
9.3.5	Die Erzählung	99
9.3.6	Das Gedicht	100
9.3.7	Die Kurzgeschichte	100
9.4	Darstellungsformen bei Sachtexten	101
9.4.1	Die Nachricht und der Bericht	101
9.4.2	Die Reportage	102
9.4.3	Das Interview	103
9.4.4	Der Kommentar	103
9.4.5	Die Glosse	104
9.4.6	Der Werbetext	104
9.4.7	Aufbau von Zeitungstexten	105
9.5	Aufbau und Inhalt des textgebundenen Aufsatzes	106
9.5.1	Fragestellungen bei literarischen Texten	106
9.5.2	Fragestellungen bei Sachtexten	107
9.6	Die Sprache des textgebundenen Aufsatzes	109
9.6.1	Formulierungshilfen	109
9.6.2	Das richtige Zitieren	110
9.6.3	Die Sprachanalyse im textgebundenen Aufsatz	110
9.7	Die Ausarbeitung des textgebundenen Aufsatzes	117
9.8	Übungstexte	119
9.8.1	Literarische Texte	120
9.8.2	Sachtexte	126

Lösungen **149**

Vorwort

Im Deutschunterricht in der 7. und 8. Klasse beschäftigst du dich mit verschiedenen Aufsatzformen. Dabei bereitet der Wechsel zwischen persönlichem Aufsatz und sachlicher Darstellung, zwischen formalen Schreibformen und dem neu in den Lehrplan aufgenommenen textgebundenen Aufsatz oft Schwierigkeiten.

Damit dieses Buch für dich eine **praktische Hilfe** ist, haben wir es nach **Aufsatztypen** gegliedert. Der Band beginnt mit Hinweisen zur **Erlebniserzählung** und schließt mit der Einführung in den **textgebundenen Aufsatz**, eine Reihenfolge, wie sie auch häufig in der Schule eingehalten wird.

Jedes Kapitel enthält Hinweise zu Aufbau, Inhalt, Sprache und Ausarbeitung der jeweiligen Aufsatzform sowie zahlreiche Übungen und Tipps zur Anfertigung eigener Arbeiten. Die Lösungsvorschläge zu den Übungen sind am Ende des Buches zusammengefasst.

In den Kapiteln 1–5 haben wir besonderen Wert auf Hilfen zur **sprachlich abwechslungsreichen Gestaltung** gelegt. Nach diesen Übungen ist dein Ausdrucksvermögen so verbessert, dass du die sprachlichen Anforderungen der folgenden Aufsatzformen mit Leichtigkeit bewältigen kannst. Im Weiteren, beim Protokoll und beim persönlichen Schreiben, stehen die **formalen Aspekte** im Vordergrund.

Besondere Schwierigkeiten bereitet erfahrungsgemäß die **Inhaltsangabe**. Leitfragen erleichtern dir das Erschließen des Inhalts. Nur ein kleiner Schritt ist es von hier zum **textgebundenen Aufsatz**. Ein theoretischer Teil macht dich mit den wichtigsten Textsorten sowie dem Aufbau dieser Aufsatzform vertraut und stellt sprachliche und stilistische Mittel vor. Als Beispiele werden sowohl **literarische Texte** wie auch **Sachtexte** vorgestellt. Stoffsammlungen und Musteraufsätze unterstützen dich beim Erstellen eigener Arbeiten.

Wir wünschen dir viel Erfolg bei der Arbeit mit diesem Buch!

Bruno Schirrmacher   Helma Steger

Wichtige Hinweise

Fast jede Aufsatzart wird nach einem **bestimmten Schema** aufgebaut. Deshalb ist es sinnvoll, dass du dir, bevor du zu schreiben beginnst, darüber im Klaren bist, wie dein jeweiliger Aufsatz aufzubauen ist. Dann kannst du dieses **Aufbauschema,** das so genannte „Grundgerüst", mit Inhalt füllen.

Wichtig beim Schreiben eines Aufsatzes sind die **Vorarbeiten.** Ehe du mit der **Ausarbeitung** eines Aufsatzes beginnst, solltest du Vorüberlegungen treffen und dir Notizen machen.

Im Prinzip sieht der **Weg zu einem fertigen Aufsatz** folgendermaßen aus:

1. Themenwahl
2. Notiz des jeweiligen Aufbauschemas
3. Füllen dieses „Grundgerüstes" mit Inhalt
4. Überlegungen zur sprachlichen Gestaltung
5. Ausarbeitung des Aufsatzes

Es ist sinnvoll, die Arbeitsschritte 2 und 3 auf einem Notizzettel durchzuführen, den du in zwei Spalten teilst; in die erste schreibst du das Aufbauschema, in die zweite entsprechend die inhaltlichen Gesichtspunkte. Ein Beispiel, wie ein solcher Notizzettel aussehen könnte, findest du auf der nächsten Seite.

Für das eigentliche Ziel, die Ausarbeitung des Aufsatzes, verwendest du am besten ein liniertes Blatt mit Rand, wie es auch bei Schulaufgaben üblich ist, und achtest darauf, nach der Einleitung und nach dem Hauptteil eine neue Zeile zu beginnen. Die Arbeit wird dadurch übersichtlich.

Wenn du diese Hinweise beachtest, gewöhnst du dich an eine ordentliche Arbeitsweise und trainierst sowohl formal wie auch inhaltlich das Aufsatzschreiben.

Beispiel für einen solchen Notizzettel:

Die Erlebniserzählung

Aufbau der Erzählung	Inhalt der Erzählung
A. Einleitung	A. Einleitung
Ort	tiefer Wald
Zeit	Nacht im Spätherbst
Beteiligte	Susi und ich
Art des Erlebnisses	Nachtwanderung
B. Hauptteil	B. Hauptteil
⋮	⋮

1 Die Erlebniserzählung

Die Erlebniserzählung ist eine **subjektive**, also **persönliche Aufsatzart,** in der du deine **Gedanken, Vorstellungen** und **Gefühle** darstellst. In erster Linie soll sie den Leser oder Zuhörer **unterhalten.**

Es gibt viele Anlässe für das Erzählen. Du kannst ein Erlebnis
- einem Zuhörer mitteilen,
- deinem Tagebuch anvertrauen,
- einer Brieffreundin oder einem Brieffreund schreiben,
- in der Schule in Form eines Aufsatzes erzählen.

Dabei ist es wichtig, so zu erzählen, dass beim Zuhörer oder Leser **Interesse geweckt** wird und er deine Geschichte mit Spannung erwartet. Dies wird dir gelingen, wenn du bestimmte Regeln des Erzählens einhältst.

1.1 Themenwahl

Hast du mehrere Themen zur Auswahl, entscheide dich für ein Thema, zu dem dir ein **wirkliches Erlebnis** einfällt, denn das kannst du überzeugender und folgerichtiger erzählen als ein erfundenes. Vor allem weißt du, wie du dich verhalten und was du dabei empfunden hast. Fällt dir aber, wie es bei Schulaufgaben manchmal der Fall ist, kein geeignetes Erlebnis zu den Themen ein, so kannst du auch eines **erfinden.** Achte dabei darauf, dass deine Geschichte **glaubhaft** ist.

Da eine Erzählung sehr auf persönlichen Gefühlen und Empfindungen beruht, solltest du dich bei der **Themenwahl** von folgenden Fragen leiten lassen:
- Welches Thema spricht dich besonders an?
- Zu welchem Thema fällt dir spontan ein Erlebnis ein?
- Hast du hierzu etwas Besonderes, Ungewöhnliches, Aufregendes erlebt?
- Erinnerst du dich an ein Erlebnis, das du auf das Thema „zuschneiden" kannst?
- Bist du in der Lage, eine Geschichte zu erfinden, die glaubhaft ist?

Die Erlebniserzählung

1.2 Der Aufbau der Erzählung

Nachdem du dich für ein Thema entschieden hast, gilt es zu überlegen, wie eine Erlebniserzählung aufgebaut ist.

Sie besteht aus drei Teilen, aus **Einleitung, Hauptteil** und **Schluss**. Die Einleitung (A) führt zum Thema hin, im Hauptteil (B) wird das eigentliche Erlebnis erzählt und die Spannung schrittweise bis zum Höhepunkt gesteigert. Dies gelingt dir am besten, wenn du dir vorstellst, wie du vor deinem ersten Sprung von einem 10-m-Brett die Stufen der Leiter nach oben steigst und dabei deine Angst wächst. Beim Betreten der Plattform beginnt der Höhepunkt. Der Schluss (C) rundet das Thema ab.

„Bauplan" einer Erzählung:

A. Einleitung:
- Angaben über Zeitpunkt, Ort und Beteiligte
- Art des Erlebnisses

B. Hauptteil:
- Verlauf des Erlebnisses, dargestellt in Erzählschritten
- Höhepunkt
- Abklingen der Spannung

C. Schluss:
- Folgerung
- Erklärung oder
- Lehre/Moral

Grafisch kann man sich den **Aufbau** einer Erlebniserzählung folgendermaßen vorstellen:

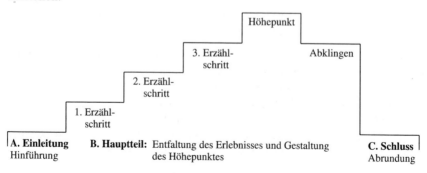

1.3 Der Inhalt einer Erzählung

Du hast jetzt gesehen, wie man eine Erlebniserzählung aufbaut. Nun muss dieses Gerüst inhaltlich gefüllt werden. Überlege, was genau du schreiben willst und was den Leser interessiert. Einige Leitfragen, die so genannten **W-Fragen**, helfen dir dabei:

- **Welches Erlebnis** möchtest du erzählen?
- **Wann** und **wo** geschah es?
- **Wer** war daran beteiligt?
- **Was** ereignete sich **der Reihe nach**, Schritt für Schritt (**roter Faden**)?
- Was war die **Hauptsache**, der Kern des Erlebnisses?
- **Wo** bzw. **wann** war es **am spannendsten** (Höhepunkt)?
- **Wie endete** das Erlebnis?
- **Welche Folgen** brachte es mit sich?
- **Welche Schlussfolgerung** oder **Erkenntnis** kann man daraus ziehen?

Mithilfe dieser Leitfragen können wir nun auf der **Grundlage des Aufbauschemas** eine Stoffsammlung erstellen.

Stichpunktartige Stoffsammlung zum Thema:
„Eine unvergessliche Radtour"

A. Einleitung:
- schöner Sommertag
- Vorschlag der Freundin, eine Radtour zu machen
- Beschluss, in einen nahe gelegenen Wald zu fahren

B. Hauptteil:
1. Schritt:
   - mittags losradeln
   - in kleinem Dorf Abkühlung in Form eines Getränkes
2. Schritt:
   - Ankunft an einer Waldlichtung
   - Picknick und kleines Nickerchen unter einem Baum
   - Aufziehen weißer Wölkchen
3. Schritt:
   - Aufwachen
   - schwarze Wolken
   - Donnern in der Ferne
   - Aufbruch zur Rückfahrt

4. Schritt: **Höhepunkt**
- Aufkommen von Wind
- erste Regentropfen
- Peitschen des Regens
- Blitze, Donner
- Angst, Gänsehaut
- lautes Krachen
- Einschlagen des Blitzes in einen Baum ganz in der Nähe
- schreckliche Gedanken
- Schrei
- Sturz vom Rad

5. Schritt: Abklingen
- Ankunft zu Hause

C. Schluss:
- Umziehen
- Erholen von dem Schreck

Die Anzahl der einzelnen Schritte ist nicht genau festgelegt; sie hängt von der Themastellung und der persönlichen Bearbeitung ab, empfehlenswert sind allerdings drei bis fünf Schritte.

Besonders wichtig ist die inhaltliche Gestaltung des Höhepunkts. Damit dir die Spannungssteigerung bis zum Höhepunkt gelingt,

- kannst du Möglichkeiten der **Verzögerung** einbauen (z. B. kurze Rast, Erfrischung, kleines Nickerchen ...),
- kannst du eine **bevorstehende Gefahr andeuten** (z. B. Hitze, schwüle Luft, dunkle Wolken),
- solltest du **nicht den Ausgang schon am Anfang verraten** (z. B. Gewitter nicht erwähnen).

Auch viele sprachliche Mittel lassen sich zum Zweck der Spannungssteigerung einsetzen (S. 6–10).

Die Erlebniserzählung

Tipps zu Aufbau und Inhalt der Erlebniserzählung

- Wähle ein **Erlebnis** aus, das zum Thema passt!
- Die Geschichte sollte **wahr** oder zumindest **glaubhaft** sein; Räuber- oder Raumfahrtgeschichten nimmt dir niemand ab. Sie gehören in den Bereich der Fantasie- oder Lügengeschichten.
- Achte auf den **roten Faden**! Nur was mit dem Erlebnis unmittelbar in Zusammenhang steht, ist von Interesse, Nebenhandlungen lenken vom eigentlichen Thema ab und langweilen den Leser.
- Überlege dir den Kern der Erzählung und baue die Spannung schrittweise bis zum **Höhepunkt** hin auf.

Übung zu Aufbau und Inhalt der Erlebniserzählung

1 Ordne folgende Stichpunkte zum Thema „Eine fürchterliche Aufregung" so, dass sich ein sinnvoller Aufbau ergibt!
Verwende dazu das Aufbauschema unter 1.1 und kennzeichne den Höhepunkt! (Lösung S. 149)

- Wüstenrennmaus Albert im Freikäfig
- Warnung, die Maus nicht loszulassen
- schöner Sommertag
- Lisa wollte die Maus streicheln
- Maus sprang aufgeregt im Käfig herum
- meine Schwester und ich fütterten sie
- Angst um die Rennmaus
- sie suchte Schatten
- verzweifelter Versuch, die Maus wieder einzufangen
- Tränen und Verzweiflung
- der Käse lockte die Maus zurück in den Käfig
- Hilfe der Mutter
- Verbot für die Schwester, jemals wieder mit der Maus zu spielen
- Albert entwischte
- Lisa erschrak, als Albert biss und kratzte

1.4 Die Sprache der Erzählung

1.4.1 Die Erzählzeit

Eine Erzählung greift ein **einmaliges Erlebnis** auf, deshalb ist ihre Zeitform normalerweise das **Präteritum** (Imperfekt/1. Vergangenheit). Wird allerdings etwas erzählt, das zum Zeitpunkt des Ereignisses bereits geschehen ist (Vorvergangenheit), formuliert man dies im **Plusquamperfekt/3**. Vergangenheit.

Beispiele:

Nachdem ich zu Hause **angekommen war**,   *ereignete* sich das Unglück.
(Plusquamperfekt)   (Präteritum)
Wir **hatten** bereits **gegessen**,   als erneut das Telefon **klingelte**.
(Plusquamperfekt)   (Präteritum)

Wenn du bereits etwas Erfahrung im Erzählen hast, kannst du den Höhepunkt im **Präsens** (Gegenwart) erzählen. Dadurch versetzt du den Leser **direkt** in das Geschehen. Vergiss aber nicht, nach dem Höhepunkt wieder ins **Präteritum** zurückzukehren.

Beispiel:

*... Ängstlich **verkroch** ich mich unter der Bettdecke, die schlimmsten Gedanken **schossen** mir durch den Kopf. Als ich wieder Mut **gefasst hatte**, **lugte** ich vorsichtig aus meinem sicheren Versteck hervor. Plötzlich **drang** aus dem Erdgeschoss ein peitschender Knall an mein Ohr* (Präteritum). *Ich **bekomme*** (Wechsel ins Präsens) *keine Luft mehr, **spüre** einen Kloß im Hals. In Panik **springe** ich aus dem Bett und **rase** aus dem Zimmer. Im Flur **bleibe ich stehen** und **lausche** nach unten. Schritte **nähern** sich dem Treppenhaus. Mein Herz **hämmert** wie wild, ich **wage** kaum zu atmen. Da, jemand **kommt** die Treppe herauf. Ich **halte** es nicht mehr **aus** und **schreie:** „Hilfe!" „Bist du immer noch auf?",* **antwortete** (Rückkehr ins Präteritum) *mein Vater. „Du musst keine Angst haben, wir sind wieder da",* **beruhigte** *er mich.*

Die Erlebniserzählung

1.4.2 Der Erzählstil

Bei der Erzählung stehen Gedanken und Gefühle des Erzählers im Mittelpunkt des Geschehens, deshalb wird sie in der **Ich-** oder **Wir-Form** verfasst. Weil sie den Leser unterhalten und fesseln will, ist ihre Sprache **lebendig** und **anschaulich**.

Es stehen dir verschiedene sprachliche Mittel zur Verfügung, mit denen du diese Wirkung erzielen kannst:

- **wörtliche Reden,** z. B.:
  „Heute ist ein strahlend schöner Sommertag. Wollen wir eine Radtour machen?", schlug mir meine Freundin Anna vor. „Oh ja!", rief ich begeistert.

- **Frage- und Ausrufesätze,** z. B.:
  Was ist, wenn mich ein Blitz erschlägt? Das ist ja fürchterlich!

- **Verben,** die ausdrücken, was du **hörst, siehst** und **fühlst** (Verben der Sinneswahrnehmung), z. B. Ausdrücke für Freude ...:
  hören: *jauchzen, jubilieren ...*
  sehen: *lächeln, lachen ...*
  fühlen: *sich glücklich fühlen, ein Kribbeln im Bauch haben ...*

- **abwechslungsreicher Satzbau:**
  keine Aufzählung aneinandergereihter Hauptsätze, z. B.:
  Ich fuhr mit Pauline zum Schwimmen. Ich kaufte mir dort ein Eis. Wir sprangen dann vom Fünf-Meter-Brett.

  sondern Verknüpfung durch Konjunktionen, z. B.:
  Als Pauline und ich im Schwimmbad angekommen waren, kauften wir uns ein Eis und sprangen dann vom Fünf-Meter-Brett.

- **anschauliche Adjektive,** z. B.:
  für schnell: *eilig, hurtig, gehetzt, getrieben*

Die Erlebniserzählung

Tipps zur sprachlichen Gestaltung

- Die Zeitstufe der Erzählung ist normalerweise das **Präteritum**.
- Schreibe in der **Ich-** oder **Wir-Form**!
- Verwende **Ausrufe** und **Fragen**! Sie drücken deine Gefühle aus.
- Die **wörtliche Rede** macht deinen Aufsatz lebendig (aber verwende sie sparsam!).
- Frage dich, was deine **Sinne** wahrnehmen, was du **hörst, siehst, fühlst, riechst** und **schmeckst**!
- Verwende **treffende Verben** und **anschauliche Adjektive**.

Wortfeldübungen

Verb und Adjektiv haben eine besondere Bedeutung für die Erzählung. Du findest hier einige Übungen, die deinen Wortschatz in diesem Bereich erweitern. Bestimmte Wörter wie *gehen*, *sprechen* oder *schön* werden sehr häufig verwendet, sie sind aber meist nichts sagend und machen deinen Aufsatz langweilig und einförmig. Du kannst hier treffendere Wörter mit derselben oder einer noch genaueren Bedeutung, sog. **Synonyme**, finden.

2 Finde Synonyme für folgende Wörter:

a) sprechen,
b) gehen,
c) schön! (Lösung S. 150)

3 Ersetze im folgenden Textabschnitt das Adjektiv *schön*! (Lösung S. 150)

Es war ein *schöner* Tag, denn wir feierten Vaters 40-sten Geburtstag. Meine Mutter hatte den Tisch *schön* gedeckt, denn mein Vater liebt *schöne* Tischdekorationen. Gerade als sie ihr *schönes* Werk vollendet hatte, klingelte es. Tante Lisa stand erwartungsvoll vor unserer Haustür. Als ich öffnete, begrüßte sie mich sogleich überschwänglich: „Na, du *schönes* Mädchen, ist das große Fest schon im Gange?"
Papa hatte Tante Lisas Stimme vernommen und eilte nun herbei. „Du bist ja heute wieder *schön* gekleidet!", schmeichelte er ihr und sie strahlte über das ganze Gesicht, hoch erfreut über das Kompliment. „Ein *schöner* Tag heute!", rief sie, „*schön*, dass ich mit euch feiern darf."

Übung zur Darstellung von Gefühlen

Du kannst Gefühle darstellen, indem du dich in der jeweiligen Situation fragst, was du **siehst, hörst, spürst,** und das dann zum Ausdruck bringst. Folgende Übung bietet dir dazu eine Hilfestellung.

4 Ergänze die folgende Tabelle, indem du zu jeder angegebenen Gefühlsregung mindestens fünf ausdrucksvolle Umschreibungen findest!
(Lösung S. 151)

	sehen	hören	spüren
Freude	lächeln, lachen, ...	jauchzen, jubilieren, ...	sich glücklich fühlen, ein Kribbeln im Bauch haben, ...
Ärger, Wut	zornig blicken, ...	fluchen, ...	eine Wut im Bauch haben, ...
Schmerz, Trauer	...	...	...
Angst	...	...	...

1.4.3 Die Gestaltung des Höhepunkts

Die **Gestaltung des Höhepunkts** ist besonders wichtig in der Erzählung. Hier musst du **ausführlich** und **spannend** erzählen, damit der Leser das Ende der Geschichte neugierig erwartet. Ihn interessieren deine **Sinneswahrnehmungen, Einbildungen, Gedanken** und **Gefühle** zum Zeitpunkt des Geschehens. Gelingt es dir, den Höhepunkt so **anschaulich** zu gestalten, dass sich der Leser in deine Situation versetzen und deine Gefühle nachvollziehen kann, wird ihn die Geschichte fesseln und er möchte wissen, wie sie ausgeht.

Die Erlebniserzählung

Tipps zur Gestaltung des Höhepunkts

- Erzähle, was du hörst, siehst, eventuell auch riechst!
- Stelle hier besonders **lebendig** deine **Gefühle** wie Angst, Trauer, Schmerz, Freude ... dar!
- Ein Wechsel in die Zeitform des **Präsens** ermöglicht dem Leser ein direktes Mitfühlen mit dir.
- Verwende **wörtliche Reden,** Frage- und Ausrufesätze!
- Eine Hilfestellung bei der Gestaltung des Höhepunkts könnte es sein, wenn du dir vorstellst, du müsstest ihn verfilmen und alles geschieht in Zeitlupe.

Übung zur Ausgestaltung des Höhepunkts

5
1. Warum sind folgende Auszüge – sie stellen jeweils den Höhepunkt einer Schülerarbeit dar – nicht lebendig und anschaulich?
2. Gestalte sie lebendig und spannend und unterstreiche in beiden Beispielen die sprachlichen Mittel, die dem Höhepunkt Ausdruck verleihen!

a) Angst
Als ich eine Geräusch vernahm, hatte ich schreckliche Angst.
(Lösung S. 152)

b) Schlechtes Gewissen
Ich hatte ein schlechtes Gewissen, weil ich meine Mutter angelogen hatte.
(Lösung S. 152)

1.5 Die Ausarbeitung der Erzählung

Die geordnete Stoffsammlung (S. 3/4) ist der **Fahrplan für die Ausarbeitung** der Erzählung.

Thema: „Eine unvergessliche Radtour"

A. Einleitung

Es gibt viele Möglichkeiten für eine Einleitung, bei unserem Beispiel bieten sich folgende an:

Möglichkeit 1:

An einem strahlend schönen Sommertag unternahm ich mit meiner Freundin Anna eine Radtour in einen Wald, um dort ein Picknick zu machen.	**A. Einleitung** Angaben über Ort, Zeitpunkt, Beteiligte

Möglichkeit 2:

„Heute ist ein strahlend schöner Sommertag. Wollen wir eine Radtour machen?", schlug mir meine Freundin Anna vor. „Oh ja!", rief ich begeistert. Wir beschlossen, in den Wald zu fahren und dort auf einer abgelegenen Lichtung ein Picknick zu veranstalten.	**A. Einleitung** direkter Einstieg durch wörtliche Rede

B. Hauptteil

Nachdem wir unsere Rucksäcke gepackt hatten, radelten wir mittags los. Die Sonne brannte vom Himmel und schon nach ein paar Kilometern schwitzten wir und hatten das Gefühl, gleich verdursten zu müssen. Deshalb erfrischten wir uns, als wir in ein kleines Dorf kamen, zunächst mit einer kühlen Limonade. / Nach dieser Rast musste ich mich fast auf mein Rad zwingen, denn die Luft war schwül und meine Kleider klebten mir am Leib. Recht schweigsam setzten wir unsere Radtour fort und erreichten endlich, müde und erschöpft, zwanzig Minuten später unser Ziel. Ich ließ mich erleichtert unter einen Baum plumpsen und Anna packte unseren Proviant aus. / Wir verzehrten die köstlichen Leckereien und schliefen anschließend ein kleines Weilchen. Als ich wieder	**B. Hauptteil** 1. Schritt 2. Schritt 3. Schritt

Die Erlebniserzählung

aufwachte, entdeckte ich dunkle Wolken am Horizont. Ein leichtes Lüftchen wehte und in der Ferne glaubte ich ein leises Donnergrollen zu vernehmen. Eiligst weckte ich Anna, die verschlafen brummelte: „Was ist denn los, warum weckst du mich denn?" Ich zeigte auf den Himmel, der sich bereits verdächtig verfinstert hatte. „Los, beweg dich!", befahl ich, „es beginnt gleich zu regnen. Wir müssen sehen, dass wir möglichst bald nach Hause kommen!" Geschwind schwangen wir uns auf unsere Drahtesel und traten den Heimweg an.

„Susi, ich glaube, es fängt zu regnen an", jammerte Anna, „ich habe bereits ein paar Tropfen abbekommen." Jetzt wurde der Wind immer stärker, der Himmel verdüsterte sich zusehends und der Regen peitschte uns ins Gesicht. Wir radelten, so schnell wir konnten, doch trotz der Anstrengung froren wir erbärmlich. In der Ferne zuckten Blitze und das Donnern klang verdächtig nah. Angst kroch in mir hoch. „Was ist, wenn mich ein Blitz erschlägt?", malte ich mir aus. Ein Schaudern erfüllte mich. Da blitzte es plötzlich direkt neben mir und ein lautes Krachen folgte. Nur einige Meter entfernt hatte der Blitz in einen Baum eingeschlagen. Mein Herz klopfte wild und meine Hände zitterten. Da, ein Schrei! Das war Anna! Ich blickte mich um und stellte mit Entsetzen fest, dass sie vor Schreck gestürzt war. „Bist du verletzt?", fragte ich sie besorgt, als ich sah, dass sie weinte. „Nein, ich habe nur fürchterliche Angst", gestand sie mir. Ich beruhigte sie und wir setzen unsere Schreckensfahrt in Windeseile fort.

4. Schritt: **Höhepunkt**

Die Erlebniserzählung

Nun lässt du die Spannung **abklingen**.

Endlich sahen wir unser Dorf und bald hatten wir auch mein Elternhaus erreicht. Pitschnass, aber sehr erleichtert betraten wir die Diele.
5. Schritt

C. Schluss

Gelingt dir noch eine **Abrundung** des Aufsatzes, dann hast du es geschafft, eine spannende Erlebniserzählung zu schreiben. Auch hier gibt es mehrere Möglichkeiten:

Möglichkeit 1:

Wir zogen unsere nasse Kleidung aus und machten es uns mit einer Packung Chips auf dem Sofa bequem.
C. Schluss
Ausklang des Erlebnisses

Möglichkeit 2:

„Zuerst ziehen wir unsere nassen Klamotten aus", schlug ich Anna vor. Dann gestand ich ihr, dass ich schreckliche Angst gehabt hatte. So schnell wollten wir keine Radtour mehr machen, wir mussten beide erst unseren Schrecken verdauen.
C. Schluss
Verweis auf die Zukunft

Möglichkeit 3:

Eines hatten wir gelernt: Sollten wir je wieder alleine eine Radtour unternehmen, würden wir uns am Tag zuvor genauestens den Wetterbericht zu Gemüte führen.
C. Schluss
Lehre/Moral

Übungen zur Ausarbeitung der Erlebniserzählung

6 Schreibe zwei denkbare Einleitungen zum Thema „Ein Schrecken im Dunkeln"! (Lösung S. 153)

7 Schreibe auf der Grundlage von Übung 1 eine Erzählung zum Thema „Eine fürchterliche Aufregung"! (Lösung S. 153)

8 Schreibe eine Erzählung zum Thema „Gerade noch einmal gerettet"! (Lösung S. 154)

Die Erlebniserzählung

9 a) Fertige eine Erzählung zum Thema „Ein lustiger Streich" an!
b) Unterstreiche im vorgeschlagenen Lösungsaufsatz alle Verben des Sprechens und des Klangs sowie alle Adjektive!
(Lösungen S. 155)

1.6 Test zur Erlebniserzählung

Hast du dir alles Wichtige über die Erlebniserzählung gemerkt? Hier kannst du dein Wissen testen.

10 Fülle die Lücken in folgendem Text sinnvoll aus! (Lösung S. 158)

1. Die Erlebniserzählung besteht aus _____ Teilen:

   A. _____,

   B. _____,

   C. _____.

2. Die _____ führt zum Thema hin, du hast _____ Möglichkeiten, sie zu gestalten,

   a) durch _____,

   b) durch _____.

3. Der Hauptteil gliedert sich in einzelne _____, die _____ aufgebaut sind und zum _____ hinführen.

4. Um den Höhepunkt lebendig zu gestalten, kannst du die _____ verwenden, denn Aufgabe der Erzählung ist es zu _____ und zu _____.

5. Die Zeitform ist das _____.

2 Der Bericht

Ebenso wie für das Erzählen finden sich auch für das Berichten zahlreiche Anlässe. Du kannst z. B. über
- einen Sport- oder Verkehrsunfall,
- ein schulisches oder sportliches Ereignis,
- eine Reise oder einen Schulausflug berichten.

Der Bericht ist eine **objektive,** also **sachliche Aufsatzart,** deren Aufgabe im Gegensatz zur Erzählung in erster Linie in der **Information über ein Ereignis** besteht.
Berichte werden entweder in einer Zeitung oder Zeitschrift, vielleicht in eurer Schülerzeitung veröffentlicht oder an die Polizei oder eine Versicherung etc. geschickt. Je nach ihrem Adressaten unterscheiden sie sich auch inhaltlich.

Der **Zeitungsbericht** wendet sich an den **Zeitungsleser.** Er informiert in erster Linie über das Ereignis selbst, z. B. über einen Unfallhergang. Er enthält meist keine Namen und Adressen der Unfallbeteiligten (Beispiel siehe Übung 14, S. 23).

Adressat des **Zeugenberichts** ist die **Polizei.** Der Zeugenbericht wird in der **Ich-Form** geschrieben. Besonders wichtig sind dabei Angaben über Zeitpunkt, Ort, Art und Weise des Geschehens sowie über den Standort des Zeugen (Beispiel siehe S. 22).

Der **Versicherungsbericht** wendet sich an die **Versicherung.** Er wird in der **Ich-Form** oder in der **dritten Person** verfasst. Hierbei ist es notwendig, **genaue Angaben** über alle am Geschehen Beteiligten zu machen, ebenso über eventuelle Verletzungen und die Schadenshöhe. Wichtig ist es auch, die Schuldfrage anzusprechen (Beispiel siehe Übung 13, S. 21).

2.1 Der Aufbau des Berichts

Der Bericht ist dreiteilig aufgebaut. Er besteht aus **Einleitung, Hauptteil** und **Schluss.**

A. Einleitung:
- Kurzinformation über Ort, Zeit und Beteiligte
- Art des Ereignisses

B. Hauptteil:
- ein einmaliges Ereignis
- zeitlich richtige Reihenfolge
- genaue Information (W-Fragen)
- sachlich richtige und objektive Darstellung
- vollständige Berichterstattung

C. Schluss:
- Folgen

Merke: Die Einzelinformationen müssen **exakt** (d. h. genau) und in einer **sinnvollen Reihenfolge** dargestellt werden.

Grafisch kannst du dir den Aufbau eines Berichts folgendermaßen vorstellen:

| **A. Einleitung** | **B. Hauptteil** | **C. Schluss** |
| Kurzinformation | Einzelinformationen | Folgen |

Im Gegensatz zur Erzählung wird im Bericht die **Spannung nicht gesteigert,** er hat also **keinen Höhepunkt;** sein Aufbau ist **linear.**

2.2 Der Inhalt eines Berichts

Im Bericht steht nur, was wirklich geschehen ist. Er informiert **objektiv, genau** und **vollständig** über einen einmaligen Sachverhalt. Dabei musst du folgende Fragen, die so genannten **W-Fragen**, exakt beantworten:

- **Was** geschah bzw. **worüber** berichtest du?
- **Wer** war beteiligt?
- **Wann** passierte es?
- **Wo** ereignete es sich?
- **Wie** und **warum** geschah es?
- **Welche Folgen/Schäden** ergaben sich?

Stoffsammlung für einen Zeugenbericht zu einem Verkehrsunfall

A. **Einleitung:**
- Verkehrsunfall
- Regensburg, Kreuzung Tannenallee/Rosenweg
- Dienstag, 10. 10. 1996
- um 8.40 Uhr
- Pkw und Radfahrer

B. **Hauptteil:**
- **Standort der Zeugin:** Beifahrerin im Pkw, der den Rosenweg entlangfuhr und sich der Kreuzung näherte
- **Unfallhergang:** Radfahrer kam aus der Tannenallee, Absicht, nach links in den Rosenweg einzubiegen, missachtete ein Vorfahrt-achten-Schild, Pkw auf vorfahrtsberechtigtem Rosenweg versuchte zu bremsen, Versuch misslang, in der Mitte der Kreuzung Zusammenstoß der beiden Verkehrsteilnehmer, Sturz des Radfahrers und Ohnmacht
- **Ursache:** Missachtung des Vorfahrtsrechts

C. **Schluss:**
- **Folgen:** leichte Verletzungen des Radfahrers, Totalschaden am Rad, leichte Kratzer am Kotflügel des Pkw
- Benachrichtigung von Krankenwagen und Polizei

Der Bericht

Übung zu Aufbau und Inhalt des Berichts

11 Ordne folgende Stichpunkte so, dass sich ein sinnvoller Aufbau ergibt! Lege das Aufbauschema zugrunde! (Lösung S. 159)

- Golf-Fahrer
- aus der Uhlandstraße kommend
- stadtauswärts fahrend
- 15. Februar 1997
- Verständigung der Polizei und des Notarztes durch einen Mofafahrer
- Regensburg, Kreuzung Lessingstraße/Uhlandstraße
- Vorfahrtsregelung rechts vor links
- Beifahrerin des Passauer BMWs aus dem Auto geschleudert
- bewusstlos liegen geblieben
- gegen 15.30 Uhr
- Missachtung des Vorfahrtrechtes des BMWs durch den Golf-Fahrer
- Zusammenstoß beider Fahrzeuge
- Hautabschürfungen und Prellungen der beiden Fahrer
- Standort des Zeugen unmittelbar an der Kreuzung auf dem Bürgersteig der Uhlandstraße
- erheblicher Sachschaden an beiden Fahrzeugen
- Eintreffen des Sanitätswagens
- Einlieferung der verletzten Beifahrerin in das Krankenhaus der Barmherzigen Brüder

2.3 Die Sprache des Berichts

Der Bericht erfordert eine objektive, knappe Darstellungsweise und damit eine **sachliche, genaue Sprache**. Er verzichtet auf überflüssige Angaben und Informationen. Da er keine persönlichen Gefühle und Meinungen enthält, wird normalerweise auch **keine wörtliche Rede** verwendet. Müssen Aussagen wiedergegeben werden, so geschieht das in der indirekten Rede, z. B. nicht: *„Ich bin bei Grün über die Straße gegangen."*, sondern: *Er behauptete, er sei bei Grün über die Straße gegangen.*

Der Bericht

Durch die Verwendung von **Fachbegriffen,** z. B. *Stoppschild, Verkehrsteilnehmer, Vorfahrtsstraße usw.,* wird dein Bericht genau!
Die Zeitstufe des Berichts ist das **Präteritum.**

Für bestimmte allgemeine Begriffe findest du hier treffende **Synonyme,** die zum Thema „Verkehrsunfall" passen:
- fahren: sich nähern, herankommen, passieren, überqueren, abbiegen, einbiegen, rollen, rutschen ...
- zusammenstoßen: kollidieren, streifen, zusammenprallen, schleudern ...
- halten: stehen bleiben, stoppen, zum Stehen kommen, zum Stillstand kommen, abrupt bremsen ...
- Verkehrsteilnehmer: Passant, Fußgänger, Radfahrer, Pkw-Fahrer, Spaziergänger, Beifahrer, Personengruppe, Busfahrer ...
- Fahrzeuge: Lkw, Pkw, Moped, Motorroller, Motorrad, Bus, Zug, Lieferwagen, Transit, Wohnwagen, Wohnmobil ...
- Verkehrszeichen: Stoppschild, Vorfahrt achten, Ampelanlage, Überholverbot, Geschwindigkeitsbegrenzung, Halteverbot, Vorfahrtsstraße

Weitere **Schreibhilfen** für den Unfallbericht:
- Ein Verkehrsunfall/Sportunfall ereignete sich/trug sich zu/passierte/geschah ...
- Der Pkw befand sich auf der Vorfahrtsstraße/auf der Bundesstraße ...
- Der Fahrer hatte das Stoppschild nicht beachtet/übersehen/missachtet ...
- Am Lkw entstand ein Sachschaden von ...
- Wir benachrichtigten/verständigten Polizei und Krankenwagen ...
- Der Junge verletzte sich schwer/trug leichte Verletzungen davon ...

Übung zu Inhalt und Sprache – Unfallbericht

12 Formuliere folgenden Brief in einen Bericht um, bediene dich der sachlichen Ausdrucksweise und ergänze die notwendigen Angaben!
(Lösung S. 159)

Lieber Klaus,

vielen Dank für deinen letzten Brief. Du möchtest wissen, was sich in unserer Klasse alles ereignet hat, seit du nach Dresden gezogen bist. Da muss ich dir vor allem von Peters Unfall erzählen. Gestern hatten

Der Bericht

wir in der zweiten Stunde Sportunterricht. Unser neuer Sportlehrer Herr Weiß kündigte an: „Heute üben wir die Hocke über den Bock!" „Diese Übung kann ich gut", freute sich Peter, der neben mir stand.
Er kam gleich als Zweiter an die Reihe, lief schnell an und sprang mit voller Kraft ab. Da geschah es! Peter blieb mit seinem rechten Fuß am Bock hängen und stürzte vornüber, sodass ihn Manfred und Karl, die zur Hilfestellung eingeteilt waren, nicht mehr halten konnten. Er schlug neben der Matte auf dem Boden auf. Wir waren alle sehr erschrocken und legten Peter vorsichtig auf die Matte, während Herr Weiß zum Telefon rannte und den Arzt rief. Es schien eine Ewigkeit zu dauern, bis dieser endlich kam. Nachdem Dr. Träger, den du ja kennst, Peter untersucht hatte, meinte er: „Peter hat eine schwere Gehirnerschütterung und muss sofort ins Krankenhaus!" Als wir in unser Klassenzimmer gingen, fuhr gerade der Sanitätswagen in den Schulhof und die Sanitäter holten Peter mit einer Trage ab. Er muss mindestens zwei Wochen im Krankenhaus bleiben und darf auch dann noch längere Zeit nicht mitturnen. Bestimmt ärgert er sich, dass er deshalb an unserem Sportfest in drei Wochen nicht teilnehmen kann. Morgen will ich ihn im Krankenhaus besuchen. Ich habe dir noch einen Zeitungsausschnitt über den Unfall beigelegt.
So viel für heute. Ich hoffe, bald wieder von dir zu hören.
Herzliche Grüße, dein Heinz

Übung zu Inhalt und Sprache – Versicherungsbericht

13 Schreibe auf der Grundlage folgender Angaben einen **Bericht** des Vaters von Stefan Zoll an die **Versicherung**! Ergänze, was notwendig ist, verzichte auf überflüssige Angaben und bediene dich des sachlichen Stils! (Lösung S. 160)

Stefan Zoll wurde auf dem Weg zu Schule verletzt. Nun möchte sein Vater eine Unfallmeldung an die Versicherung schreiben. Weil er dazu einige Angaben benötigt, setzt er sich mit dem Fahrer des Wagens, von dem Stefan verletzt wurde, und dessen Frau, die zum Zeitpunkt des Unfalls auf dem Beifahrersitz saß, in Verbindung. Auch den Freund Stefans, Simon Schulz, der gemeinsam mit Stefan in die Schule ging, bittet der Vater zu dem bevorstehenden Gespräch. Gemeinsam mit seinem Sohn, dessen Freund sowie Herrn und Frau Gabler spricht er über den Vorfall auf dem Schulweg.

HERR ZOLL: Herr Gabler, schildern Sie doch einmal, wie es zu dem Unfall kam.

HERR GABLER: Ich fuhr mit meinem Wagen die Prüfeninger Straße entlang. Plötzlich überquerte Ihr Sohn diese Straße an der Ampel, die sich in Höhe der Bushaltestelle Goethe-Schiller-Straße befindet. Er muss bei Rot losgegangen sein. Ich streifte ihn noch leicht, obwohl ich sofort bremste. Na ja, er ist ja noch zur Seite gesprungen, sonst wäre wohl Schlimmeres passiert.

STEFAN ZOLL: Das stimmt überhaupt nicht! Die Ampel war grün, als ich die Straße überquerte.

FRAU GABLER: Von wegen! Kopflos bist du über die Straße gelaufen, einfach so, ohne zu schauen! Du hast ja die Schuld auch gleich zugegeben, weswegen wir die Polizei nicht geholt haben. Unverschämter Bengel!

SIMON SCHULZ: Er hat die Schuld ja nur zugegeben, weil er so erschrocken war und weil Sie, Herr Gabler, so getobt haben. In Wirklichkeit sind wir bei Grün über die Straße gegangen.

STEFAN ZOLL: Ja genau! Und außerdem habe ich schon genug durchgestanden mit meinem verstauchten Handgelenk und mit dem Ärger wegen der zerbrochenen Brille.

HERR GABLER: Die Jungen lügen! Beim nächsten Mal hole ich gleich die Polizei, dann habe ich später nicht mehr so viele Scherereien.

Der Bericht

2.4 Die Ausarbeitung des Berichts

Nachdem du die Vorarbeiten geleistet hast, kannst du den zusammenhängenden Bericht verfassen.

Thema: Zeugenbericht zu einem Verkehrsunfall

A. Einleitung

> Am Dienstag, den 10. 10. 1996 ereignete sich in Regensburg an der Kreuzung Tannenallee/Rosenweg ein Verkehrsunfall, bei dem ich Zeuge wurde. Beteiligt daran waren ein Pkw und ein Radfahrer.

A. Einleitung
Angaben über Ort, Zeit, Beteiligte

B. Hauptteil

> Ich befand mich auf dem Beifahrersitz im Pkw meines Vaters, der den Rosenweg entlangfuhr und sich langsam der Kreuzung näherte. Zu dem Unfall kam es, als ein Radfahrer von der Tannenallee nach links in den Rosenweg einbiegen wollte.

B. Hauptteil
Unfallhergang

> Er missachtete das Vorfahrt-achten-Schild und nahm so einem Pkw, der auf dem vorfahrtsberechtigten Rosenweg fuhr, die Vorfahrt. Der Fahrer des Wagens versuchte noch zu bremsen, was allerdings misslang. In der Mitte der Kreuzung stießen die beiden Verkehrsteilnehmer zusammen. Der Radfahrer stürzte und blieb regungslos liegen. Mein Vater verständigte sofort den Krankenwagen und die Polizei.

Ursache für den Unfall

C. Schluss

> Der Radfahrer wurde in ein Krankenhaus eingeliefert. Am Rad war Totalschaden entstanden und der Pkw hatte leichte Kratzer am rechten vorderen Kotflügel.

C. Schluss
Folgen

Der Bericht

Tipps zum Erstellen eines Berichts

- Im Bericht steht nur, was **wirklich geschehen** ist.
- Alles **Wesentliche** muss enthalten sein.
- Beachte die **W-Fragen!**
- Berichte in der **richtigen Reihenfolge!**
- Berichte in **vollständigen Sätzen** und verwende einen **sachlichen Sprachstil!**
- Der Bericht enthält **keine persönlichen Gefühle und Gedanken.**
- Verwende im Bericht **keine wörtliche Rede!**
- Verzichte auf überflüssige Angaben!
- Die Einleitung enthält bereits die wesentlichen Angaben über Ort, Zeit und Beteiligte.
- Berichte im **Präteritum** (1. Vergangenheit)!

Übung zur Ausarbeitung eines Berichts – Zeitungsbericht

14 Schreibe auf der Grundlage folgender Stichpunkte einen Bericht für die Schülerzeitung über einen Projekttag in deiner Schule! (Lösung S. 161)

23. Juni 1997 – Projekttag mit dem Thema „Es geht auch ohne Drogen" – um 8.00 Uhr Versammlung aller Klassen in der Aula – Plakate mit Angaben über das breit gefächerte Angebot an Veranstaltungen – Listen, in die sich die Schülerinnen und Schüler eintragen konnten – Angebote: z. B. Plakataktion gegen Drogen, Informationsveranstaltungen über Wirkung und Folgen von Drogen, Podiumsdiskussion mit einem Polizisten, einem Psychologen, einem Lehrer und zwei Schülern, Gestaltung von T-Shirts mit Anti-Drogen-Motiven, meditative Tänze, antialkoholische Getränke und Müsliriegel – Abschluss des Projekttages: Anti-Drogen-Party um 16.00 Uhr in der Aula unserer Schule – auch Eltern waren eingeladen – Vortrag der Ergebnisse durch die einzelnen Gruppen und Diskussion mit den Eltern und Lehrern über die gewonnen Erkenntnisse – ein gelungener Tag – vielleicht ein kleiner Beitrag zum Kampf gegen Drogen

Der Bericht

2.5 Test zum Bericht

Wenn du die Ausführungen zum Bericht konzentriert durchgearbeitet hast, wirst du den folgenden Test bestehen.

15 Fülle die Lücken in folgendem Text sinnvoll aus! (Lösung S. 161)

1. Der Bericht besteht aus _____ Teilen:

   A. _____,

   B. _____,

   C. _____.

2. Die Einleitung informiert über _____, _____,

   _____ und _____.

   Der Leser bekommt Antworten auf folgende Fragen: _____?,

   _____?, _____?, _____?.

3. Der Hauptteil enthält wesentliche Angaben über das _____

   und die _____, er beantwortet folgende Fragen: _____?,

   _____?.

4. Der Schluss informiert über die _____ und gibt Antwort

   auf die Frage, welche _____ bzw. _____

   sich ergaben.

5. Die Sprache des Berichts ist _____, _____

   und _____, er enthält keine _____ und

   _____, weil er die Aufgabe hat zu _____.

6. Im Gegensatz zur Erzählung hat der Bericht keinen _____,

   sein Aufbau ist _____, d. h. _____.

7. Die Zeitform des Berichts ist das _____.

3 Die Vorgangsbeschreibung

Ganz häufig triffst du in der Praxis auf Beschreibungen von Vorgängen:
- Wenn du ein Spiel kaufst, enthält dieses eine **Spielanleitung**.
- Für deine ersten Kochversuche benötigst du **Rezepte**.
- Wenn du nach einem **Weg** gefragt wirst, musst du ihn **beschreiben**.

Die Vorgangsbeschreibung ist eine **sachliche** Aufsatzform, in der einzelne Vorgänge **sehr genau** und **folgerichtig** beschrieben werden. Der Vorgang muss so dargestellt werden, dass ihn der Leser Schritt für Schritt nachvollziehen kann.

3.1 Der Aufbau der Vorgangsbeschreibung

Wie die beiden bereits bekannten Aufsatzformen ist auch die Vorgangsbeschreibung **dreiteilig** aufgebaut. Sie besteht aus einer **knappen Einleitung,** einem meist sehr **ausführlichen Hauptteil** und einem **kurzen Schluss**. Die Beschreibung besitzt **keinen Höhepunkt** und der Aufbau des Hauptteils ergibt sich aus der logischen Reihenfolge der einzelnen Schritte, die, falls nötig, begründet werden müssen.

A. Einleitung:
- Anlass/Zweck der Beschreibung
- vorbereitende Tätigkeiten
- und/oder benötigte Materialien

B. Hauptteil:
- Beschreibung des Vorgangs
- Darstellung der einzelnen Schritte in der richtigen Reihenfolge
- Begründung der Schritte, falls notwendig

C. Schluss:
- Ergebnis
- Aufräumen der Arbeitsmaterialien

Die Vorgangsbeschreibung

Grafisch kannst du dir den Aufbau einer Vorgangsbeschreibung folgendermaßen vorstellen:

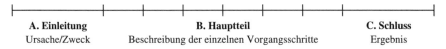

A. Einleitung	B. Hauptteil	C. Schluss
Ursache/Zweck	Beschreibung der einzelnen Vorgangsschritte	Ergebnis

3.2 Der Inhalt der Vorgangsbeschreibung

Stoffsammlung zum Thema: „Wie man Jenga spielt"

A. Einleitung:
- Inhalt und Art des Spiels
- Altersgrenze: ab 7 Jahren
- Anzahl der Spieler: 6–7

B. Hauptteil:
1. Schritt:
   - Aufbau des Turms und Ausrichtung
2. Schritt:
   - Beginn des Spiels, Fortsetzung im Uhrzeigersinn
3. und 4. Schritt:
   - Geschickte Entnahme eines Holzklötzchens aus dem Turm, ohne ihn zum Einsturz zu bringen
   - Ablegen dieses Steins auf dem Turm
5. Schritt:
   - Wiederholung dieser beiden Vorgänge, bis der Turm einstürzt

C. Schluss:
- Sieger: Spieler, der als Letzter vor dem Einsturz des Turms ein Holzklötzchen entnimmt
- Verlierer: Spieler, der den Turm zum Einstürzen bringt

Die Vorgangsbeschreibung

Übung zu Aufbau und Inhalt der Vorgangsbeschreibung

16 Ordne folgende Stichpunkte so, dass sich ein sinnvoller Aufbau ergibt! Lege das Aufbauschema für die Vorgangsbeschreibung zugrunde!
(Lösung S. 163)

Wie man einen Scherenschnitt anfertigt
scharfe Schere – Stuhl – starke Lichtquelle – modern gerahmt ein persönliches Geschenk – mit Lampe Person anleuchten – Schattenprofil auf weißem Papier – mit Bleistift nachzeichnen – auf schwarzes Papier übertragen – sorgfältig ausschneiden – DIN-A3-Blatt – Bleistift – auf weißen Karton kleben – Person im Profil, auf einem Stuhl sitzend – ruhige Haltung notwendig, da ansonsten kein exakter Schattenriss

3.3 Die Sprache der Vorgangsbeschreibung

Wie der Bericht erfordert auch die Vorgangsbeschreibung einen **sachlichen Stil**; sie enthält keine Gefühle und Meinungen. Da es bei einer Beschreibung besonders auf die **Genauigkeit** ankommt – der Leser soll ja den Vorgang jederzeit nachvollziehen können – ist es von großem Vorteil, die jeweiligen **Fachausdrücke** zu verwenden. Voraussetzung dafür ist allerdings, dass du dich in der Materie gut auskennst.

Um zu verdeutlichen, dass der Vorgang jederzeit nachvollziehbar sein soll, vermeidet man die Ich- oder Wir-Form. Aus demselben Grund steht die Vorgangsbeschreibung im **Präsens.**

Schwierigkeiten bereitet bei dieser Aufsatzform vor allem die sprachliche Abwechslung, besonders die Vermeidung von „man" und „dann".

Formulierungshilfen

dann: zunächst, zuerst, darauf, danach, im nächsten Schritt, nachdem, im Anschluss daran, abschließend, zuletzt

man: Man rührt den Teig schaumig.
Der Teig **wird** schaumig **gerührt.** (Passiv)
Der Teig **ist** schaumig **zu rühren.**

Die Vorgangsbeschreibung

Wichtig ist auch, nicht die Infinitivform der Verben zu verwenden, sondern sie zu **konjugieren** (d. h. zu beugen).

Beispiel:

Infinitivformen	konjugierte Formen
Eier schaumig *rühren*, Zucker *hinzufügen*, Mehl *unterheben*	Nachdem die Eier schaumig *gerührt sind, wird* Zucker *hinzugefügt* und Mehl *untergehoben*.

Übung zu Aufbau und Sprache der Vorgangbeschreibung

a) Unterstreiche in der stichpunktartigen Aufzählung alle Fachbegriffe!
b) Ergänze die Stichpunkte mit einem Einleitungs- und Schlussgedanken!
c) Schreibe eine Gebrauchsanweisung, indem du diese Stichpunkte ausformulierst! Beachte vor allem, dass du die Verben konjugieren musst!
(Lösungen S. 163/164)

Arbeitsschritte in Stichpunkten:
1. Frischwasserbehälter mit kaltem Leitungswasser füllen
2. Deckel auf Frischwasserbehälter auflegen
3. Filterpapier in Filteraufsatz stecken
4. Gemahlenen Kaffee in Filter schütten
5. Filteraufsatz auf Kaffeekanne stellen
6. Kaffeekanne auf Warmhalteplatte setzen
7. Überlaufrohr über Filtermitte schwenken
8. Kaffeeautomaten durch Netzstecker mit Spannungsquelle verbinden
9. Gerät durch Drücken des Schalters mit Lichtsignal in Betrieb nehmen

Übung zur Sprache der Vorgangsbeschreibung

18 Überarbeite folgendes Rezept!
a) Welche Fehler bzw. Mängel stellst du fest?
b) Verbessere die Arbeitsanleitung!
(Lösungen S. 165)

5 Eier, getrennt
185 g Zucker, plus etwas Zucker zum Süßen der Sahne
220 g Mehl
Geriebene Schale und Saft von 2 Orangen
Puderzucker
320 ml Schlagsahne
Frische Orangensegmente zum Verzieren
Himbeersauce zum Servieren, nach Wunsch

Den Backofen auf 180 °C (Gas Stufe 4) vorheizen. Eine flache Backform mit einer doppelten Lage Alufolie auslegen. Gut einfetten. In einer Schüssel Eidotter, Zucker und Orangenschale zu einer dicken Masse schlagen.

Das Eiweiß in einer großen Schüssel steif schlagen, aber nicht trocken werden lassen. 1 EL in die Dottermasse rühren, diese auf den Eischnee geben und sorgfältig einrühren. In die vorbereitete Backform füllen und glattstreichen. 30 Minuten backen, herausnehmen und sofort mit einem feuchten Küchentuch bedecken. Ein Stück Alufolie dick mit Puderzucker bestreuen und den kalten Kuchen darauf stürzen. Die Folie in langen Streifen abziehen.

Die Sahne in einer Schüssel schlagen und nach Geschmack süßen. Langsam den Orangensaft dazugeben und weiter schlagen, bis die Sahne steif ist. Etwas Sahne zum Verzieren aufheben, den Rest auf den Kuchenboden streichen. Mithilfe der Folie rollen und die Roulade auf eine Kuchenplatte legen. Sahnerosetten entlang der Seiten spritzen und die Roulade mit Orangensegmenten verzieren. Nach Geschmack Himbeersauce dazu reichen.

3.4 Die Ausarbeitung der Vorgangsbeschreibung

Anhand des Themas „Wie man Jenga spielt" wollen wir nun unsere theoretischen Kenntnisse über die Vorgangsbeschreibung praktisch anwenden.

Fachbegriffe, die wir für dieses Thema benötigen:
Stapelwinkel, Holzklötzchen, Etage, Stabilität, rechtwinklig versetzt

A. Einleitung

Lange Winterabende vertreibt man sich gut mit Gesellschaftsspielen. Besonders beliebt bei Jung und Alt ist Jenga, ein Geschicklichkeitsspiel für 2 bis 6 Personen. Es besteht aus 54 Holzklötzchen und einem Stapelwinkel und kann etwa ab sieben Jahren gespielt werden.

A. Einleitung

B. Hauptteil

Zunächst baut man den Turm mithilfe des Stapelwinkels Etage für Etage auf. Dazu legt man jeweils drei Holzklötzchen, die rechtwinklig zueinander versetzt werden, übereinander, bis alle Teile verwendet sind. Danach wird der Turm aufgerichtet und der Stapelwinkel herausgezogen, sodass der Turm alleine steht.

B. Hauptteil
1. Vorgangsschritt

Jetzt kann das Spiel beginnen. Anfangen darf derjenige, der den Turm aufgebaut hat, fortgesetzt wird der Wettbewerb im Uhrzeigersinn.

2. Vorgangsschritt

Die Mitspieler versuchen nun der Reihe nach, dem Turm jeweils vorsichtig ein Hölzchen zu entnehmen und es oben wieder aufzulegen. Das muss rechtwinklig versetzt zur Lage darunter geschehen. Dabei darf nur eine Hand benutzt und der Turm nicht zum Einsturz gebracht werden. Verboten ist es auch, den beiden obersten kompletten Lagen ein Klötzchen zu entnehmen, denn hier ist der Turm immer stabil und fordert den Akteur nicht.

3. und 4. Vorgangsschritt

Je mehr Hölzchen nun dem Turm entnommen und oben wieder aufgebaut sind, umso schwieriger wird das Spiel, da das Gebäude aufgrund der vielen Lücken und der zunehmenden Höhe immer instabiler wird, und umso geschickter muss man vorgehen.

5. Vorgangsschritt

Wenn der Turm einstürzt, ist das Spiel zu Ende.

Die Vorgangsbeschreibung

C. Schluss

Verloren hat derjenige, der ihn zum Einstürzen gebracht hat, Gewinner ist derjenige, dem es als Letztem gelingt, ein Hölzchen zu entnehmen und oben anzubauen. Wenn man lange genug übt, wird man bald Meister dieses unterhaltsamen Spiels sein.

C. Schluss

Tipps zur Vorgangsbeschreibung

- Beschreibe die einzelnen Vorgangsschritte sehr **genau** und **ausführlich**!
- Achte auf die **richtige Reihenfolge** der einzelnen Schritte!
- **Begründe** wichtige Vorgangsschritte!
- **Konjugiere die Verben!** (nicht: *Die Klötzchen aufeinander legen*, sondern: *Die Klötzchen müssen aufeinander gelegt werden.*)
- Verwende **Fachbegriffe**!
- Vermeide „man" und „dann"!
- Die Zeitform der Vorgangsbeschreibung ist das **Präsens**.

Übung zur Ausarbeitung einer Vorgangsbeschreibung

19 Schreibe eine Spielanleitung für „Stadt, Land, Fluss"! Beachte dabei alle Regeln, die für das Verfassen einer Vorgangsbeschreibung wichtig sind.
(Lösung S. 166)

4 Die Personenschilderung

Schildern bedeutet, **Stimmungen, Gefühle** und **Eindrücke wiederzugeben**. Dies kann geschehen, indem man beeindruckende Ereignisse festhält, ein Bild oder auch einen bestimmten Menschen beobachtet und auf sich wirken lässt. Du sollst dich bei dieser Aufsatzform besonders auf **Personen** konzentrieren, sie in ganz **bestimmten Situationen** beobachten und deine **Empfindungen** niederschreiben.

Du lernst dabei u. a.
- besonders genau zu beobachten,
- auch scheinbar Unwichtiges zu sehen,
- Menschen zu beschreiben,
- ihre Verhaltensweisen zu beurteilen und ihre Glaubwürdigkeit einzuschätzen.

4.1 Der Aufbau der Personenschilderung

So sieht der Aufbau der Personenschilderung aus:

A. Einleitung:
- Vorstellung der Person
- Einführung in die Situation

B. Hauptteil:
- Interessantes zur Person
- Aussehen, körperliche Merkmale
- Kleidung, Kleidungsstücke, Schnitt und Farbe
- Verhalten in einer Situation, besondere Eigenheiten
- Charakter bzw. charakterliche Merkmale
- Verknüpfung von Aussehen, Verhalten und Charakter

C. Schluss:
- persönliches Urteil
- Gesamteindruck

Die Personenschilderung

4.2 Der Inhalt der Personenschilderung

Da eine Schilderung sehr auf Gefühle und Empfindungen baut, solltest du dich bei der Themenwahl und der Stoffsammlung von den **W-Fragen** leiten lassen:

- **Welches** Thema spricht dich besonders an?
- **Welche** Person fällt dir dabei spontan ein?
- **Welche** Handlungen sind dieser Person besonders zu eigen?
- **Wann** hast du sie zum letzten Mal beobachtet?
- **Was** fällt besonders auf?
- **Warum** reagiert eine Person auf eine bestimmte Weise?

Themenvorschläge

Bei folgenden Themen hast du bestimmte Tätigkeiten vorgegeben, die du unbedingt in deinen Aufsatz einbeziehen musst:

- Meine Mutter beim Autofahren
- Eine Mitschülerin beim Aufsagen eines Gedichtes
- Meine Schwester, kurz bevor sie ausgeht
- Mein Großvater bastelt
- Eine freundliche Verkäuferin
- Mein Lieblingsstar auf der Bühne

Die Themen können aber auch wesentlich allgemeiner formuliert werden, wie du an folgenden Beispielen erkennen kannst:

- Die Siegerin/Der Sieger
- Die Erschöpfte/Der Erschöpfte
- Die Tänzerin
- Die Samariterin
- Die Beschwingte

Die Personenschilderung

Stoffsammlung zum Thema: „Meine Mutter beim Autofahren"

A. Einleitung
- Vorstellung der Person: meine Mutter, Anne Schneider
- Ausgangssituation: nachmittäglicher Einkaufsbummel in der nahe gelegenen Stadt

B. Hauptteil
- Interessantes zur Person: 35 Jahre, sieht aber wesentlich jünger aus
- Aussehen und körperliche Merkmale: ca. 1,60 m groß, schlank, zarte Hände, wohlgeformtes Gesicht, Brille, blondes, halblanges Haar, hellblaue Augen
- Kleidung: schwarze Stretchhose, beiges, tailliertes T-Shirt, weiße Turnschuhe
- Verhalten in einer Situation: Situation Autofahrt, Gegenverkehr und Überholen, Blick auf die silberne Quarzuhr
- besondere Eigenheiten: finsterer Gesichtsausdruck, Mundwinkel nach unten gezogen
- Charakter: erregt, aber doch freundlich und verständnisvoll, gewissenhaft
- Verknüpfung Aussehen und Verhalten: im Text zu verwirklichen

C. Schluss
- persönliches Urteil: beste Mutter
- Gesamteindruck: gepflegt und jugendlich evtl. weitere Tätigkeit

Übung zu Aufbau und Inhalt der Personenschilderung

20 Betrachte das unten abgebildete Foto der Leichtathletin Florence Griffith Joyner genau; überlege dir auch, wie du die Sportlerin im Stadion oder im Fernsehen erlebt hast und notiere zunächst Stichpunkte für eine entsprechende Personenbeschreibung.
Ordne dann die aufgeführten Stichpunkte sinnvoll! (Lösung S. 167)

Die Personenschilderung

Florence Griffith Joyner
Quelle: dpa/Agence France

Leichtathletikfan – in München; die Gelegenheit, internationale Spitzenstars bei Wettkämpfen zu bewundern – 100-m-Lauf – einige Probestarts – auffälliges Make-up – Griffith-Joyner aus nächster Nähe – Karte für das große Ereignis im Olympiastadion, damit ich mein Vorbild und Idol Florence bewundern kann – Trainingsanzug – Konzentration auf den bevorstehenden Lauf – Olympiasiegerin – dunkelhäutige Schönheit – modebewusst – groß gewachsene Athletin – schwarze Lockenpracht, mit einem goldenen Band zu einem Pferdeschwanz zusammengebunden – goldene Kreolen als Ohrringe – fast maskulin – kraftvolle Bewegungen – zieht ihren Trainingsanzug aus – besonderes Markenzeichen: fünf Zentimeter lange, gebogene, lila und rot lackierte Fingernägel mit kleinen funkelnden Steinen im Lack – peitschender Knall des Startschusses – Schultern und Oberkörper – verstellt den Startblock noch einmal – zwei goldene Kettchen und ein bunter Reif – spurtet mit schnellen Schritten – schnürt ihre Spikes noch einmal fester – Ehrenrunde, einige Handküsse in die Menge – einteiliger Rennanzug in pink und gold – beim letzten Schritt wirft sie beide Arme nach oben – verstellt den Startblock noch einmal – muskulöse Arme – lächelt strahlend – Ausnahmeathletin, Idol aller jugendlichen Leichtathletinnen – Königin des Sprints – siegesgewiss – sie schnellt nach vorne – bei der Hälfte deutlicher Vorsprung – ihr Gesichtsausdruck angespannt – der Mund halb offen – lange und kräftige Sprinterbeine

Übung zum Inhalt der Personenschilderung

21 Notiere aus dem Ausschnitt aus „**Der Bajazzo**" von THOMAS MANN die Aussagen über das Aussehen und das Wesen der Tochter! (Lösung S. 169)

... seine Tochter	Aussagen über ihr Äußeres	Aussagen über ihr Wesen
sitzt interessiert und lebhaft vorgebeugt, beide Hände, in denen sie ihren Fächer hält, auf dem Sammetpolster. Dann und wann macht sie eine kurze Kopfbewegung, um das lockere, lichtbraune Haar ein wenig von der Stirn und den Schläfen zurückzuwerfen. Sie trägt eine ganz leichte Bluse aus heller Seide, in deren Gürtel ein Veilchensträußchen steckt, und ihre schmalen Augen blitzen in der scharfen Beleuchtung noch schwärzer als vor acht Tagen. In jedem Augenblick setzt sie ihre weißen, in kleinen, regelmäßigen Abständen schimmernden Zähne auf die Unterlippe und zieht das Kinn ein wenig empor. Diese unschuldige Miene, die von gar keiner Koketterie zeugt, der ruhig und fröhlich zugleich umherwandernde Blick ihrer Augen, ihr zarter weißer Hals, welcher fast frei ist und um den sich ein schmales Seidenband von der Taille schmiegt ... Es ist eine vornehme und durch elegantes Wohlleben sicher und überlegen gemachte Kindlichkeit, und sie legt ein Glück an den Tag, dem nichts Übermütiges, sondern eher etwas Stilles eigen ist, weil es selbstverständlich ist.		

Quelle: THOMAS MANN: Der Bajazzo. Aus: ders., Gesammelte Werke in dreizehn Bänden. Band VIII. Erzählungen. © S. Fischer Verlag GmbH, Frankfurt am Main 1960, 1974.

Die Personenschilderung

4.3 Sprachliche Gestaltung

Die Personenschilderung **erfasst den Augenblick** und steht deshalb im **Präsens**. Damit sie **anschaulich** und **lebendig** wird, solltest du Wörter verwenden, die die Person näher beschreiben. Im Folgenden findest du einige Formulierungshilfen, die dir die Beschreibung des Aussehens, der Kleidung und der Bewegung einer Person erleichtern sollen.

Das Aussehen

Gestalt:
stark, untersetzt, schlank, schwächlich, breitschultrig, zierlich, fest

Kopfform:
rund, oval, länglich, eckig

Haare:
Wuchs: dicht, dünn, wellig, gelockt, kraus, struppig, glatt
Farbe: blond, braun, hell-/mittel-/dunkelblond, schwarz, rot, grau, weiß, gefärbt
Form: lang, kurz, Scheitel rechts/links/in der Mitte, ungescheitelt, Stiftelkopf, Glatze, Stirnglatze, Bubikopf, Herrenschnitt, Pagenkopf, Schopf, Zopf

Bart:
Farbe: siehe Haare
Form: Schnurrbart, Vollbart, Backenbart, Kinnbart, Kinnbart mit Oberlippenbart, glatt rasiert, Dreitagebart

Gesicht:
Farbe: auffallend bleich, gebräunt, rot, blass
Haut: sommersprossig, Pickel, Narben, tiefe Falten, leichte Fältchen
Form: rund, oval, eckig, vorstehende Backenknochen
Fülle: voll, eingefallen, Wangengrübchen
Stirn: hoch, niedrig, zurückweichend, fliehend

Augen:
Farbe: blau, grau, hellbraun, dunkelbraun, schwarzbraun, grün

Augenbrauen:
Farbe: siehe Haare
Form: buschig, schmal, spärlich, waagerecht, schön geschwungen, zusammengewachsen

Nase:
sehr groß, sehr klein, dick, spitz, breit, krumm, gerade, Adlernase, Stupsnase

Ohren:
groß, klein, abstehend, Ohrläppchen angewachsen
Mund:
groß, klein, schmal, volle/wulstige Lippen, Hasenscharte
Zähne:
(strahlend) weiß, gelb, auffallend groß, klein, regelmäßig, schief
Kinn:
stark zurückweichend, fliehend, vorspringend, spitz, breit, Doppelkinn, Grübchen, markant, männlich
Arme:
sehr lang, sehr kurz, behaart, muskulös, Steifheit, Verkrüppelung
Hände:
sehr groß, sehr klein, schlank, kräftig, behaart, abgearbeitet, gepflegt, Fehlen einzelner Finger, Verkrüppelung
Beine:
sehr lang, sehr kurz, schlank, dicke Waden, X-Beine, O-Beine
Füße:
sehr groß, sehr klein, zart, kräftig
Gang/Haltung:
schleppend, mühsam, gebeugt, runder Rücken
Sprache:
Mundart, stotternd, lispelnd, auffallend tiefe/hohe Stimme, laut

Die Bekleidung

genaue Angaben über Form, Schnitt, Stoffart, Farbe (Fachausdrücke!)
Kopfbedeckung, Mantel, Schal, Jacke, Weste, Pullover, T-Shirt, Hose, Rock, Kleid, Hemd, Bluse, Krawatte, Strümpfe, Schuhe, Schmuck, Ring, Kette, Ohrring, Armband, Uhr
Zustand: neu, abgetragen, modisch, altmodisch

Die Bewegungen/Gebärden

steif, schlacksig, sportlich, maskulin, feminin, unsicher, sicher, bestimmend

Besondere Angewohnheiten

die Brille richten, mit den Fingern spielen, das Kinn streichen, mit der Hand durch die Haare fahren, mit dem Bleistift spielen, die Stirn in Falten legen, die Nase rümpfen, nervös, gelassen reagieren

Die Personenschilderung

Übung zur Sprache der Personenschilderung

22 Suche treffende Synonyme für folgende Ausdrücke! Versuche dabei besonders ausdrucksvolle Beschreibungen zu finden! (Lösung S. 170)

a) krank aussehend
b) gesund aussehend
c) nett
d) unfreundlich

4.4 Die Ausarbeitung der Personenschilderung

Thema: „Meine Mutter beim Autofahren"

A. Einleitung

Möglichkeit 1:

Meine Mutter heißt Anne Schneider. Sie legt besonderen Wert darauf, „Anne" genannt zu werden. Sie wehrt sich immer sehr, wenn jemand ihr einen Kosenamen gibt oder sie gar Anna nennt. Wir steigen gerade in ihren gelben Kleinwagen ein. Auf ihren neuen Fiesta ist sie besonders stolz.	**A. Einleitung** Vorstellen der zu beschreibenden Person, Name

Möglichkeit 2:

Vor einigen Jahren hat meine Mutter, Anne Schneider, den Führerschein gemacht und sie ist inzwischen eine sichere Fahrerin geworden, die nicht viel aus der Ruhe bringen kann. Heute will ich mit ihr in die Stadt zum Einkaufen fahren, denn so ein Stadtbummel mit ihr macht immer besonders viel Spaß.	**A. Einleitung** Einführung in die Situation

Möglichkeit 3:

Meine Mutter ist halbtags berufstätig, genauer gesagt, arbeitet sie dreimal in der Woche einen halben Tag in einem Reisebüro. Montags holt sie mich immer von der Schule ab. Ich habe um 14.00 Uhr aus. Dann machen wir uns auf den Weg nach Regensburg zu einem Stadtbummel.	**A. Einleitung** Einführung in die Situation: Zeitangaben

Die Personenschilderung

Möglichkeit 4:

Wir, das sind meine Mutter, mein Vater mein Bruder und ich, wohnen in einer Neubausiedlung in Obertraubling. Heute wollen meine Mutter und ich nach Regensburg fahren. Sie holt ihren kleinen Fiat aus der Garage. So können wir sofort aufbrechen.

A. Einleitung
Einführung in die Situation: Familienverhältnisse, Wohnort

B. Hauptteil

Wir steigen nun beide ins Auto und meine Mutter gurtet sich pflichtbewusst an. Bevor die Fahrt beginnt, sieht sie noch in den Rückspiegel. Sie rückt ihre ovale Nickelbrille zurecht und streift in gewohnter Manier ihr blondes, halblanges Haar zurück. Dann legt sie den ersten Gang ein, blickt mit ihren hellblauen Augen kurz in den Seitenspiegel und die Fahrt beginnt. Weil meine Mutter nur 1,60 m groß ist, hat sie den Sitz weit nach vorne geschoben und befindet sich somit nahe am Steuer, das sie sicher hält. Sie beobachtet sehr konzentriert das Geschehen auf der Straße, wobei sie immer ihre Stirn etwas runzelt. Zwischendurch blickt sie hektisch auf ihre silberne Quarzuhr.
Heute trägt meine Mutter eine schwarze Stretchhose, ein beiges, tailliertes T-Shirt und weiße Turnschuhe. Dieses Out-fit unterstreicht ihr jugendliches Aussehen, doch wenn ich sie genauer betrachte, kann ich erkennen, dass sich unter ihren Augen doch schon ein paar Fältchen eingeschlichen haben.
Als ein Autofahrer bei Gegenverkehr gerade noch überholen kann, bekommt ihr sonst fröhliches Gesicht einen finsteren Ausdruck und die Mundwinkel zieht sie leicht nach unten. Man sieht ihr die Erregung an, ihre rechte Hand sucht nervös den Schaltknüppel, um in einen niedrigeren Gang zu schalten. Sie schüttelt den Kopf und ist sichtlich erregt. Ihre Wangen färben sich rot. Sie hat sich jedoch schnell wieder gefasst und zeigt sich wie immer freundlich und verständnisvoll. Als wir am Ziel angekommen und ausgestiegen sind, prüft meine Mutter mehrmals, ob die Türen richtig verschlossen sind. In dieser Beziehung, aber auch sonst, ist sie sehr genau und gewissenhaft.

B. Hauptteil
Aussehen: körperliche Merkmale

Eigenheiten im Verhalten

Kleidung

Aussehen

Verhalten in einer bestimmten Situation

Charaktereigenschaften

Die Personenschilderung

Du siehst, dass im Hauptteil die **Gliederungspunkte oft ineinander übergehen**. Du musst selbst entscheiden, ob in deine Satzkonstruktion die eine oder andere Angabe passt. Aber achte darauf, dass du **keine zu großen inhaltlichen Sprünge** machst. Auch die „Verknüpfung von Aussehen und Verhalten" wird nicht gesondert ausgeführt, sondern taucht immer wieder in einzelnen markanten Beschreibungen oder Situationsschilderungen auf.

C. Schluss

Möglichkeit 1:

Um meine Mutter wirklich gut kennen zu lernen, genügt es natürlich nicht, sie nur beim Autofahren zu beobachten. Besonders wichtig ist mir, wie sie mit meinen Problemen umgeht. Und ich muss wirklich sagen, ich habe in ihr eine gute Freundin und eine verständnisvolle Mutter.

C. Schluss
persönliches Urteil

Möglichkeit 2:

Besonders belustigt es mich immer, wenn unsere Bekannten oder andere Leute meiner Mutter ein Kompliment machen wollen und ihr sagen: „Das gibt es nicht, Sie sind doch die ältere Schwester von Lena!" Aber eigentlich haben sie Recht, sie sieht wirklich jugendlich und gepflegt aus.

C. Schluss
Gesamteindruck

Möglichkeit 3:

Wir freuen uns jetzt auf unseren gemeinsamen Bummel durch die Stadt. Manchmal geben wir auch, wie Papa meint, etwas zu viel Geld aus, aber bisweilen kommen wir auch damit aus, nur anzuschauen und zu probieren, was uns gefällt.

C. Schluss
weitere Tätigkeit

Die Personenschilderung

Tipps zur Personenbeschreibung

- Wähle zur Beschreibung eine Person, die dir **nahe steht** oder die du in **besonderer Erinnerung** hast!
- Beschreibe zuerst den **Gesamteindruck**! Vom Gesamteindruck kannst du dann zu besonders markanten **Einzelmerkmalen** kommen!
- Verbinde Bewegungen und Gesten mit persönlichen Eigenschaften!
- Verwende **passende, lebendige Verben** und **Adjektive**!
- Die Zeitstufe ist das **Präsens**.

Übungen zur Ausarbeitung der Personenschilderung

23 Fertige auf der Grundlage deiner geordneten Stoffsammlung zu dem Bild von Florence Griffith-Joyner (Übung 20, S. 35/36) eine Personenschilderung an! (Lösung S. 170)

24 Schreibe zu dem Bild des kleinen Mädchens eine Personenschilderung mit dem Titel „Die Ertappte"! (Lösung S. 171)

5 Die Bildbeschreibung

Eine Bildbeschreibung gibt **detailliert** wieder, was auf einem **Bild zu sehen** ist. Der Leser muss sich die Gegenstände, Personen, Tiere und Landschaften genau vorstellen können. Wo und in welchem Zusammenhang sich die Dinge befinden, ist ebenfalls sehr wichtig. Besonders kommt es auch darauf an, welche **Technik** der Maler verwendet, welche **Farben** dominieren. Neben diesen konkreten Fakten muss aber auch die **Absicht** (Intention) des Malers und der **Eindruck** des Bildes auf den Betrachter zum Ausdruck kommen. Es ist also bei dieser Aufsatzform wichtig, genau zu arbeiten und dabei das Bild zum Leben zu erwecken.

Die Bildbeschreibung
- fördert die Beobachtungsgabe,
- erweitert dein Kunstverständnis,
- gibt Einblick in die Farbenlehre,
- hilft, einige Kunstepochen kennen zu lernen.

Über die Vielzahl von **Kunstepochen,** ihre charakteristischen Merkmale und über die Maler der jeweiligen Epoche solltest du dich in einem Lexikon oder Kunstbuch informieren.

Wichtige Stilepochen der Malerei:
- Renaissance
- Barock
- Romantik
- Impressionismus
- Expressionismus
- Kubismus
- Jugendstil etc.

Die Bildbeschreibung

5.1 Der Aufbau der Bildbeschreibung

Die Bildbeschreibung besteht aus drei Teilen, wobei der Aufbau in erster Linie durch das jeweilige Bild bestimmt wird; eine genaue Abfolge ist dabei nicht vorgegeben.

A. Einleitung:
- Entstehungszeit
- Name des Bildes
- Maler/in
- Größe, Maltechnik
- Bildinhalt in einem Satz

B. Hauptteil:
- Aufbau des Bildes, sinnvolle Reihenfolge (Vorder-, Mittel-, Hintergrund, Perspektive)
- Kern des Bildes betonen
- Zusammenhänge aufzeigen
- Licht und Schatten
- Farben

C. Schluss:
- Wirkung auf den Betrachter oder
- Absicht des Malers

Du kannst dir den **Aufbau eines Bildes** grundsätzlich folgendermaßen vorstellen:

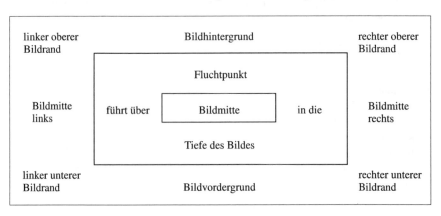

5.2 Der Inhalt der Bildbeschreibung

Bei der Bildbeschreibung wirst du nicht mit Themen, sondern mit **verschiedenen Arten von Bildern** konfrontiert, z. B. mit:
- Landschaftsbildern,
- Alltagsszenen,
- Gegenständen,
- abstrakten Darstellungen,
- Karikaturen,
- Werbeplakaten.

Um die **Wirkung** und den **Inhalt** eines Bildes leichter zu erfassen, solltest du als Hilfestellung einige Fragen an das Bild stellen:
- **Wie** groß ist das Bild?
- **Was** ist dargestellt?
- **Wie** ist es dargestellt?
- **Was** bedeutet das Dargestellte?
- **Warum** wählte der Maler gerade dieses Motiv?
- **Welche** Technik verwendete er?
- **Welche** Farben dominieren?
- **Wer** ist der Maler und welcher Kunstepoche gehört er an?

5.3 Techniken der Bildgestaltung

Bevor wir uns der Aufsatztechnik zuwenden, musst du mehr über **Mal-** und **Drucktechniken** sowie über grundlegende Gesetzmäßigkeiten der Wirkung von **Farbe** und **Raum** erfahren.

Malerei

Freskomalerei
Fresko, italienisch, bedeutet „frisch". Mit Wasser aufgeschwemmte Farben werden auf den noch nassen Wandputz – Kalk – aufgetragen. Die Farben verbinden sich mit dem Kalkputz zu einer feinen emailartigen Oberfläche, die Farben selbst werden leuchtender. Freskomalereien finden wir vorwiegend in Kirchen und Schlössern.

Die Bildbeschreibung

Ölmalerei
Hier dient Öl, meist Lein-, Mohn- oder Nussöl, als Bindemittel für die Farben. Diese Technik wurde durch die niederländischen Maler verbreitet. Die Ölmalerei verwendet Holz und Leinwand als Untergrund. Vorteile der Ölmalerei sind die Möglichkeit, die Farben dick aufzutragen, sowie die Leuchtkraft und Haltbarkeit der Farben.

Temperamalerei
Siehe Ölmalerei. Als Bindemittel wird hier Ei, Milch, Honig usw. verwendet.

Aquarelltechnik
Malerei mit Wasserfarben. Hier wird auf weißes, saugfähiges Papier gemalt. Das Papier wird häufig angefeuchtet, sodass die Farben an ihren Rändern zart fließen.

Kohlezeichnung
Kohle als Zeichenmittel wird aus sorgfältig gebranntem Holz gewonnen. Da der Strich leicht verwischt, wird die Zeichnung mit einer Art Lack überzogen.

Drucktechniken

Kupferstich
Die ersten Stiche in diesem Tiefdruckverfahren gab es kurz nach 1400. Die Zeichnung wird mit dem Grabstichel in die Kupferplatte geritzt, diese wird dann mit Druckerschwärze eingerieben, die in die „gestochenen" Linien eindringt, während man die Druckerschwärze von der blanken Platte wieder abwischt. Angefeuchtetes Papier wird aufgelegt, das Ganze unter eine Presse gebracht. Das Papier saugt die in den vertieften Linien verbliebene Farbe auf. Der Druck ist fertig. Meister des Kupferstiches ist Albrecht Dürer.

Stahlstich
Siehe Kupferstich. Seit dem 19. Jahrhundert wird statt Kupfer Stahl verwendet.

Radierung
Wie der Kupferstich ist die Radierung ein Tiefdruckverfahren. Die Platte erhält einen dünnen Überzug aus Wachs; die Zeichnung wird mit verschieden starken Radiernadeln in die weiche Schicht eingeritzt. Anschließend wird die Platte in ein Säurebad gelegt. Die Säure frisst sich nur dort in das Metall, wo die Schutzschicht aus Wachs „verletzt" ist. Nach Ablösen der Schutzschicht wird wie beim Kupferstich gedruckt.

Holzschnitt

Diese Technik beruht auf dem Hochdruckverfahren. Die auf das Holzbrett übertragene Zeichnung bleibt – wie beim Stempel – erhöht stehen. Stellen, die nicht gedruckt werden sollen, werden durch Herausschnitzen vertieft. Meister des Holzschnittes ist Albrecht Dürer.

Linolschnitt

Siehe Holzschnitt. Als Druckstempel dient Linoleum. Technik des 20. Jahrhunderts.

Lithographie

Die Lithographie ist ein Flachdruckverfahren. Linien und Flächen befinden sich auf gleicher Ebene wie die Druckplatte – nicht vertieft oder erhaben. Gedruckt wird mit Steinplatten aus Kalkschiefer. Mit fetthaltiger Kreide wird gezeichnet, dann Wasser über die Platte gegossen. Das Wasser befeuchtet nur die unbezeichneten Stellen. Nun kommt die fetthaltige Druckerfarbe darüber. Nur die bezeichneten Stellen nehmen die Farbe an – nicht die nassen – und werden beim Druck auf das Papier übertragen.

Wirkung durch Farben

Die Grundlage der Farbenlehre bildet der **Farbkreis.** Ihm kann man die Grund- sowie die Komplementärfarben entnehmen.

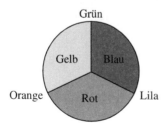

Grundfarben

Gelb, Rot und Blau nebeneinander aufgetragen erwecken den Eindruck von Fröhlichkeit und Lebensfreude.

Die Bildbeschreibung

Komplementäre Farben
Dies sind Farben, die sich im Farbkreis gegenüberstehen, z. B. Rot und Grün. In einem Bild nebeneinander gesetzt, steigern sie sich gegenseitig in ihrer Wirkung und ergeben eine starke Farbspannung.

Farbklänge
Darunter versteht man den einheitlichen Farbton durch Abstufung einer Farbe bzw. von zwei im Farbkreis benachbarten Farben. Sie bewirken einen einheitlichen Bildcharakter.

Warme und kalte Farben

	warme Farben	kalte Farben
Farbton	Gelb, Rot, Orange	Blau
	gelbliches Grün ← grün → bläuliches Grün	
	Brauntöne, Ocker, Oliv	
Wirkung	weichere Umrisse Erdfarben vermitteln das Gefühl von Festigkeit, Erdverbundenheit, Bindung und Sicherheit	härtere Umrisse
dargestellte Gefühle	Feuer, Liebe Wärme, voller Leben, Freude, Geborgenheit	Stille, Verhaltenheit, Abstand, Kälte, Einsamkeit

Raumwirkung

Licht- und Schattengebung
Sie dienen als Mittel, um Räumlichkeit zu schaffen. Licht und Schatten werden erzielt durch aufeinander abgestimmte Farben.
Bei Darstellungen, in denen mit Farben sparsam umgegangen wird, die hellen und dunklen Stellen aber in starkem Gegensatz zueinander stehen, spricht man von einem Hell-Dunkel-Kontrast.
Wirkung: Darstellung von starken Gefühlsregungen, Betonung des Wesentlichen; die Darstellung wird eindringlicher und intensiver.

Die Bildbeschreibung

Tiefenwirkung
Sie fällt uns besonders in der Landschaftsmalerei ins Auge. Man erreicht Tiefenwirkung durch Aufhellung der weiter hinten liegenden Landschaftsteile: Dazu werden hellere und kältere Farben als im Vordergrund des Bildes eingesetzt. Eine zweite Möglichkeit, Tiefenwirkung zu erreichen, ist die perspektivische Darstellung, d. h. durch die sinngerechte Zeichnung räumlicher Gebilde in ihrer optischen Verkürzung bzw. Verkleinerung.

Du siehst, bei dieser Aufsatzform musst du dir unbedingt **Fachwissen** aneignen, um auch inhaltlich fundiert arbeiten zu können!

5.4 Sprachliche Gestaltung

Besonders wichtig bei der Bildbeschreibung sind die **farblichen Kompositionen**. Um abwechslungsreich formulieren zu können, solltest du dich mit den verschiedenen Farben und ihren Abstufungen vertraut machen. Einige Beispiele verdeutlichen dir das:

„rot"
zinnoberrot, karminrot, bordeaux, weinrot, purpur, rosa, altrosa, pink, violett, kirschrot, rubinrot, lachs, rost, ziegelrot, rosarot, feuerrot, orange, apricot ...

„grün"
mintgrün, olivgrün, türkis, blaugrün, grasgrün, smaragd, apfelgrün, moosgrün, flaschengrün, tannengrün, lodengrün, schilfgrün, lindgrün, hellgrün, giftgrün ...

Übung zur Sprache

25 Finde unterschiedliche Farbbezeichnungen für **„gelb"** und **„blau"**, z. B. zitronengelb, himmelblau ...! (Lösung S. 173)

Die Bildbeschreibung

Stilistische Übung zur Bildbeschreibung

Wichtig für die Bildbeschreibung sind **treffende** und **genaue Verben**. Lasse die dargestellten Gegenstände auf dem Bild **handeln,** sie sollen nicht einfach nur „zu sehen" sein.

Für den wenig ausdrucksvollen Satz
„Auf der Wiese steht ein Baum."
kann man z. B. besser schreiben:

- Mitten in der Wiese ragt ein Baum empor.
- Der Baum in der Mitte der Wiese reckt seine starken Äste in den Himmel.
- Durch das dichte Laub des in der Mitte der Wiese platzierten Baumes geht ein zartes Rauschen.
- Weit ausladend erhebt sich mitten in der Wiese eine riesige Eiche.
- Der Schatten des gewaltigen Baumes erstreckt sich von der Mitte der Wiese bis an deren Grenze.

Diese lebhaften Beschreibungen lassen den Baum auf einem Bild zum Leben erwachen, sie vermitteln dem Leser einen deutlichen Eindruck von der bildlichen Darstellung.

26 Verbessere jeweils die nachstehenden Sätze: Was klingt anschaulicher und sprachlich ansprechender als die jeweils angegebene Formulierung? Finde für jedes Beispiel mindestens drei Alternativen!
(Lösungen S. 173/174)

  a) Der Himmel ist blau.
  b) Im Hintergrund ist ein Hügel zu sehen.
  c) Auf der Wiese sind Blumen.
  d) Am Ufer stehen zwei Menschen.
  e) Ich sehe auf dem Bild einen Bauern am Feld.
  f) Die Frau hat einen bunten Rock mit einer weißen Bluse an.
  g) Am Himmel sind dunkle Wolken zu sehen.

Die Bildbeschreibung

5.5 Die Ausarbeitung der Bildbeschreibung

Beispielhaft wollen wir nun die Beschreibung zu dem Bild „Böhmerwaldsee" von ERNST LUDWIG KIRCHNER ausarbeiten. Betrachte das entsprechende, innerhalb dieses Kapitels farbig abgedruckte Bild ganz genau. Achte dabei sowohl auf seinen Aufbau wie auch auf die Wirkung, die der Maler mit den eingesetzten Mitteln erzielt.
Zunächst erstellen wir ein Aufbauschema nach dem auf Seite 46 angegebenen Muster.
Anschließend arbeiten wir aus diesem Aufbauschema einige Gesichtspunkte in Textform aus.

ERNST LUDWIG KIRCHNER: Böhmerwaldsee

Aufbauschema: Struktur des Bildes

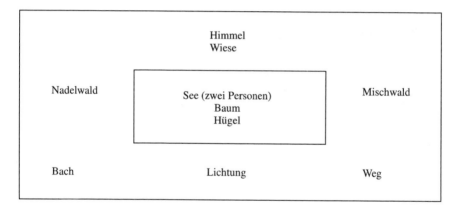

A. Einleitung

Möglichkeit 1:

Ernst Ludwig Kirchner lebte von 1880–1938. Dies war eine bewegte Zeit in Deutschland. Sie ist gekennzeichnet durch die industrielle Entwicklung, die wilhelminische Zeit, den ersten Weltkrieg, die Weimarer Republik und die Machtübernahme Hitlers. Vielleicht ist von dieser bewegten Zeit auch in Gemälden Kirchners etwas zu erkennen. Das Bild „Böhmerwaldsee" stammt auch von ihm.

A. Einleitung
Entstehungszeit

Die Bildbeschreibung

Möglichkeit 2:

Bereits der Titel des Bildes „Böhmerwaldsee" von Ernst Ludwig Kirchner gibt uns Auskunft, wo der Maler das Motiv fand. Der Böhmerwald gehört zu den letzten Urwäldern Europas. Er ist eines der größten zusammenhängenden Waldgebiete in unserer Nähe. Lassen wir das Gemälde einmal auf uns wirken.

A. Einleitung
Name des Bildes

Möglichkeit 3:

Das Gemälde „Böhmerwaldsee" von Ernst Ludwig Kirchner, 1880–1938, befindet sich in der Bayerischen Gemäldesammlung in München. Unser sonntäglicher Ausflug führte uns wieder einmal dorthin. Es handelt sich hier um ein Bild, das mit Ölfarben auf Leinwand gemalt wurde.

A. Einleitung
Allgemeine Informationen über das Bild

Möglichkeit 4:

Der Maler Ernst Ludwig Kirchner, der von 1880 bis 1938 lebte, hielt sich sowohl in Dresden wie auch in Berlin und Davos auf. Viele seiner Bilder waren geprägt vom Großstadtleben. Hier schuf er Werke des bürgerlichen Milieus wie das Gemälde „Der Kaffeetisch", aber auch die Gebirgswelt und die unberührte Natur haben ihn fasziniert. Dies erkennt man an seinem berühmten Gemälde „Böhmerwaldsee".

A. Einleitung
Angaben zum Maler

B. Hauptteil

Der tiefblaue Böhmerwaldsee, dessen Ufer von Buschwerk umsäumt ist, liegt in einer hellen Wiesenlandschaft hinter einer großen Lichtung. Riesige, dunkle, alte Tannen mit weit herunterhängenden Ästen werfen ihren Schatten auf das vordere Seeufer. Zwei Personen, die nur schemenhaft gezeichnet sind, sie sehen fast wie Strichmännchen aus, gestikulieren heftig am Rand des dunkelblauen und gefährlich wirkenden Sees. Ein Bach schlängelt sich vom rechten Bildrand durch die schattige Wiese am Nadelwald vorbei zum See hin. Mit einem deutlich helleren Blau gibt der Maler dem Bächlein ein freundlicheres Aussehen als dem See. Ein schmaler, rosa-

B. Hauptteil
Licht und Schatten

Kern des Bildes

Aufbau

ERNST LUDWIG KIRCHNER: Böhmerwaldsee
© Ingeborg & Dr. Wolfgang Henze-Ketterer, Wichtrach/Bern
Vorlage: Artothek – Spezialarchiv für Gemäldefotografie, Peissenberg

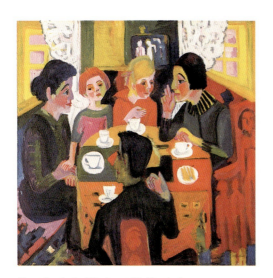

Ernst Ludwig Kirchner: Kaffeetisch
© Ingeborg & Dr. Wolfgang Henze-Ketterer, Wichtrach/Bern
Vorlage: Museum Folkwang Essen

PIETER BRUEGHEL D. Ä.: Das Schlaraffenland
Vorlage: Artothek – Spezialarchiv für Gemäldefotografie, Peissenberg
© Bayerische Staatsgemäldesammlung, München

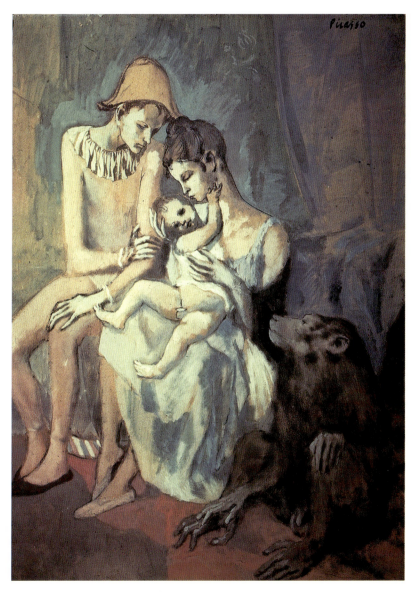

PABLO PICASSO: Die Akrobatenfamilie
© Succession Picasso/VG Bild-Kunst, Bonn 1997
Vorlage: Archiv für Kunst und Geschichte, Berlin

KÄTHE KOLLWITZ: Hunger
© VG Bild-Kunst, Bonn 1997
Vorlage: Archiv für Kunst und Geschichte, Berlin

farben leuchtender Pfad führt von der rechten unteren Bildecke zu den dunkelbraunen, fast dunkelblau wirkenden hohen Stämmen des Mischwaldes am rechten Ufer. Mitten in der Lichtung thront auf einem kleinen rosaroten Hügel ein knorriger Baum, der sich mit seinen alten Wurzeln an den hellen Boden klammert und seine spärlich belaubten, in die Wolken ragenden Äste bis zum oberen Bildrand emporreckt. Dort wird noch ein wenig von dem düsteren Blau des Himmels sichtbar.

Matte, aber satte Farben bestimmen das Bild und geben ihm einen ganz eigenen Charakter, wie das dunkle Blaugrün der Tannen oder das helle Gelbgrün der hinteren Wiese. Intensives Violett und Rosarot bilden den Kontrast zu den Grüntönen. Auffällig sind auch noch die vielen Blauschattierungen. Dominierend jedoch ist die Schönheit der Natur. — Farben

C. Schluss

Möglichkeit 1:

Das Bild vermittelt eine bedrückende Atmosphäre. Sicher ist es ein Sommertag, den Kirchner hier festhält. Aber ich habe bei den grelldüsteren Farben immer das Gefühl einer „Stille vor dem großen Sturm". Der dunkle Himmel zeigt mir, dass sehr bald ein Gewitter niedergehen wird. — C. Schluss / Wirkung auf den Betrachter

Möglichkeit 2:

Ich bin mir fast sicher, dass uns Kirchner die Größe und Gewalt der Natur zeigen will. Der Mensch, hier nur als winzige Skizze vor dem See zu erkennen, ist klein und unbedeutend gegen die Schönheit, aber auch die Gewalt der Natur. — C. Schluss / Absicht des Malers

Die Bildbeschreibung

Tipps zur Bildbeschreibung

- Lasse das Bild auf dich wirken, notiere deine **Eindrücke!**
- Betrachte den **Aufbau des Bildes:** die Linienführung, den Mittelpunkt des Bildes (zentrales Motiv), den Vorder- und den Hintergrund!
- Bemühe dich um einen **klaren Aufbau,** indem du die Einzelbeobachtungen sinnvoll miteinander verknüpfst!
- Achte auf die **Farbgebung** und deren Wirkung (Kontraste, Wärme, Kälte etc.)!
- **Begründe** deine Interpretation des Gemäldes!
- Die Zeitstufe der Bildbeschreibung ist das **Präsens.**

Übungen zur Ausarbeitung der Bildbeschreibung

27 Verfasse zu den innerhalb dieses Kapitels farbig abgedruckten Bildern verschiedener Künstler jeweils eine Bildbeschreibung unter Berücksichtigung der erwähnten Aspekte.

a) ERNST LUDWIG KIRCHNER: Kaffeetisch (Lösung S. 175)

b) PIETER BRUEGHEL D. Ä.: Das Schlaraffenland (Lösung S. 176)

c) PABLO PICASSO: Die Akrobatenfamilie (Lösung S. 177)

d) KÄTHE KOLLWITZ: Hunger (Lösung S. 179)

6 Das Protokoll/Die Niederschrift

Bei einem Protokoll handelt es sich um die **wortgetreue** oder **auf die wesentlichen Punkte beschränkte** schriftliche Fixierung der Aussagen und Beschlüsse während einer Sitzung o. Ä. Man unterscheidet Gedächtnis-, Gerichts-, Sitzungs-, Tonband-, Vernehmungsprotokolle. Als sinnverwandte Begriffe findet man häufig Aufzeichnung und Bericht.

Das Wort selbst stammt aus dem Griechischen und heißt dort als Verb „ankleben", „anleimen". Also verstehen wir unter Protokoll **etwas festhalten, aufschreiben.**

6.1 Die Protokollarten

Das wörtliche Protokoll

Jedes in einer Sitzung oder Diskussion **gesprochene Wort** wird von mehreren Stenografen mitgeschrieben oder es wird eine Tonbandaufzeichnung gemacht. Diese Art von Protokollen finden wir bei **Gerichtsverhandlungen** und **Bundestags- und Landtagssitzungen.**

Das Verlaufsprotokoll

Hier wird **alles Wesentliche** notiert, was für die lückenlose Wiedergabe eines Geschehens von Bedeutung ist. Auch diese Art finden wir vor allem bei **Verhandlungen** geschäftlicher, aber auch politischer Art.

Das Ergebnisprotokoll

Beim Ergebnisprotokoll ist es wichtig, Wesentliches vom Unwesentlichen zu unterscheiden. Wichtige Ergebnisse werden hier festgehalten. Diskussionsbeiträge sind nicht im Wortlaut wiederzugeben, sondern in ihrer **inhaltlichen Richtigkeit.** Auch Abstimmungsergebnisse müssen hier vermerkt werden.

Das Protokoll / Die Niederschrift

6.2 Der Aufbau des Protokolls

Besonders wichtig beim Protokoll sind Aufbau und Form. Am unten aufgezeigten Muster kannst du dich beim Erstellen eines Protokolls orientieren.

A. Einleitung:
 Kopf des Protokolls

B. Hauptteil:
 1 Tagesordnung
 2 zu Top 1
 3 zu Top 2
 4 zu Top 3

C. Schluss:
 Unterschriften: Sitzungsleiter, Schriftführer

Muster eines Protokolls:

Mädchenrealschule Niedermünster, Regensburg, Alter Kornmarkt 5 Niederschrift über : am: von: Uhr bis Uhr Sitzungsraum: Leitung: Protokollführer: anwesend: abwesend: entschuldigt: unentschuldigt: Anlagen:	**A. Einleitung** Kopf des Protokolls

Tagesordnung   Top 1
                              Top 2
                              Top 3
zu Top 1:
 	
zu Top 2:
 	
zu Top 3:
	B. Hauptteil
	Tagesordnung
	
	Ausführung der Tops

.... Unterschrift des Sitzungsleiters Unterschrift des Schriftführers	**C. Schluss** Unterschriften

58

6.3 Der Inhalt des Protokolls

Vorüberlegungen:

- Einige Bleistifte und große Blätter sind bereitzulegen.
- Links und rechts ist ein großzügiger Rand einzuhalten, damit du eventuell ergänzen kannst.
- Notiere das Thema der Sitzung, den Beginn und die Namen der Anwesenden!

Das Mitschreiben will geübt sein:

- Übersichtlichkeit steht hier an erster Stelle.
- Symbole, Kreise, Pfeile helfen Gedanken zu verdeutlichen und Zeit zu sparen.
- Der Gesprächsverlauf ist in Stichpunkten mitzuschreiben.
- Abstimmungsergebnisse und Anträge sind zu notieren.
- Wichtige Aussagen müssen im Wortlaut mitgeschrieben, die Namen der Sprecher notiert werden.

Auch ein Protokoll will gegliedert sein:

- Die Gliederung ist meist durch die Tagesordnung vorgegeben.
- Diese kannst du als Grundlage für deinen inhaltlichen Aufbau verwenden.
- Ergebnisse und wichtige Ausführungen sind nach dem Ablauf zu ordnen.

Dabei helfen dir wieder die so genannten **W-Fragen:**

- **Wo** fand die Sitzung statt, welcher Raum wurde gewählt?
- **Welche** Sitzung oder Unterrichtsstunde war es?
- **Wann** fand sie statt, welche Uhrzeit war anberaumt?
- **Wer** führte die Sitzung?
- **Wer** führte Protokoll?
- **Wer** war anwesend, wer fehlte?
- **Was** wurde besprochen: Tagesordnung?
- **Welche** Ausführungen waren wichtig?
- **Welche** Ergebnisse gab es?
- **Welche** Einwände wurden gemacht?
- **Wessen** Diskussionsbeiträge schufen eine neue Lage?

Das Protokoll / Die Niederschrift

6.4 Die Sprache des Protokolls

Achte bei der **Sprache** im Protokoll auf **Objektivität** und **Sachlichkeit**. Der Protokollführer darf seine Meinung nicht äußern. Diskussionsbeiträge müssen ausgewogen und sachlich richtig wiedergegeben werden.

Da in einem Protokoll Gesprochenes festgehalten wird, ebenso wie in einem Bericht aber keine wörtliche Rede vorkommen darf, ist es wichtig, die **indirekte Rede** zu verwenden. Die Aussageform der indirekten Rede ist der **Konjunktiv**.

Beispiele:

Stefan *hat* heute Abend Zeit und *kommt* bei mir vorbei.	Indikativ = Wirklichkeit
Frank berichtet, er *habe* heute Abend Zeit und *komme* bei mir vorbei.	Konjunktiv I = Möglichkeit
Wenn Stefan Zeit *gehabt hätte, wäre* er sicher bei mir vorbei *gekommen*.	Konjunktiv II = Unmöglichkeit
Wenn Stefan Zeit hat, *kommt* beide bei mir vorbei!	Imperativ = Befehl/ Aufforderung

Der Hauptsatz kann in jeder Zeitstufe stehen. Die Zeitstufe der indirekten Rede ist davon unabhängig. Sie richtet sich danach, ob die Handlung vorzeitig, gleichzeitig oder zukünftig stattfindet.

Beispiele:

wörtliche Rede Anna sagt:	„Tanja *ist* nach Hause *gegangen*."	„Sie *geht* in ihr Zimmer."	„Sie *wird* in den Zirkus *gehen*."
indirekte Rede Anna sagt/sagte/ hat gesagt,	Tanja *sei* nach Hause *gegangen*.	sie *gehe* in ihr Zimmer.	sie *werde* in den Zirkus *gehen*.
Aussageform	Konjunktiv I Perfekt *vorzeitige* Handlung	Konjunktiv I Präsens *gleichzeitige* Handlung	Konjunktiv I Futur *zukünftige* Handlung

Das Protokoll / Die Niederschrift

Übungen zum Konjunktiv

28 Übertrage folgenden Text in die indirekte Rede! (Lösung S. 180)

Petra telefoniert mit ihrer Mutter:
„Ich bin im Schwimmbad von Regensburg. Das Wetter ist heiß und ich fühle mich ganz prima. Claudia und Helga sind auch hier. Sie haben ihr Federballspiel mitgebracht. Wir haben auch schon gespielt. Claudia und Helga bleiben bis neun Uhr. Darf ich auch so lange bleiben? Bist du einverstanden? Wir können ja mit dem Bus um neun Uhr zurückfahren. Ich würde mich freuen, wenn es ginge!"

29 Verbessere folgende Sätze! Beachte dabei, dass die indirekte Rede im Konjunktiv steht. (Lösung S. 180)

Vater behauptet,
der Frühling *ist* gekommen.
Herr Meier *hat* einen Unfall gehabt.
die Oper *beginnt* um 20.00 Uhr.
alte Liebe *rostet* nicht.
ich *muss* meine Hausaufgabe machen.
München *bietet* viel Interessantes.

30 Konjugiere die Hilfsverben „*sein*" und „*haben*" im Präsens! (Lösung S. 180)

6.5 Die Ausarbeitung eines Protokolls

Wir wollen nun gemeinsam schrittweise ein Ergebnisprotokoll über den Verlauf einer Schulstunde erstellen. Als Grundlage dienen uns folgende Angaben, die stichpunktartig während einer Deutschstunde notiert wurden:

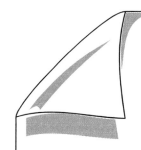

Mädchenrealschule Niedermünster
Regensburg
Alter Kornmarkt 5

Deutschstunde, Klassenzimmer Nr. 43, Protokollführerin Daniela Weigert, anwesend 22 Schülerinnen der Klasse 8.d, abwesend entschuldigt Simone Artmann, Deutschlehrer B. Schirrmacher, 3. Stunde, 29. 02. 1996

Herr Schirrmacher verbessert die Hausaufgabe, Sätze vom Indikativ in den Konjunktiv, Schülerinnen lesen Lösung vor, Fehler werden verbessert; Herr Schirrmacher wiederholt die letzte Stunde, unsere Beiträge sind ungenau, Herr Schirrmacher sagt, wir sollen unser Tafelbild anschauen, Erkenntnis, wenn etwas sorgfältig notiert wird, kann man es leichter ins Gedächtnis zurück rufen, damit Thema der Stunde festgelegt: Das Protokoll, wann werden solche geschrieben, welche gibt es, mögliche Zeitstufen sind Präteritum wie Präsens, Schulaufgabenthema, formale Kriterien wichtig, siehe Muster, Hausaufgabe: ein Protokoll über die Deutschstunde.

Das Protokoll / Die Niederschrift

Schritt 1: Erstelle zuerst eine Tagesordnung!

Top 1 Verbesserung der Hausaufgabe
Top 2 Motivation
Top 3 Arten des Protokolls
Top 4 Zeiten beim Protokoll
Top 5 Form des Protokolls
Top 6 Hausaufgabe

Schritt 2: Gestalte nun den Kopf des Protokolls!

Mädchenrealschule Niedermünster, Regensburg, Alter Kornmarkt 5

Niederschrift über die Deutschstunde
am: 29. 02. 1996
von: 9.30 Uhr – 10.15 Uhr
Sitzungsraum: Klassenzimmer Nr. 43
Leitung: Deutschlehrer B. Schirrmacher
Protokollführerin: Daniela Weigert
Anwesend: 22 Schülerinnen, Klasse 8 d
Abwesend: Simone Artmann
Entschuldigt: Simone Artmann
Unentschuldigt: Keiner
Anlagen:

Tagesordnung:
　　　　Top 1 Verbesserung der Hausaufgabe
　　　　Top 2 Motivation
　　　　Top 3 Arten des Protokolls
　　　　Top 4 Zeiten beim Protokoll
　　　　Top 5 Form des Protokolls
　　　　Top 6 Hausaufgabe

Schritt 3: Fülle nun die Tops mit den angegebenen Informationen aus!

zu Top 1
Die Hausaufgabe wird vorgelesen und verbessert. Einige Schülerinnen tragen ihre Sätze vor, wenn Fehler vorkommen, verbessern Mitschülerinnen oder Herr Schirrmacher die Aufgaben.

Das Protokoll/Die Niederschrift

zu Top 2
Anschließend wiederholt der Deutschlehrer mit uns den Konjunktiv, das Thema der letzten Deutschstunde. Da sich einige noch nicht sicher sind, erlaubt er, dass wir unsere Aufzeichnungen zu Hilfe nehmen. Dann stellen einige von uns fest, dass gute und geordnete Notizen eine Hilfe bei der Rekonstruktion von Fakten sein können. Auf die Frage von Herrn Schirrmacher, wie man solche Aufzeichnungen, z. B. bei der Polizei, nenne, kommt von Anna die richtige Antwort: Protokoll. Damit steht das Thema der Stunde fest.

zu Top 3
Wann, wie und wozu werden Niederschriften angefertigt? Die Schülerantworten dazu lauten: bei Gerichtsverhandlungen, Sitzungen, Konferenzen etc. Für unterschiedliche Anlässe gibt es verschiedene Arten von Niederschriften, die wir kennen lernen: das Verlaufsprotokoll, das Gedächtnisprotokoll und das Ergebnisprotokoll.

zu Top 4
Auch beim Protokoll muss man auf die richtige Zeit achten. Beim Erstellen der Niederschrift hat man die Möglichkeit, Präsens oder Präteritum zu verwenden, muss sich aber für eine Zeit entscheiden. Denn ein Zeitenwechsel bedeutet einen Grammatikfehler. Auch hier ist auf die Zeitenfolge zu achten: auf Präsens folgt Perfekt, auf Imperfekt Plusquamperfekt.

Das Protokoll / Die Niederschrift

zu Top 5
Besonders wichtig beim Protokoll sind die formalen Kriterien. Das Schema des Aufbaus muss unbedingt eingehalten werden, deshalb fertigen wir dazu ein Beispiel an. Wir sollen uns dieses Muster gut einprägen und lernen.

zu Top 6
Um zu üben, müssen wir zu Hause eine Niederschrift über diese Deutschstunde anfertigen. Als Vorbereitung und Hilfe sprechen wir noch einmal die Tagesordnungspunkte, d. h. den Aufbau der Stunde, durch. Pünktlich zur Pause beendet Herr Schirrmacher die Stunde und verabschiedet sich.

Schritt 4: Gestalte den Schluss des Protokolls!

Bruno Schirrmacher   *Daniela Weigert*
Bruno Schirrmacher   Daniela Weigert
Vorsitzender   Protokollführerin

Tipps zum Erstellen eines Protokolls

- Achte auf **sachliche** und **objektive** Formulierungen!
- Bei der Zeit kannst du wählen zwischen **Präsens** oder **Präteritum**.
- Manche Dinge sind beim Protokoll unbedingt zu vermerken:
  Ort, Zeit, Anwesende und **Abwesende, Tagesordnung, Schriftführer, Unterschriften.**
- **Wichtiges** ist unbedingt in **wörtlicher Rede** zu notieren, alles Weitere kann in Stichpunkten notiert werden.
- Versuche zu stenografieren!
- Nach oder während der Sitzung müssen sofort Unklarheiten ausgeräumt werden (unbekannte Begriffe und undeutliche Zusammenhänge klären).
- Informiere dich über die Schreibweise von Begriffen und Namen!
- Wichtiges und Bedeutsames sollte gleich **während des Notierens unterstrichen** werden.
- Achte auf **klare Anordnung!**

Das Protokoll / Die Niederschrift

Übungen zur Ausarbeitung eines Protokolls

31 Fertige ein Protokoll der Deutschstunde vom 22. März 1997, 3. Stunde, an! Thema: Besprechung des Gedichts: „Frühling" von Gerrit Engelke.
(Lösung S. 181)

32 Gestalte den Kopf des Protokolls zu den unten stehenden Stichpunkten aus der letzten Englischstunde und führe die Tagesordnungspunkte aus!
(Lösung S. 182)

Niederschrift über die Englischstunde
Klassenzimmer Nr. 43, Herr Schmidbauer, Englischlehrer
entschuldigt: Susanne Raab, 18.04.97, 8.00 – 8.45 Uhr
Protokollführerin: Magda Becher
22 Schülerinnen, Klasse 8 d
Unentschuldigt: Keiner
Anlagen:

Tagesordnung:
Top 1 Organisatorisches, Bericht der SMV
Top 2 Verbesserung der Hausaufgabe
Top 3 Erteilung der neuen Hausaufgabe
Top 4 Eintrag ins Vokabelheft
Top 5 Bearbeitung eines Dialogs
Top 6 Grammatik
Top 7 Übungsaufgaben

33 Fertige ein Ergebnisprotokoll der letzten Deutschstunde an!
(Lösung S. 184)

7 Das persönliche Schreiben

Immer wieder müssen und wollen wir jemandem eine Nachricht zukommen lassen. Das können wir in mündlicher Form, indem wir **telefonieren,** oder in schriftlicher Form mit einem **Brief** oder einer **Karte.** Häufig sitzen wir da und wissen nicht, wie wir beginnen sollen. Auch was den anderen interessieren könnte, bereitet uns häufig Kopfzerbrechen. Aber eigentlich ist es ganz einfach: Ein Brief soll andere erfreuen und informieren.

7.1 Die Postkarte

Mit einer Postkarte kannst du **kurze Mitteilungen** übermitteln. Dabei darfst du aber nicht vergessen, dass sie von Dritten gelesen werden kann. Sie sollte also nur Nachrichten enthalten, die unbedenklich von anderen gelesen werden dürfen.

Die **Vorderseite** einer Postkarte hat – sofern sie nicht durch ein Bild belegt ist – Platz für die **Anschrift** und den **Absender,** unter dem weitergeschrieben werden kann, wenn die Rückseite nicht ausreicht. Die Rückseite sollte also deine **Mitteilung** enthalten. Verwende die Karte am besten im **Querformat.** Auch bei der Postkarte solltest du auf saubere äußere Form achten und deine Nachricht muss auch hier logisch aufgebaut sein.

Das persönliche Schreiben

Beispiel für die Vorderseite einer Postkarte

Hans Mende Weiherweg 4 93053 Regensburg	
	Familie Walter Mende Landgasse 3 93056 Obertraubling

Beispiel für die Rückseite einer Postkarte

Regensburg, den 23. 4. 1997

Liebe Eltern,

heute Morgen bin ich wieder in Regensburg angekommen. Die Informationsveranstaltung in Hamburg war sehr interessant. Aber auch Hamburg als Hafenstadt hat mich begeistert. Näheres erzähle ich euch bei meinem nächsten Besuch.

Euer Hans

Glückwunsch- und Ansichtskarten

An vielen kirchlichen Feiertagen wie Neujahr, Ostern, Pfingsten und Weihnachten schreiben wir Glückwunschkarten. Auch bei Geburts- und Namenstagen können wir auf diese Weise gratulieren, meist ist auf der Vorderseite ein Motiv oder bereits eine Gratulation aufgedruckt. Wenn also bereits ein Text vorhanden ist, müssen wir daran anknüpfen, z. B. „Alles Gute zum Geburtstag" „... wünscht dir dein Sohn Hans".
Schreiben wir dabei nicht mehr als fünf Worte – ohne Absender –, gilt die Karte als Drucksache. Dann kannst du sie auch als solche frankieren. Persönlicher jedoch ist es, wenn wir einige freundliche und vollständige Sätze schreiben. Das Datum ist bei Glückwunsch- und Ansichtskarten nicht unbedingt notwendig; auf die Anrede und die Grußformel sollten wir allerdings nicht verzichten.

Beispiel für eine Glückwunschkarte

Lieber Johannes,

zu deinem achtzehnten Geburtstag wünschen wir dir alles Gute, Glück, Gesundheit und Gottes Segen. Wir hoffen, du feierst schön mit deinen Freunden. Wir werden an dich denken!

Viel Glück,
    deine Eltern

Das persönliche Schreiben

Beispiel für eine Ansichtskarte

Liebe Anna,   London, 8.7.1997
nach einer langen und anstrengenden Fahrt sind wir heute Morgen endlich in London angekommen. Von den Zimmern mitten in der City hat man einen tollen Blick auf die Themse. Wir haben bereits eine Stadtrundfahrt hinter uns, bei der wir einen ersten Eindruck von den vielen Sehenswürdigkeiten bekommen haben. Jetzt machen wir uns gerade für unseren ersten Pub-Besuch heute Abend fertig. Ich glaube, wir haben noch eine sehr lustige Woche vor uns!
Liebe Grüße,   dein Johannes

Ms
Anna Meier
Feldweg 3

93053 Obertraubling

Germany

Übungen zum Schreiben von Postkarten

34 Schreibe nun selbst Postkarten nach den folgenden Angaben!
(Lösung S. 186)

a) Anmeldung zu einem Kurzbesuch bei einem Freund.
b) Bitte deinen Freund, dir ein Buch, das er besitzt, zu leihen.

35 Bastle dir eigene Karten und schreibe Glückwunschkarten:
(Lösung S. 187)

a) einer Freundin zum Geburtstag,
b) deinem Großvater zum Namenstag,
c) guten Freunden zu Ostern/Neujahr/Weihnachten!

7.2 Der Brief

Vor allem private Briefe wollen und sollen den Empfänger ganz persönlich ansprechen. Für solche Briefe muss jeder seinen ganz **persönlichen Stil** entwickeln. Es gibt daher eigentlich keine „Musterbriefe". Was wir dir geben können, sind einige Hinweise für den Inhalt, die Formulierungen und die äußere Form.

7.2.1 Äußere Form

Sauberkeit
- Verwende weißes unliniertes Briefpapier und Kuverts. Bei ganz persönlichen Briefen kannst du aus der Vielzahl von künstlerisch gestaltetem Briefpapier eines auswählen.
- Du solltest einen Brief **mit der Hand** schreiben. Verwende aber dazu einen **Füller**. Achte auf gleichmäßige und saubere Schrift, streiche nicht durch!

Rand
- Links und rechts je nach Papierformat einen **Rand** von zwei bis vier Zentimeter lassen. Am besten ist, du ziehst mit Bleistift einen Rand, den du nach Fertigstellung wieder ausradieren kannst. Verwende eine Zeilenunterlage, damit du gerade schreiben kannst.
- Trenne am Ende der Zeile rechtzeitig, damit du einen sauberen rechten Rand erhältst.

Einteilung
- Briefkopf:
  – oben rechts Ort und Datum
  – eine Zeile frei
  – linker Rand Anrede
  – eine Zeile frei
- Brieftext:
  – Beginn des Briefes am linken Rand
  – Brieftext
  – eine Zeile frei
- Schluss:
  – rechte Hälfte Grußformel
  – eine Zeile frei
  – unter Grußformel Unterschrift

7.2.2 Der Aufbau eines Briefes

Auch für einen Brief gilt das bekannte Gliederungsschema in Einleitung, Hauptteil und Schluss.

A. Einleitung:
- an einen erhaltenen Brief anknüpfen oder Bitte, Wunsch äußern
- Hinweis auf den Grund: Warum schreibe ich?

B. Hauptteil:
- wesentliche Mitteilungen
- nähere Erklärungen
- Abrundung

C. Schluss:
- abschließender Gedanke
- Grüße an die Familie, Freunde etc.

7.2.3 Unterschiedliche Briefarten

Folgende Briefarten solltest du kennen:

Briefart	Inhalt	Empfänger
Private Briefe	erzählend berichtend beschreibend erörternd appellierend informierend	Eltern Geschwister Verwandte Freunde Bekannte Geschäftspartner
Offizielle Briefe	argumentierend werbend dokumentierend	Behörden

Der Stil des Briefes richtet sich also nach
- dem **Inhalt,**
- dem **Anlass,**
- der **Absicht** des Schreibers,
- dem **Zweck** des Schreibens,
- dem **Adressaten.**

7.2.4 Die Sprache des Briefes

Wir unterscheiden Briefe, die **erzählen** und **schildern** – sie werden in der **Erzählsprache** verfasst – und Briefe, die **berichten, beschreiben** und **erörtern**; dabei verwendet man die **Sachsprache.**

Stilistische Hilfen

- **Anrede**
  - Bei fremden Menschen oder Vorgesetzten schreiben wir:
  Sehr geehrter Herr Huber,
  Sehr geehrte Frau Zach,
  Sehr geehrte Familie Meier,
  Sehr geehrte Damen und Herren

  - Bei Freunden und Verwandten schreiben wir:
  Lieber Hans,
  Liebe Schwester,
  Meine Lieben,
  Liebe Eltern,
  Lieber Herr Meier,

- **Schluss- oder Grußformel**
  - bei fremden oder nicht so nahe stehenden Menschen schreiben wir:
  Herzliche Grüße von
  Viele Grüße sendet Ihnen
  Mit freundlichen Grüßen

  - bei Freunden oder Verwandten schreiben wir:
  Viele Grüße von deinem/eurem
  Mit herzlichen Grüßen
  Die besten Feriengrüße von

Rechtschreibhilfen
Zwei Regeln musst du hier besonders beachten:

- **Zeichensetzung**
  Nach der Grußformel folgt heute meist ein Komma. Das bedeutet, dass du klein weiterschreiben musst!

Das persönliche Schreiben

- **Anredepronomen**

persönliche Anrede	Höflichkeitsform
immer klein	immer groß
du, deiner, dir, dich, euch, eure	Ihr, Sie, Ihnen, Ihren usw.

7.2.5 Die Gestaltung des Briefumschlags

Auch hier ist auf Klarheit und Übersichtlichkeit zu achten. Schreibe links oben deinen **Absender** und rechts unten die **Anschrift**!

```
Florian Gut
Hartinger Str. 12
93048 Regensburg

                    Frau
                    Julia Meister
                    Hahngasse 12
                    94063 Moosham
```

Tipps zum Schreiben eines Briefes

- Achte auf eine **ordentliche äußere Form**!
- Auch beim Brief gilt das Aufbauschema **Einleitung, Hauptteil, Schluss**.
- Achte darauf, ob du einen **privaten** oder **offiziellen Brief** schreibst; danach richten sich sowohl Inhalt wie Stil.
- Briefe können in **Erzähl-** oder **Sachsprache** abgefasst werden.
- Bei Anredepronomen gilt: die persönliche Anredeform wird immer klein, die Höflichkeitsform immer groß geschrieben.

Übungen zum Schreiben persönlicher Briefe

36 Du hast mit deinen Eltern den Wohnort gewechselt, ihr seid in eine ca. 100 km entfernte Großstadt umgezogen. Schreibe an eine Freundin im ursprünglichen Heimatort einen ersten Brief! (Lösung S. 187)

37 Schreibe deinen Eltern aus dem Ferienlager Heling am Rudolfsee, in dem du dich vom 20.–30. 8. 1997 aufhältst! Begründe auch deinen Wunsch nach einer einwöchigen Verlängerung. (Lösung S. 188)

38 Antworte deiner Brieffreundin Nadine aus Tunesien/Nordafrika auf ihren ersten Brief! (Lösung S. 189)

39 Annonce in einer Zeitung (TZ Regensburg, 9. 12. 96):
Erteile qualifizierten Nachhilfeunterricht in Englisch!
Werner Klug
Sesamstr. 1
93407 Regensburg
Du antwortest auf die Annonce von Werner Klug. Denke dabei an Wesentliches, das sowohl der Nachhilfelehrer als auch du als Nachhilfeschülerin wissen müssen. (Lösung S. 190)

8 Die Inhaltsangabe

Die Inhaltsangabe ist sowohl eine eigenständige Aufsatzart als auch eine **wichtige Voraussetzung** für das Schreiben eines textgebundenen Aufsatzes. Sie gibt nur das **Wesentliche eines Textes,** Filmes etc. **kurz und einprägsam** wieder, auf Einzelheiten wird verzichtet; der Zweck der Inhaltsangabe ist nicht die Unterhaltung, sondern die **Information.** Deswegen zählt sie auch zu den **sachlichen Aufsatzformen** und verzichtet, abgesehen vom Schluss, auf eine persönliche Meinung.

Im Folgenden lernst du, wie man Inhalte kurz und prägnant zusammenfasst.

8.1 Der Aufbau der Inhaltsangabe

Die Inhaltsangabe besteht aus **drei Teilen.** Die **Einleitung** informiert über den Entstehungshintergrund und die Thematik des Textes, der **Hauptteil** fasst den Inhalt zusammen und der **Schluss** bewertet den Text.

A. Einleitung:
- Autor und Angaben zum Autor
- Titel des Textes
- Erscheinungsort und Zeit
- Thematik (Kernsatz)

B. Hauptteil:
- Ort und Zeit der Handlung/des Ereignisses
- Hauptpersonen/Ereignis
- Gang der Handlung/Verlauf der Ereignisse
- Ergebnis/Folgen

C. Schluss:
- Absicht des Autors und/oder
- eigene Meinung zum Text

Die Inhaltsangabe

Der Aufbau des Hauptteils der Inhaltsangabe richtet sich nach der jeweiligen Textart, wobei man zwischen Geschichten und Zeitungsartikeln unterscheiden muss.

Textart	Aufbau
Literarische Texte (Geschichten etc.)	• Ort und Zeit der Handlung • Hauptpersonen • ihr Verhalten • Verlauf der Handlung • Ergebnis
Sachtexte (Zeitungsartikel etc.)	• Ort und Zeit des Ereignisses • beteiligte Personen • genaue Darstellung und Verlauf des Ereignisses • etwaige Folgen

Auch der Schluss der Inhaltsangabe hängt von der jeweiligen Textart ab, natürlich auch von deiner eigenen Kreativität. Du kannst die **Absicht des Autors** darstellen oder den **Text werten** und **beurteilen**. Manchmal bietet es sich an, beides zu verbinden.

8.2 Die Zusammenfassung des Inhalts

Wir wollen nun gemeinsam an einem Beispiel, der Geschichte „Brudermord im Altwasser" von GEORG BRITTING, eine Inhaltsangabe erstellen.

Brudermord im Altwasser von GEORG BRITTING

Das sind grünschwarze Tümpel, von Weiden überhangen, von Wasserjungfern übersurrt, das heißt: wie Tümpel und kleine Weiher, und auch große Weiher ist es anzusehen, und es ist doch nur Donauwasser, durch Steindämme abgesondert vom großen, grünen Strom, Altwasser, wie man es in dieser Gegend nennt. Fische
5 gibt es im Altwasser, viele, Fischkönig ist der Bürstling, ein Raubtier mit zackiger, kratzender Rückenflosse, mit bösen Augen, einem gefräßigen Maul, grünschwarz schillernd wie das Wasser, darin er jagt. Und wie heiß es hier im Sommer ist! Die Weiden schlucken den Wind, der draußen über dem Strom immer geht. Und aus dem Schlamm steigt ein Geruch wie Fäulnis und Kot und Tod.
10 Kein besserer Ort ist zu finden für Knabenspiele als dieses gründämmernde Gebiet. Und hier geschah, was ich jetzt erzähle.

Die Inhaltsangabe

Die drei Hofberger Buben, elfjährig, zwölfjährig, dreizehnjährig, waren damals im August jeden Tag auf den heißen Steindämmen, hockten unter den Weiden, waren Indianer im Dickicht und Wurzelgeflecht, pflückten Brombeeren, die
15 schwarzfeucht, stachlig geschützt glänzten, schlichen durch das Schilf, das in hohen Stangen wuchs, schnitten sich Weidenruten, rauften, schlugen auch wohl einmal dem Jüngsten, dem Elfjährigen, eine tiefe Schramme, daß sein Gesicht rot beschmiert war wie eine Menschenfressermaske, brachen wie Hirsche und schreiend durch Buschwerk und Graben zur breitfließenden Donau vor, wuschen den
20 blutigen Kopf, und die Haare deckten die Wunde dann, und waren gleich wieder versöhnt. Die Eltern durften natürlich nichts erfahren von solchen Streichen, und sie lachten alle drei und vereinbarten wie immer: „Zu Hause sagen wir aber nichts davon!"
Die Altwässer ziehen sich stundenweit der Donau entlang. Bei einem Streifzug
25 einmal waren die drei tief in die grüne Wildnis vorgedrungen, tiefer als je zuvor, bis zu einem Weiher, größer, als sie je einen gesehen hatten, schwarz der Wasserspiegel, und am Ufer lag ein Fischerboot angekettet. Den Pfahl, an dem die Kette hing, rissen sie aus dem schlammigen Boden, warfen Kette und Pfahl ins Boot, stiegen ein, ein Ruder lag auch dabei, und ruderten in die Mitte des Weihers hin-
30 aus. Nun waren sie Seeräuber und träumten und brüteten wilde Pläne. Die Sonne schien auf ihre bloßen Köpfe, das Boot lag unbeweglich, unbeweglich stand das Schilf am jenseitigen Ufer, Staunzen fuhren leise summend durch die dicke Luft, kleine Blutsauger, aber die abgehärteten Knaben spürten die Stiche nicht mehr.
Der Dreizehnjährige begann das Boot leicht zu schaukeln. Gleich wiegten sich
35 die beiden anderen mit, auf und nieder, Wasserringe liefen über den Weiher, Wellen schlugen platschend ans Ufer, die Binsen schwankten und wackelten. Die Knaben schaukelten heftiger, daß der Bootsrand bis zum Wasserspiegel neigte und das aufgeregte Wasser ins Boot hineinschwappte. Der kleinste, der Elfjährige, hatte einen Fuß auf den Bootsrand gesetzt und tat jauchzend seine
40 Schaukelarbeit. Da gab der Älteste dem Zwölfjährigen ein Zeichen, den Kleinen zu schrecken, und plötzlich warfen sie sich beide auf die Bootsseite, wo der Kleine stand, und das Boot neigte sich tief, und dann lag der Jüngste im Wasser und schrie, und ging unter und schlug von unten gegen das Boot, und schrie nicht mehr und pochte nicht mehr und kam auch nicht mehr unter dem Boot hervor,
45 unter dem Boot nicht mehr hervor, nie mehr.

Die Inhaltsangabe

> Die beiden Brüder saßen stumm und käsegelb auf den Ruderbänken in der prallen Sonne, ein Fisch schnappte und sprang über das Wasser heraus. Die Wasserringe hatten sich verlaufen, die Binsen standen wieder unbeweglich, die Staunzen summten bös und stachen. Die Brüder ruderten das Boot wieder ans Ufer, trieben
> 50 den Pfahl mit der Kette wieder in den Uferschlamm, stiegen aus, trabten auf dem langen Steindamm dahin, trabten stadtwärts, wagten nicht, sich anzusehen, liefen hintereinander, achteten der Weiden nicht, die ihnen ins Gesicht schlugen, nicht der Brombeersträucherstacheln, die an ihnen rissen, stolperten über Wurzelschlangen, liefen, liefen und liefen.
> 55 Die Altwässer blieben zurück, die grüne Donau kam, breit und behäbig, rauschte der Stadt zu, die ersten Häuser sahen sie, sie sahen den Dom, sie sahen das Dach des Vaterhauses.
> Sie hielten, schweißüberronnen, zitterten verstört, die Knaben, die Mörder, und dann sagte der Ältere wie immer nach einem Streich: „Zu Hause sagen wir aber
> 60 nichts davon!" Der andere nickte, von wilder Hoffnung überwuchert, und sie gingen, entschlossen, ewig zu schweigen, auf die Haustüre zu, die sie wie ein schwarzes Loch verschluckte.

Quelle: GEORG BRITTING: Sämtliche Werke, Band III/2, List Verlag, München 1996, S. 20.

Um den Inhalt der Geschichte zu erfassen, ist es zunächst notwendig, den Text **genau,** wenn nötig mehrmals **durchzulesen** und Wesentliches zu **unterstreichen** (siehe unten). Folgende Fragen, die so genannten **W-Fragen,** können helfen, zwischen Wichtigem und Unwichtigem zu unterscheiden:

1. **Wann** und **wo** ereignet sich etwas bzw. spielt die Geschichte?
2. **Welche** Personen spielen eine Rolle?
3. **Was** geschieht?
4. **Wie** geschieht es?
5. **Warum** ereignet sich etwas?
6. **Welche** Folgen bringt es mit sich?

Versuchen wir nun, den Text anhand dieser Fragen zu erschließen.

Brudermord im Altwasser von GEORG BRITTING

> Das sind grünschwarze Tümpel, von Weiden überhangen, von Wasserjungfern übersurrt, das heißt: wie Tümpel und kleine Weiher, und auch große Weiher ist es anzusehen, und es ist doch nur <u>Donauwasser</u>, durch Steindämme abgesondert vom großen, grünen Strom, <u>Altwasser</u>, wie man es in dieser Gegend nennt. Fische
> 5 gibt es im Altwasser, viele, Fischkönig ist der Bürstling, ein Raubtier mit zackiger, kratzender Rückenflosse, mit bösen Augen, einem gefräßigen Maul, grünschwarz schillernd wie das Wasser, darin er jagt. Und wie heiß es hier im Sommer ist! Die Weiden schlucken den Wind, der draußen über dem Strom immer geht. Und aus dem Schlamm steigt ein <u>Geruch wie Fäulnis und Kot und Tod</u>.
> 10 Kein besserer Ort ist zu finden für Knabenspiele als dieses gründämmernde Gebiet. Und hier geschah, was ich jetzt erzähle.

Die drei Hofberger Buben, elfjährig, zwölfjährig, dreizehnjährig, waren damals im August jeden Tag auf den heißen Steindämmen, hockten unter den Weiden, waren Indianer im Dickicht und Wurzelgeflecht, pflückten Brombeeren, die schwarzfeucht, stachlig geschützt glänzten, schlichen durch das Schilf, das in hohen Stangen wuchs, schnitten sich Weidenruten, rauften, schlugen auch wohl einmal dem Jüngsten, dem Elfjährigen, eine tiefe Schramme, daß sein Gesicht rot beschmiert war wie eine Menschenfressermaske, brachen wie Hirsche und schreiend durch Buschwerk und Graben zur breitfließenden Donau vor, wuschen den blutigen Kopf, und die Haare deckten die Wunde dann, und waren gleich wieder versöhnt. Die Eltern durften natürlich nichts erfahren von solchen Streichen, und sie lachten alle drei und vereinbarten wie immer: „Zu Hause sagen wir aber nichts davon!"

Die Altwässer ziehen sich stundenweit der Donau entlang. Bei einem Streifzug einmal waren die drei tief in die grüne Wildnis vorgedrungen, tiefer als je zuvor, bis zu einem Weiher, größer, als sie je einen gesehen hatten, schwarz der Wasserspiegel, und am Ufer lag ein Fischerboot angekettet. Den Pfahl, an dem die Kette hing, rissen sie aus dem schlammigen Boden, warfen Kette und Pfahl ins Boot, stiegen ein, ein Ruder lag auch dabei, und ruderten in die Mitte des Weihers hinaus. Nun waren sie Seeräuber und träumten und brüteten wilde Pläne. Die Sonne schien auf die bloßen Köpfe, das Boot lag unbeweglich, unbeweglich stand das Schilf am jenseitigen Ufer, Staunzen fuhren leise summend durch die dicke Luft, kleine Blutsauger, aber die abgehärteten Knaben spürten die Stiche nicht mehr. Der Dreizehnjährige begann das Boot leicht zu schaukeln. Gleich wiegten sich die beiden anderen mit, auf und nieder, Wasserringe liefen über den Weiher, Wellen schlugen platschend ans Ufer, die Binsen schwankten und wackelten. Die Knaben schaukelten heftiger, daß der Bootsrand bis zum Wasserspiegel sich neigte und das aufgeregte Wasser ins Boot hineinschwappte. Der kleinste, der Elfjährige, hatte einen Fuß auf den Bootsrand gesetzt und tat jauchzend seine Schaukelarbeit. Da gab der Älteste dem Zwölfjährigen ein Zeichen, den Kleinen zu schrecken, und plötzlich warfen sich beide auf die Bootsseite, wo der Kleine stand, und das Boot neigte sich tief, und dann lag der Jüngste im Wasser und schrie, und ging unter und schlug von unten gegen das Boot, und schrie nicht mehr und pochte nicht mehr und kam auch nicht mehr unter dem Boot hervor, unter dem Boot nicht mehr hervor, nie mehr.

Die beiden Brüder saßen stumm und käsegelb auf den Ruderbänken in der prallen Sonne, ein Fisch schnappte und sprang über das Wasser heraus. Die Wasserringe hatten sich verlaufen, die Binsen standen wieder unbeweglich, die Staunzen summten bös und stachen. Die Brüder ruderten das Boot wieder ans Ufer, trieben den Pfahl mit der Kette wieder in den Uferschlamm, stiegen aus, trabten auf dem langen Steindamm dahin, trabten stadtwärts, wagten nicht, sich anzusehen, liefen hintereinander, achteten der Weiden nicht, die ihnen ins Gesicht schlugen, nicht der Brombeersträucherstacheln, die an ihnen rissen, stolperten über Wurzelschlangen, liefen, liefen und liefen.

Die Altwässer blieben zurück, die grüne Donau kam, breit und behäbig, rauschte der Stadt zu, die ersten Häuser sahen sie, sie sahen den Dom, sie sahen das Dach des Vaterhauses.

Sie hielten, schweißüberronnen, zitterten verstört, die Knaben, die Mörder, und dann sagte der Ältere wie immer nach einem Streich: „Zu Hause sagen wir aber nichts davon!" Der Andere nickte, von wilder Hoffnung überwuchert, und sie gingen, entschlossen, ewig zu schweigen, auf die Haustüre zu, die sie wie ein schwarzes Loch verschluckte.

Die Inhaltsangabe

Die Beantwortung der oben genannten W-Fragen ergibt folgende Stichpunkte:
1. **Wann** und **wo** ereignet sich etwas bzw. spielt die Geschichte?
   an den Altwässern der Donau, geheimnisumwitterte, düstere Landschaft, heißer Sommertag im August (Z. 4–10, Z. 13)
2. **Welche** Personen spielen eine Rolle?
   die drei Hofberger Buben, Alter: 11, 12 und 13 Jahre (Z. 12)
3. **Was** geschieht?
   wilde, gefährliche Spiele auf der Donau (Z. 30/31), Ertrinken des Jüngsten (Z. 40–45)
4. **Wie** geschieht es?
   besonderer Tag, Vordringen zu einem großen Weiher, Lösen eines angeketteten Fischerbootes, Rudern in die Mitte des Sees, immer heftigeres Schaukeln des Bootes, starke Neigung des Bootes, der Jüngste bekommt das Übergewicht, fällt ins Wasser und ertrinkt (Z. 34–43)
5. **Warum** ereignet es sich?
   Absicht der beiden älteren Brüder, den jüngeren zu erschrecken (Z. 41)   **Kernaussage**
6. **Welche** Folgen bringt es mit sich?
   Heimkehr der beiden Buben, Versprechen, zu Hause nichts von dem tragischen Unglück zu erzählen, Schuldgefühle, schlechtes Gewissen (Z. 58–62)

Um das Wesentliche eines Textes zu erkennen, können wir ihn in **Sinnabschnitte** einteilen und Überschriften finden. Das heißt, wir überlegen uns, welche Textabschnitte **inhaltlich eine Einheit** bilden.

Sinnabschnitte der Geschichte

1. Zeile 1–11   Schilderung der unheimlichen Donaulandschaft
2. Zeile 12–23   Wilde Spiele dreier Brüder
3. Zeile 24–45   Gefährliche Spiele mit Todesfolge
4. Zeile 46–62   Schlechtes Gewissen und Schuldgefühle

Diese äußerst knappe Zusammenfassung zeigt, was der Leser, der den Text nicht kennt, unbedingt wissen muss, damit er diesen versteht und dem Gang der Handlung folgen kann.

Die Inhaltsangabe

Wenn das Wesentliche der Geschichte klar ist, können wir den Hauptteil der Inhaltsangabe schreiben. Jetzt gilt es noch, Einleitung und Schluss zu gestalten. Auch dabei helfen uns einige der W-Fragen:

A. Einleitung

1. **Wie** heißt die Geschichte?
   Brudermord im Altwasser

2. **Wer** schrieb sie?
   Georg Britting, geboren in Regensburg, gestorben in München (1964)

3. **Wann** und **wo** erschien sie?
   1952 in München

4. **Worum** geht es in der Geschichte?
   tragischer Tod eines elfjährigen Jungen, verursacht durch seine Brüder

Diese Frage ist wichtig für das Verständnis der Geschichte, denn die Antwort informiert über die **Thematik/den Kern** der Geschichte.
Normalerweise endet die Einleitung der Inhaltsangabe mit diesem **Kernsatz** (auch Themasatz genannt), der das Thema der Geschichte kurz und prägnant zusammenfasst; er kann aber auch den Hauptteil einleiten.

C. Schluss

Was wollte der Schriftsteller mit dieser Geschichte **erreichen?**
Darstellung einer Situation, in der aus Spaß Ernst geworden ist, Anregung zum Nachdenken über solche Grenzsituationen

Die Inhaltsangabe

Übung zur Erfassung des Inhalts

40
1. Worum geht es in diesem Text? Formuliere den Kernsatz/Themasatz!
2. Unterstreiche wesentliche Gesichtspunkte und notiere stichpunktartig die wichtigen Aspekte! (Lösung S. 192)

Von China nach Byzanz

Frühmittelalterliche Seiden aus der
Staatlichen Eremitage St. Petersburg
Bayerisches Nationalmuseum,
Prinzregentenstraße 3,
D-80538 München,
Tel.: 089/21 12 41
bis 26.1.1997 Di.-So. 9.30–17 Uhr

Der Zauber der großen Seidenstraße, die die antiken Kulturen Asiens und Europas miteinander verband, ist schon oft beschworen worden. Faß-
5 bar wird er in der Ausstellung des Bayerischen Nationalmuseums, die auf einzigartige, in der St. Petersburger Eremitage verwahrte Kostbarkeiten zurückgreifen konnte. Die
10 ganze Vielfalt der über die Seidenstraße verhandelten Textilkunst wird anhand von Funden deutlich, die aus Felsengräbern des nordwestlichen Kaukasus stammen.
15 Die vom 7. bis 9. Jahrhundert dort lebenden Bergbewohner ließen sich von den auf der Seidenstraße reisenden Händlern Zölle oder Bezahlung für geleistete Dienste nicht in
20 barer Münze, sondern in Seidenstoffen entrichten. Auf das Einhüllen in die schönen, farbenprächtigen Gewänder legten die Stammesoberen nicht nur zu ihren Lebzeiten
25 Wert – auch ihre Leichname wurden mit den edlen Geweben geschmückt. Chinesische, sogdische, iranische und byzantinische Seiden haben sich, zu Hauben und Kafta-
30 nen verarbeitet oder als Verzierung an Kultgegenständen und sogar an Kinderspielzeug angebracht, in Gräbern aus der „Mumienschlucht" erhalten, wie der Fundort benannte
35 wurde. Beileibe nicht nur zarte Hände wurden von dem schmeichelnden Material verwöhnt, auch Waffen erhielten „seidenen Glanz" [...]. Kriegerische Elemente fanden
40 auch Eingang in die Motivpalette der Seiden, deren Drucke Doppeläxte und Soldaten zeigen oder auch stilisierte Gesichter, Pfauen, Löwen und Lotosblüten. Dokumentiert wird
45 in der Ausstellung der gegenseitige Warenaustausch zwischen Ost und West, der nicht nur von China ausging, sondern auch in umgekehrter Richtung von Konstantinopel nach
50 Asien erfolgte. Innerhalb dieses Rahmens werden auch Einzelschicksale gestreift, wie das eines aus Bulgarien stammenden byzantinischen Feldherrn, dem ein glückbringendes Band
55 mit griechischer Inschrift auf seine militärische Mission in der „Mumienschlucht" mitgegeben wurde ... -af-

Quelle: Geschichte mit Pfiff, Heft 1/97, S. 39; Autorin: Alexandra Foghammer

8.3 Die Sprache der Inhaltsangabe

Die Sprache ist **klar und sachlich,** persönliche Gefühle sind nicht enthalten. Sollen wichtige Gesprächspassagen wiedergegeben werden, tritt an die Stelle der wörtlichen Rede die **indirekte Rede** (siehe S. 60). Die Zeitstufe ist das **Präsens.** Bei der Erstellung einer Inhaltsangabe musst du dich **vom Stil und der Wortwahl des Originaltextes lösen,** die Sprache muss **eigenständig** sein.
Überlege, was du **zusammenfassen** oder wofür du **andere Begriffe** einsetzen kannst.

Beispiel: Zusammenfassung Zeile 12–22

Die drei Hofberger Buben, 11, 12 und 13 Jahre alt, spielen fast jeden Tag an den Altwässern der Donau, einer düsteren und geheimnisvollen Landschaft. Ihre Spiele sind manchmal gefährlich und riskant.

Übung zur Sprache der Inhaltsangabe

1. Fasse die Zeilen 34–45 des Originaltextes mit eigenen Worten zusammen! (Lösung S. 193)
2. Finde jeweils *einen* Begriff für
   - Vater und Mutter
   - Bruder und Schwester
   - Onkel, Tante, Oma und Opa
   - Berge und Seen
   - Morgen, Mittag, Abend
   - Tiere und Menschen (Lösung S. 193)

Formulierungshilfen für die Einleitung der Inhaltsangabe

- Der vorliegende Text informiert über ...
- In der Geschichte geht es um ...
- Der Autor setzt sich auseinander mit ...
- Thema der Erzählung ist ...
- In den Mittelpunkt seiner Betrachtungen stellt der Verfasser die Überlegung ...

Die Inhaltsangabe

8.4 Die Ausarbeitung der Inhaltsangabe

Ausformuliert liest sich die Inhaltsangabe folgendermaßen:

Brudermord im Altwasser

A. Einleitung

Georg Britting, der 1891 in Regensburg geboren wurde und 1964 in München starb, veröffentlichte die vorliegende Erzählung „Brudermord im Altwasser" im Jahre 1952 in München. Thema ist der Tod eines elfjährigen Jungen, der auf tragische Weise ums Leben kommt.

B. Hauptteil

Dieses Unglück ereignet sich an den Altwässern der Donau, einer düsteren und geheimnisumwitterten Landschaft, in der die „Hofberger Buben", drei Jungen im Alter zwischen 11 und 13 Jahren, im Hochsommer fast täglich ihren abenteuerlichen Spielen nachgehen. Sie einigen sich darauf, zu Hause davon nichts zu sagen.

Eines Tages entdecken sie einen großen Weiher in diesem Gebiet, lösen das Fischerboot, das am Ufer angekettet ist, und rudern in die Mitte des Sees. Dort beginnt der Älteste das Boot zu schaukeln und diesem Treiben schließen sich auch die beiden anderen an. Das Spiel wird immer wilder und schließlich verständigen sich die beiden älteren Jungen durch ein Zeichen, dass sie den Kleinen erschrecken wollen. Sie werfen sich auf die Seite des Bootes, auf der dieser steht, das Boot neigt sich und der Elfjährige fällt ins Wasser und ertrinkt.

Die Jungen sind stumm und blass vor Schreck und rudern schweigend zum Ufer zurück. Im Laufschritt lassen sie den Unglücksort hinter sich, sehen und fühlen nichts mehr. Bevor sie ihr Elternhaus betreten, vereinbaren sie, zu Hause nichts von dem Unglück zu erzählen.

C. Schluss

In dieser Geschichte schildert Georg Britting eine Situation, in der aus Spaß bitterer Ernst geworden ist. Die Grenze zwischen Abenteuer und tödlichem Leichtsinn wurde überschritten.

Tipps zum Erstellen einer Inhaltsangabe

1. **Vorarbeiten**
   - **Lies den Originaltext aufmerksam durch,** wenn nötig mehrmals, und unterstreiche unbekannte Wörter, die du dann mithilfe eines Lexikons klärst.
   - **Gliedere** den vorliegenden Text in **Sinnabschnitte** und fasse diese jeweils mit einer Überschrift oder einem ganzen Satz zusammen! Eine gute Vorarbeit ist es in diesem Zusammenhang, wenn du **wichtige Stellen im Text unterstreichst.**

2. **Erfassung des Textes**
   - **Was** muss der Leser der Inhaltsangabe erfahren, damit er weiß, was im Original steht?
   - **Wo** und **wann** spielt die Geschichte/ereignet sich etwas?
   - **Worum geht es** im Text? Wie verläuft die Handlung, das Geschehen, der Vorgang, das Ereignis?
   - **Wie** kommt es zu einem bestimmten Vorfall?
   - Fasse die **Kernstellen** (Grund und Folge des Ereignisses) des Originaltextes zusammen! Vernachlässige nebensächliche Einzelheiten!

3. **Schreiben der Inhaltsangabe**
   - Beachte Angaben über Verfasser, Titel, Zeit der Entstehung bzw. Veröffentlichung, Textsorte und Thematik!
   - Vermeide es, den Text nachzuerzählen: Löse dich von der Sprache der Vorlage!
   - Verwende, wenn nötig, die **indirekte Rede!**
   - Schreibe **sachlich, knapp** und **genau!** Verzichte auf persönliche Gefühle und Meinungen in der Einleitung und im Hauptteil!
   - Verwende das **Präsens!**
   - **Gliedere** deine Inhaltsangabe auch **äußerlich** in Einleitung, Hauptteil und Schluss, indem du Absätze machst. Schreibe jeweils an den Zeilenbeginn des neuen Abschnittes A, B oder C! Das erleichtert dir persönlich, aber auch dem Leser den Überblick über den Aufsatz.
   - Mache deutlich, dass es sich im Schluss der Inhaltsangabe um deine Meinung und deine **Interpretation** handelt!

Übungen zur Ausarbeitung der Inhaltsangabe

42 GEORGES DUMÉZIL: **Balders Tod** (Lösung S. 194)

Die Geschichte fängt so an, daß Balder der Gute schwere Träume hatte, die Gefahr für sein Leben bedeuteten. Als er den Asen die Träume erzählte, da gingen sie zu Rate, und es wurde beschlossen, dem Balder Sicherheit vor jeder Nachstellung auszuwirken: Frigg[1] ließ sich Eide schwören, daß Balder verschont sollten
5 Feuer und Wasser, Eisen und jederlei Metall, Steine, die Erde, die Bäume, die Krankheiten, die Vierfüßler, die Vögel, die Giftschlangen. Als dies getan und klargestellt war, da war es der Zeitvertreib Balders und der Asen, daß er bei Dingversammlungen[2] sich aufstellte und alle die andern teils nach ihm schossen, teils auf ihn einhieben, teils ihn mit Steinen bewarfen: was man auch tat, es schadete
10 ihm nicht, und darin sahen alle einen großen Gewinn.
Als dies Loki sah, da gefiel es ihm übel, daß nichts dem Balder schadete. Er machte sich auf nach Fensal[3] zu Frigg und hatte die Gestalt einer Frau angenommen. Da fragte Frigg, ob die Frau wisse, was die Asen auf dem Ding[2] vorhätten. Sie erzählte, alle schössen auf Balder, und sie setzte hinzu, es schade ihm nicht.
15 Da sprach Frigg: „Weder Schaft noch Schärfe wird Balder schaden: ihnen allen habe ich Eide abgenommen!" Die Frau fragte: „Haben *alle* Dinge Eide geleistet, Balder zu schonen?" Da erwiderte Frigg: „Westlich von Walhall wächst ein Baumschößling, der heißt Mistelzweig: der schien mir zu jung, einen Eid von ihm zu verlangen."
20 Darauf machte sich die Frau fort. Loki ergriff den Mistelzweig, riß ihn mit der Wurzel heraus und ging zum Ding. Außen an der Balder umringenden Männerschar stand Höd; dieser war nämlich blind. Da sagte Loki zu ihm: „Warum schießt du nicht auf Balder?" Er antwortete: „Weil ich nicht sehe, wo Balder ist, und dann auch, weil ich waffenlos bin." Da sagte Loki: „Tu doch wie die andern
25 und erweise Balder Ehre wie die andern! Ich werde dir zeigen, wo er steht. Schieße auf ihn mit diesem Stock!" Höd nahm den Mistelzweig und zielte damit auf Balder nach Lokis Anweisung. Das Geschoß durchdrang Balder, und er fiel tot zur Erde.
Dies war die unglücklichste Tat, die je getan ward bei Göttern und Menschen. –
30 Als Balder gefallen war, da entfiel allen Asen die Sprache, und auch die Hände, ihn anzupacken, sanken herab, jeder sah den andern an, und alle waren eines Sinnes gegen den, der die Tat getan hatte, aber keiner konnte es rächen: dort war eine so heilige Friedensstätte.
Die Asen aber nahmen Balders Leiche und schafften sie ans Meer, Balder besaß
35 ein Schiff namens Hringhorni, das ungeheuer groß war. Dieses wollten die Götter vom Stapel lassen und auf ihm Balder im Feuer bestatten. Aber das Schiff ging nicht von der Stelle. Da schickte man gen Riesenheim nach einer Riesin namens Hyrokkin. Als diese ankam – sie ritt auf einem Wolf und hatte einen Zaum aus Giftschlangen –, da sprang sie vom Roß, und Odin rief vier Berserker[4] herbei, das
40 Roß zu bewachen; die konnten es aber nicht anders halten, als indem sie es zu Boden warfen. Da ging Hyrokkin auf den Vordersteven des Nachens und brachte ihn auf den ersten Ruck von der Stelle, so daß Feuer aus den Walzen sprang und alle Lande erbebten. Da ward Thor zornig, ergriff seinen Hammer und hätte ihr den Schädel zerschmettert, wenn nicht alle Götter für sie um Schonung gebeten
45 hätten.

Dann ward Balders Leiche auf das Schiff hinausgetragen. Als das seine Frau sah, Nanna, Neps Tochter, da zersprang ihr das Herz vor Leid, und sie starb. Sie wurde auf den Scheiterhaufen gelegt und dieser angezündet. Thor stand dabei und weihte den Scheiterhaufen mit dem Mjölnir[5]. Ihm lief ein
50 Zweig vor die Füße, der heißt Lit, und Thor stieß nach ihm mit dem Fuß und schleuderte ihn ins Feuer, und er verbrannte.
Zu dieser Feuerbestattung kam vielerlei Volk.

[1] Odins Gattin, Balders Mutter
[2] Ratsversammlung
[3] Friggs Wohnsitz
[4] Krieger mit der Fähigkeit, sich in Tiere zu verwandeln
[5] Thors Hammer

Quelle: GEORGES DUMÉZIL

Arbeitsaufträge

Lies den Text aufmerksam durch.
1. Schreibe das Wichtigste aus der Geschichte heraus und versuche dabei bereits einen logischen Aufbau zu berücksichtigen!
2. Fertige eine Inhaltsangabe an!

43 Der Affe als Schiedsrichter – Koreanische Fabel (Lösung S. 195)

Ein Hund und ein Fuchs erblickten gleichzeitig eine schöne große Wurst, die jemand verloren hatte, und nachdem sie eine Weile unentschieden darum gekämpft hatten, kamen sie überein, mit der Beute zum klugen Affen zu gehen. Dessen Schiedsspruch sollte gültig sein.
5 Der Affe hörte die beiden Streitenden aufmerksam an. Dann fällte er mit gerunzelter Stirn das Urteil:
„Die Sachlage ist klar. Jedem von euch gehört genau die halbe Wurst!"
10 Damit zerbrach der Affe die Wurst und legte die beiden Teile auf eine Waage. Das eine Stück war schwerer. Also biß er hier einen guten Happen ab. Nun wog er die Stücke von neuem. Da senkte sich die andere Schale; happ-schnapp, kürzte er
15 auch diesen Teil.

Wiederum prüfte er sie auf Gleichgewicht, und nun mußte wieder die erste Hälfte ihr Opfer bringen. So mühte sich der Affe weiterhin, jedem sein Recht zu schaffen. Die Enden wurden immer kleiner und die Augen von Hund und Fuchs immer größer. Schließlich, rutsch-futsch! war der Rest hier und dort verschlungen.
20 Mit eingeklemmten Ruten schlichen Hund und Fuchs in verbissener Wut davon. In gehöriger Entfernung fielen sie übereinander her und zerzausten sich.
Hüte das Deine, laß jedem das Seine!

Die Inhaltsangabe

Arbeitsaufträge

1. Beurteile die folgende Inhaltsangabe, die von einem Schüler zu der Fabel verfasst wurde!
2. Verbessere die Arbeit!

„Koreanische Fabel"
Ein Hund und ein Fuchs streiten sich um eine gleichzeitig gefundene Wurst. Wem soll nun die Wurst gehören, war die Frage. Die beiden gehen nun mit ihr zum schlauen Affen, der das Urteil fällen soll. Der halbiert die Wurst, wog sie und verkürzte immer das längere Wurstteil, bis am Schluss nichts mehr von ihr übrig war. Hund und Fuchs schleichen davon, ärgern sich über ihre Dummheit mit der Wurst zu einem Affen zu gehen und raufen sich.

Übungen zur Erfassung des Inhalts

44 Dieser Text ist in Absätze gegliedert. Der Inhalt jedes Absatzes wird mit einer Frage zusammengefasst. Ergänze diese Fragen! (Lösung S. 196)

Der Neuntöter

• ?
Der Rotrückenwürger (Neuntöter) ist ein Singvogel, der sich wie ein Greifvogel verhält. Er ist 18 Zentimeter lang, hat eine Flügelspannweite von 29 Zentimeter und ein Gewicht von 30 Gramm. Das Männchen hat einen grauen Kopf, einen rotbraunen Rücken, das Weibchen ist unauffällig braun.

• ?
Von Spanien bis weit nach Asien hinein, nördlich bis Südengland und Skandinavien.

• ?
In Heidelandschaften mit dornigen Hecken, an Waldrändern und in alten Streuobstwiesen mit Brombeerbüschen.

• ?
Neuntöter fangen große Insekten, Eidechsen, junge Mäuse und sogar junge Singvögel. Von einer Zweigspitze aus beobachtet der Rotrückenwürger seine Umgebung. Entdeckt er eine Beute, fliegt er ab, fängt sie, trägt sie auf eine Sitzwarte, verzehrt sie gleich oder spießt sie auf einen Dorn. Durch das Aufspießen kann er große Beute besser zerkleinern und hat auch einen Vorrat für Regentage. Als Zugvogel kommt der Neuntöter im April zurück und besetzt sofort sein Brutgebiet. Das Männchen schleppt Nistmaterial herbei und fertigt den Außenbau, das Weibchen baut die Nistmulde aus Wurzeln, Halmen,

weichen Pflanzenhaaren und Moos.
Im Mai legt das Weibchen 4–7 Eier und brütet sie in 14–16 Tagen alleine aus, wobei es vom Männchen gefüttert wird. Die Jungen sind Nesthocker, die von beiden Altvögeln gefüttert werden. Nach 15 Tagen sind sie flügge, werden aber noch 3–4 Wochen von ihren Eltern betreut. Im September ziehen die Neuntöter nach Südafrika.

• ?

Früher wurde der Würger wegen seines Beuteverhaltens als „mordlustiger Schädling" verfolgt. Heute werden viele Neuntöter während ihres Zuges in Nordafrika und Südeuropa gefangen und gegessen. Andere kommen durch Gift um, mit dem die Wanderheuschrecken bekämpft werden.
In Deutschland ist der Rotrückenwürger gefährdet, weil immer noch alte, dornige Hecken gerodet, trockene Wiesen und Brachland umgepflügt und alte Obstbaumgrundstücke in Baugebiete verwandelt werden.

• ?

Hecken, Feldgehölze und Waldränder erhalten und neu anpflanzen, Brachflächen mit Wildkräutern dulden und auf „Schädlingsbekämpfungsmittel" verzichten.

Quelle: Tierfreund, Natur erleben · verstehen · schützen, Heft 8/97, S. 36; Autor: Wilfried Beuerle

45 Steinzeitköpfchen als erstes Porträt der Menschheit? (Lösung S. 197)

Bei Dolni Vestonice in der heutigen Slowakei entdeckte der Archäologe Bohuslav Klima 1949 bei Ausgrabungen an einem altsteinzeitlichen Siedlungsplatz das Grab einer etwa 40jährigen Frau. Neuere Untersuchungen haben das Besondere dieses Fundes offenbart.

Das Skelett der Steinzeitfrau zeigte deutliche Deformierungen. Die linke Hälfte des Schädelknochens war krankhaft verändert, die Frau litt wahrscheinlich an einer halbseitigen Gesichtslähmung. Beim Grab lag ein kleines, aus Elfenbein geschnitztes Frauenköpfchen. Es hat bei genauem Hinsehen zwei ungleiche Gesichtshälften: Wange und Mundwinkel links hängen schlaff herunter. Das 22 000 Jahre alte Köpfchen ist wohl das erste individuelle Porträt der Menschheitsgeschichte – das Bildnis der kranken Mammutjägerin. Es ist anzunehmen, daß die Kranke – vielleicht aufgrund eines Knochentumors – unter starken Schmerzen, Wahnvorstellungen und Ohnmachtsanfällen litt. Wie in vielen ursprünglichen Kulturen könnte gerade diese Andersartigkeit die Frau zu etwas Besonderem in der Mammutjäger-Gemeinschaft gemacht haben, so Hannelore Bosinski vom Museum für Archäologie des Eiszeitalters bei Koblenz. War sie das unfreiwillige Medium ihrer Gruppe zur Welt der Geister und Götter? War sie eine Schamanin, ebenso geachtet wie auch gefürchtet?

Für ihren Sonderstatus spricht auch die ungewöhnlich aufwendige Bestattung. Um eine Rückkehr zu den Lebenden zu verhindern, wurde die Tote gefesselt und unter einem schweren Mammutschulterblatt begraben. Die Eiszeitjäger glaubten offensichtlich an ein Jenseits, das für uns wohl rätselhaft bleiben wird. -mar-

Quelle: Geschichte mit Pfiff, Heft 8/97, S. 37; Autor: Martinus Martin

Die Inhaltsangabe

Arbeitsaufträge

Lies den Text aufmerksam durch.
1. Notiere dir unbekannte Wörter und kläre sie mithilfe eines Lexikons!
2. Erschließe den Text anhand folgender Fragen:
   - Wann und wo wird etwas entdeckt?
   - Wer ist der Entdecker?
   - Was findet er?
   - Wie sieht dieser Fund aus?
   - Inwiefern stellen die individuelle Grabbeigabe und die Art der Bestattung eine Besonderheit dar?
3. Schreibe eine Einleitung zu dieser Inhaltsangabe!

9 Der textgebundene Aufsatz

Im textgebundenen Aufsatz wird **schriftlich festgehalten,** was **an einem Text erarbeitet** wurde.
Als Grundlage dienen verschiedenste Texte, z. B. Gedichte, Balladen, Märchen, Sagen, Kurzgeschichten, aber auch Zeitungsberichte, Glossen, Reportagen etc.

Dabei ist neben dem **Inhalt,** der **Sprache** und dem **Aufbau** des Textes auch seine **Aktualität** von Bedeutung. Es interessiert der Schriftsteller bzw. der Verfasser ebenso wie das Aussehen, das **Lay-out** des Textes. Die Ergebnisse der Betrachtung werden in einem zusammenhängenden Aufsatz, dem so genannten textgebundenen Aufsatz, formuliert.

9.1 Der Lehrplan zum textgebundenen Aufsatz

	Sachtexte	literarische Texte
7. Klasse	– einfache Sachtexte erschließen – den Inhalt erfassen: dazu den Text mehrmals sorgfältig lesen, erste Eindrücke festhalten und fremde Begriffe klären, Text in Inhalts- und Handlungsabschnitte gliedern, Kernstellen markieren oder auch kurz herausschreiben, Abschnitte zusammenfassen bzw. mit einer Überschrift versehen, Inhalt zusammenfassen; – Aufbau des Textes untersuchen; – Auffälligkeiten in Wortwahl und Satzbau behandeln und in Zusammenhang mit der Absicht des Textes bringen; – formale Gestaltungsmittel wie Anordnung des Textes, Schriftart und Schriftgröße, Bilder, Überschriften beschreiben und in Zusammenhang mit der Textabsicht bringen; – Zielgruppe und Absicht des Verfassers wie Unterhalten, Informieren, Beeinflussen erkennen und aus dem Text begründen; – Textart und Textsorte bestimmen; – eigene Stellungnahmen – Meinung – zum Text äußern.	– den Inhalt erschließen; vergleiche dazu die Sachtexte; zusätzlich: Ort, Zeit, Handlung, Personen, Erzählperspektive, Textaussage; – Texte in Beziehung zur Entstehungszeit verstehen – geschichtlicher Hintergrund, Autor; – Auffälligkeiten in Wortwahl erkennen und beschreiben; – die Textsorte bestimmen – Märchen, Sage, Ballade, Legende – die eigene Meinung zum Text äußern und begründen, warum ein Text als wertvoll, ansprechend oder beeindruckend empfunden wird; – kreativ mit Texten umgehen.
8. Klasse	Zusätzlich zu den Inhalten der 7. Jahrgangsstufe: – Erschließungstechniken festigen und selbstständig anwenden; – sprachliche und außersprachliche Mittel beschreiben und in Zusammenhang mit der Absicht des Textes bringen; – Textart – objektiv, subjektiv etc. – und Textsorte – Bericht, Reportage etc. – bestimmen; – kreativ mit Texten umgehen.	Zusätzlich zu den Inhalten der 7. Jahrgangsstufe: – Sprache, Reim, Rhythmus in ihrer ästhetischen Wirkung erfahren; – Texte in Beziehung zu ihrer Entstehungszeit verstehen: Autor, geschichtlichen Hintergrund erfassen und in Beziehung zur eigenen Erfahrungswelt bringen; – die Textsorte bestimmen: Kurzgeschichte oder andere epische Kurzformen, Fabel, Ballade.

9.2 Textarten

Grundsätzlich unterscheidet man also **zwei Arten von Texten:**
- **literarische**/poetische Texte und
- **Sach-** oder **Gebrauchstexte.**

9.2.1 Literarische Texte

Sie beruhen auf der **Vorstellungskraft eines Dichters.** Nicht die wirkliche Welt wird dargestellt, sondern die Welt, wie sie der Dichter wahrnimmt und empfindet. Literarische Texte unterhalten in erster Linie und regen zum Nachdenken an. Sie geben die Meinung bzw. die Gefühle und Empfindungen eines Schriftstellers wieder.
Folgende Textsorten sind der subjektiven Textart zuzuordnen:

- **epische Texte:** erzählende Literatur wie
  - Märchen,
  - Fabeln,
  - Erzählungen,
  - Kurzgeschichten,
  - Sagen/Legenden,
  - Anekdoten;

- **dramatische Texte:** darstellende Literatur (Theaterstücke) wie
  - Dramen und
  - Komödien;

- **lyrische Texte:**
  - Balladen,
  - Gedichte.

9.2.2 Sach- oder Gebrauchstexte

Sie beziehen sich auf die **Wirklichkeit** und können entweder sachlich geschrieben sein oder die Meinung des Autor zum Ausdruck bringen.

- **Objektive Texte** informieren in erster Linie. Es sind so genannte **Sachtexte,** die Sachverhalte möglichst genau, aber knapp wiedergeben. Sie sollten realitätsgetreu sein und über wirkliche Ereignisse, Tatsachen oder Fakten informieren.

Dazu gehören folgende Textsorten:
- Nachrichten,
- Berichte,
- Schulbuchartikel,
- Sachbuchartikel.

- **Kommentierende Texte** wirken in erster Linie meinungsbildend. Sie stellen eine **Mischform** zwischen subjektiver und objektiver Textart dar, da der Verfasser meist seinen persönlichen Standpunkt zu einem objektiven Sachverhalt zu Papier bringt.

Zu den kommentierenden Texten zählt man
- Kommentare,
- Leitartikel,
- Kritiken (Besprechungen von Konzerten, Theateraufführungen, Fernsehsendungen, Büchern etc.),
- Glossen,
- Reportagen.

- **Appellative Texte** fordern dazu auf, etwas zu tun oder zu lassen. Oftmals werden direkte Aufforderungssätze verwendet. Manchmal geschieht diese Aufforderung aber auch indirekt, z. B. durch Bilder.

Hierzu zählen
- Werbeanzeigen,
- Wahlplakate,
- Spendenaufrufe.

9.3 Gattungsmerkmale literarischer Texte

Du hast nun einen kurzen Überblick über die unterschiedlichen Textarten bekommen. Das folgende Kapitel informiert dich darüber, welche **besonderen Merkmale** die einzelnen literarischen Textsorten aufweisen.

9.3.1 Das Märchen

Den Großteil unserer deutschen Märchen veröffentlichten die Brüder JAKOB und WILHELM GRIMM in der Zeit von 1812–1815 in zwei Bänden als Kinder- und Hausmärchen. Mit ihrer Sammlung wollten sie den Reichtum der mündlichen Märchenüberlieferung für die Nachwelt retten.

Merkmale

Märchen

- Sie haben meist **formelhafte Anfangs- und Schlusssätze**, z. B. „Es war einmal ..." und „Wenn sie nicht gestorben sind ...".
- Das Geschehen spielt **irgendwo** und **irgendwann** in der Vergangenheit; es fehlen genaue Orts- und Zeitangaben.
- Es gibt entweder **gute oder böse, arme oder reiche Menschen.** Die Personen sind Träger von Eigenschaften, **keine Individuen.**
- **Nichts ist unwahrscheinlich oder unmöglich,** Wirklichkeit und Fantasie sind oft nicht getrennt.
- In das Geschehen greifen **höhere Gestalten,** Feen, Elfen, Nixen, Zwerge, Kobolde ein oder es bringt ein Zufall die gute Lösung.
- Häufig spielen **symbolische Zahlen,** die Drei, die Sieben, die Zwölf, eine wichtige Rolle.
- Es sind zeitlose Texte, die **belehrend** und damit **erzieherisch** wirken. Die Gerechtigkeit, das Gute siegt, das Böse wird bestraft. So haben Märchen meist ein „Happy end", also einen glücklichen Ausgang.
- Die Sprache ist **einfach** und meist **kindgemäß.** Sie enthält Bilder und Vergleiche.

9.3.2 Die Sage/Legende

Sagen sind mündlich überlieferte, erst später niedergeschriebene Erzählungen über Helden **(Heldensagen)** und geschichtliche Ereignisse **(historische Sagen).** Sagen dienen dem Ruhm eines Helden oder schildern Vorgänge, die für die Zeitgenossen nicht erklärbar waren. **Legenden** dienen dem Ruhm eines Heiligen.

Merkmale

> **Sage/Legende**
>
> - Sie nennt, im Gegensatz zum Märchen, meist **Orte, Namen** und **Daten,** da sie den Anspruch erhebt, glaubwürdig zu sein.
> - Merkwürdige Naturereignisse oder historische Persönlichkeiten bilden häufig den Hintergrund.
> - Es handelt sich meist um **erfundene** Geschichten, die unerklärliche Ereignisse, Erscheinungen oder Sachverhalte nachträglich zu erklären versuchen.
> - Häufig greifen bei der Sage ebenso wie im Märchen **übernatürliche Kräfte** (Teufel) ein oder der Held ist mit überirdischen Fähigkeiten ausgestattet (Siegfried in der Nibelungensage).
> - Die Sprache ist meist **einfach** und **leicht verständlich,** manchmal auch etwas veraltet.
> - Wunschringe, Zauberschwerte, Tarnkappen etc. sind häufig **Elemente des Magischen,** Wunderbaren, die dem Helden zum Sieg verhelfen.

9.3.3 Die Fabel

Die Tradition der Fabel reicht weit zurück ins Altertum. Der Sklave ÄSOP hat im 6. Jahrhundert v. Chr. Fabeln gesammelt und selbst erfunden. In der Reformationszeit erlebte die Fabel unter LUTHER eine neue Blütezeit, ebenso in der Epoche der Aufklärung unter LESSING. Auch in der Gegenwart setzen Autoren wie KÄSTNER, RISSE und SCHNURRE die Fabeltradition fort.

Merkmale

> **Fabel**
>
> - Statt Menschen **handeln Tiere.**
> - Tiere haben **menschliche Eigenschaften** und können sprechen.
> - Meist treten Tiere auf, denen **gegensätzliche Eigenschaften** zugeschrieben werden, z. B. ein Wolf, der allgemein als starkes, und ein Lamm, das als schwaches Tier gilt. Durch eine List wird dann das stärkere Tier besiegt.

- Die Fabel enthält eine **Lehre** für den Leser. In den Tieren können wir uns selbst in unseren Schwächen und Fehlern wiedererkennen.
- Sie kann **verallgemeinert** und auf aktuelle Zustände übertragen werden.

9.3.4 Die Anekdote

Eine Anekdote ist eine kurze, charakteristische Geschichte um eine bedeutende, meist historische Persönlichkeit mit einem pointenartigen Schluss.

Merkmale

Anekdote

- Gestalten aus der Geschichte oder dem öffentlichen Leben, aber auch **Menschen in bestimmten Situationen** stehen im Mittelpunkt.
- Der Inhalt kann zwar frei erfunden sein, vermittelt aber den **Eindruck,** als wäre es **wirklich geschehen.**
- Sie enthält eine **überraschende Wende (Pointe),** die meist am Schluss des Vorfalls steht.

9.3.5 Die Erzählung

Eine Erzählung ist eine Darstellung von wirklichen oder gedachten Erlebnissen. Sie kann im weitesten Sinn auch als Überbegriff für alle epischen Textsorten verwendet werden.

Merkmale

Erzählung

- Sie erzählt lebendig von **Erlebnissen** und Geschehnissen.
- Sie enthält häufig **wörtliche Reden** und **lebendige Adjektive.**
- Sie steht normalerweise im **Präteritum.**
- Sie besitzt einen **Höhepunkt.**

9.3.6 Das Gedicht

Das Gedicht ist Erlebnisdichtung in gebundener Sprache. Es unterscheidet sich von anderen Texten durch Form und Sprache.

Merkmale

Gedicht

- Es besteht aus **Strophen** und **Versen** (Zeilen einer Strophe).
- Häufig besitzen Gedichte einen **Reim**.

9.3.7 Die Kurzgeschichte

Das deutsche Wort Kurzgeschichte ist durch die Übersetzung aus dem Amerikanischen „**short story**" entstanden. Gegen Ende des 19. Jahrhunderts hat sich die Kurzgeschichte als moderne Form der Erzählung durchgesetzt. Begünstigt wurde diese Erscheinung durch das Aufkommen von Zeitschriften mit Unterhaltungsbeilagen. Ihren Durchbruch erfuhr die Kurzgeschichte in Deutschland nach 1945, als viele Schriftsteller ihre Kriegs- und Nachkriegserlebnisse literarisch aufarbeiteten.

Merkmale

Kurzgeschichte

- **Inhalt:**
  - Das Geschehen beschränkt sich auf einen oder wenige **entscheidende Augenblicke** im Leben eines oder mehrerer Menschen.
  - Hauptpersonen sind häufig **Menschen in Grenzsituationen.**
  - Sie bevorzugt Personen aus dem Alltag.
- **Aufbau:**
  - Das Geschehen beginnt meist **unmittelbar,** ohne ausführliche Einleitung bzw. Vorgeschichte.
  - Der **Höhepunkt** fällt häufig mit dem **Wendepunkt** der Geschichte zusammen.
  - Sehr oft hat die Kurzgeschichte einen **offenen Schluss.**

Der textgebundene Aufsatz

- **Sprache:**
  - Der Wortschatz ist der **Alltags-** und **Umgangssprache** entnommen. So wird Allgemeinverständlichkeit erreicht.
  - Manchmal finden sich auch sehr kurze, teilweise unvollständige Sätze bzw. Satzfetzen.
  - Charakteristisch für die Kurzgeschichte ist eine sehr **einförmige Sprache,** die sich durch viele Wortwiederholungen und einfachen, einförmigen Satzbau auszeichnet.
  - Auffallend ist auch der relativ sparsame Gebrauch von Adjektiven und Adverbien.

9.4 Darstellungsformen bei Sachtexten

9.4.1 Die Nachricht und der Bericht

Nachricht und Bericht werden hier zusammen betrachtet, da beide auf den gleichen Prinzipien beruhen; die Nachricht ist die Basis für einen Bericht.

Bei der Zeitungsnachricht handelt es sich um eine sachliche Mitteilung über aktuelle Ereignisse oder aktuelle Sachverhalte, für die ein öffentliches Interesse besteht. Die Kurzform der Nachricht wird als **Meldung,** die Langform als **Bericht** bezeichnet.

Nachrichten sind immer nach dem **umgekehrten Pyramidenprinzip** aufgebaut:

101

Leser, die sich nur über „das Wichtigste" informieren wollen, brauchen daher nur den Anfang, die Überschrift, den ersten Absatz der Nachricht lesen.

Nachrichtentexte antworten immer auf einige der **W-Fragen**. Folgende Kurzmeldung beantwortet sogar alle „Ws".

Siegfried Lenz geehrt

1 **Hamburg.** Der Schriftsteller Sieg-
2 fried Lenz hat gestern die Ehren-
3 Doktorwürde der Ben-Gurion-Uni-
4 versität im israelischen Beer Sheva
5 erhalten – in „Anerkennung seines
6 literarischen Schaffens, das sich
7 durch moralische Inspiration, Barm-
8 herzigkeit und Güte" auszeichne.

Diese W-Fragen werden **damit** beantwortet:

- **Was** ist geschehen? „... geehrt" (Überschrift)
- **Wer** war daran beteiligt? der Schriftsteller Siegfried Lenz, die Ben-Gurion-Universität (Z. 1–3)
- **Wann** ist es geschehen? gestern (Z. 2, Zeitpunkt wird deutlich in Verbindung mit dem Erscheinungsdatum der Meldung)
- **Wo** ist es geschehen? „... im israelischen Beer Sheva" (Z. 4)
- **Wie** ist es geschehen? „... hat die Ehrendoktorwürde ... erhalten" (Z. 2–4)
- **Warum** ist es geschehen? „... in Anerkennung seines literarischen Schaffens ..." (Z. 5–6)

9.4.2 Die Reportage

„Eine Reportage ist, wenn ein Reporter dabei war und man das spürt." So hat eine Schülerin einmal die Frage, was eine Reportage sei, beantwortet. Damit ist eigentlich alles gesagt: Die Reportage ist ein **tatsachenbetonter, aber persönlich gefärbter Erlebnisbericht.** Sie vermittelt, was der Reporter erlebt und beobachtet hat, so konkret und anschaulich wie möglich, sodass auch die Leser den Eindruck haben, „dabei" gewesen zu sein.

Wichtige Merkmale:
- Der Reporter war am Schauplatz des Geschehens.
- Er hat Leute befragt (Interview), Augenzeugen, Betroffene, Sachverständige usw.
- Er soll Hintergründe und Zusammenhänge herstellen.
- Die Reportage soll spannend und packend formuliert sein.
- Meist ist sie zusätzlich mit Bildern versehen.
- Sie steht im Präsens.

Damit ist klar, dass eine Reportage hohe Anforderungen an die Formulierungskunst des Reporters stellt. Er muss ständig zwischen Details und Allgemeinem, Aktuellem und Historischem, Zitat und indirekter Rede wechseln. Er darf nie vom Thema abschweifen. Am deutlichsten wird das bei Sportreportagen.

9.4.3 Das Interview

Das Interview **gibt ein Gespräch wieder, das ein Journalist mit einer oder mehreren Personen geführt hat.** Beim geschriebenen Interview gibt es zwei Formen: das **dialogische Interview** in wörtlicher Rede und das **beschreibende** (geformte) **Interview** in der indirekten Rede. Das Interview ist aber nicht nur eine Textsorte, sondern auch ein Verfahren, wie Journalisten zu ihren Informationen kommen.

Befragt werden kann prinzipiell jeder: Politiker, prominente Sportler, Künstler, der „Mann auf der Straße". Leute werden befragt, um eine Sache zu klären, eine Meinung zu einem bestimmten Ereignis zu äußern oder die befragte Person selbst vorzustellen. Das Ergebnis solcher Befragungen kann in verschiedenen Artikeln wiedergegeben werden, nicht nur in solchen, die ausdrücklich als Interview gekennzeichnet sind. Häufig werden Interviewergebnisse in andere Berichterstattungen eingebettet.

9.4.4 Der Kommentar

Der Kommentar ist eine **subjektive, interpretierende** und **wertende Anmerkung** zu einem bestimmten Thema, das allgemein bekannt ist und über das in der Zeitung berichtet wird. Anlass für einen Kommentar können sein:
- aktuelle Ereignisse, z. B. aus Politik, Wirtschaft, Kultur, Sport usw.,
- Meinungsäußerungen (etwa von Politikern),

- tatsächliche und mögliche Entwicklungen in Politik, Wirtschaft, Gesellschaft, Kultur usw.,
- Zeitströmungen, aber auch
- Beobachtungen aus dem Alltag.

In der Zeitung werden Kommentare fast immer an festen, gleich bleibenden Stellen abgedruckt. Damit Leserinnen und Leser sie „auf den ersten Blick" von informierenden Texten unterscheiden können, sind sie durch bestimmte Hinweise – z. B. durch Überschriften wie „Meinung", „Kommentar" – und bestimmte äußere Gestaltungsmerkmale – wie etwa spezielle Schrift, spezieller Zeilenabstand, gleich bleibendes Format etc. – gekennzeichnet.

9.4.5 Die Glosse

Die Glosse ist ein **kurzer, subjektiver Meinungsartikel** zu einem aktuellen Ereignis aus Politik oder Kultur. Sie will mit besonderen stilistischen Mitteln wie Ironie (versteckter Spott), ungewöhnlichen Wortneuschöpfungen und bildhaften Vergleichen den Leser unterhalten und zum Nachdenken anregen.

9.4.6 Der Werbetext

Werbetexte sollen gelesen werden, deshalb fallen sie schon durch ihre äußere Gestaltung auf. Sprachlich zeichnen sie sich durch ihren **Aufforderungscharakter** aus. Meist wird der Leser durch ein Anredepronomen direkt angesprochen oder durch den Imperativ (Aufforderungssätze) zu einer bestimmten Handlung animiert. Werbetexte richten sich immer an ein ganz bestimmtes „Publikum", die sogenannte **„Zielgruppe"**, z. B. an Jugendliche, Frauen, Männer, Tierhalter etc. Darauf wird auch die im Text eingesetzte Sprache abgestimmt (Jugendsprache, Fachsprache etc.).

9.4.7 Aufbau von Zeitungstexten

Da es sich bei Sachtexten häufig um Zeitungstexte handelt, sollte man den Aufbau eines solchen Artikels kennen und mit den entsprechenden Fachbegriffen umgehen können.

Quelle: Mittelbayerische Zeitung vom 1./2. 5. 1997

Erläuterung der Fachbegriffe:

- **Dachzeile**
  unterstrichene Überschrift über der Schlagzeile

- **Schlagzeile**
  Hauptüberschrift

- **Untertitel**
  Unterüberschrift, die die Schlagzeile erläutert

- **Lead**
  fett gedruckte Zusammenfassung/Inhaltsangabe des Lauftextes

- **Lauftext**
  eigentliche Nachricht/eigentlicher Bericht, der die Zusammenhänge im Detail darstellt

9.5 Aufbau und Inhalt des textgebundenen Aufsatzes

Auch der textgebundene Aufsatz besteht wie alle bisher behandelten Aufsatzarten aus **Einleitung, Hauptteil** und **Schluss**. Allerdings lässt sich hier kein verbindliches Aufbauschema entwickeln, da verschiedene Texte eine unterschiedliche Vorgehensweise erfordern. Vor allem im Hauptteil können sich die einzelnen Gesichtspunkte und deren Reihenfolge unterscheiden. In der 7. und 8. Klasse werden **Fragen zum Hauptteil** vorgegeben, an denen du dich orientieren musst. Davon sind Aufbau und Inhalt des Hauptteils abhängig. Einleitung und Schluss sind normalerweise immer gleich aufgebaut, deshalb werden entsprechende Fragen nicht mehr extra zu jedem Text aufgeführt.

Folgende Beispiele geben dir einen Einblick in mögliche Fragestellungen zu literarischen Texten und zu Sachtexten.

9.5.1 Fragestellungen bei literarischen Texten

A. Einleitung:
- Nenne den Titel des Textes!
- Wo und wann ist der Text erschienen?
- Informiere kurz über den Autor und den literaturgeschichtlichen Hintergrund des Textes!
- In welcher Zeit spielt er?
- Worum geht es in diesem Text?

B. Hauptteil:
- Wie ist der Text aufgebaut?
- Fasse den Inhalt zusammen!
- Welche Textsorte liegt vor?
- Welche sprachlichen Besonderheiten kannst du erkennen?

C. Schluss:
- Welche Absicht verfolgt der Autor mit dem Text?
- Wie beurteilst du den Text? Begründe deine Meinung!

Beantwortest du diese Fragen der Reihe nach, ergibt sich folgendes Aufbauschema:

A. Einleitung:
- Titel des Textes/Textquelle
- Ort- und Erscheinungsjahr
- Verfasser/Daten zum Verfasser/weitere bekannte Werke
- Thematik

B. Hauptteil:
1. **Aufbau und Inhalt**
   - Anzahl der Sinnabschnitte
   - Hauptpersonen
   - Schauplätze des Geschehens
   - Zeitraum der Handlung
   - Handlungsablauf, Ursachen und Folgen
   - Bedeutung des Geschehens
2. **Textsorte**
   - Begründung anhand der jeweiligen Merkmale
   - Beispiele aus dem Text
3. **Sprache**
   - sprachliche Ebene
   - Satzarten
   - besondere Wortwahl

C. Schluss:
- Absicht des Autors
- Beurteilung des Textes/Begründung des Urteils

Die Ergebnisse dieser Textanalyse werden anschließend in einem zusammenhängenden Aufsatz dargestellt (vgl. Kap. 9.7 und Übungstexte in 9.8.1).

9.5.2 Fragestellungen bei Sachtexten

A. Einleitung:
- Wer hat den Text verfasst?
- Nenne den Titel des Textes!
- Wo und wann ist er erschienen?
- Was war Anlass für die Entstehung des Textes?
- Worum geht es in diesem Text?

B. Hauptteil:
- Wie ist der Text aufgebaut?
- Fasse den Inhalt zusammen!
- Was kennzeichnet die äußere Gestaltung des Textes?
- Benenne die Textsorte und deren Kennzeichen!
- An wen wendet sich der Verfasser?
- Was will er erreichen?
- Welche sprachlichen Besonderheiten kannst du erkennen?

C. Schluss:
- Wie wirkt der Text auf den Leser? Begründe deine Meinung!
- Hast du eine eigene Erfahrung zu diesem Thema gemacht?

Untersuchst du einen Sachtext unter Berücksichtigung dieser Fragen, ergibt sich folgender Aufbau:

A. Einleitung:
- Name des Verfassers (falls angegeben), evtl. Presseagentur
- Quellenangabe, Ort und Datum der Veröffentlichung
- Titel des Textes: Überschrift
- Entstehungshintergrund (gesellschaftlicher, politischer, kultureller Anlass)
- Leitsatz: Kurzfassung der Thematik in einem Satz

B. Hauptteil:
1. **Inhalt**
   - Inhaltsangabe (Länge je nach Vorgabe)
   - innerer Aufbau
2. **Textäußeres**
   - Schriftbild
   - Spalten
   - Bilder
   - Absätze
   - Überschriften im Text
3. **Textart und Textsorte**
   - Textart (objektiv, subjektiv etc.)
   - Textsorte (Bericht, Glosse etc.)
4. **Sprache**
   - sprachliche Ebene
   - Satzbau
   - Wortwahl
   - stilistische Auffälligkeiten

C. Schluss:
- Wirkung des Textes
- Kritik an der Wirkung des Textes (positiv/negativ) mit Begründung
- eigene Erfahrung zur Problematik des Textes

Auch die Ergebnisse dieser Textanalyse müssen anschließend in einem Aufsatz zusammengefasst werden (vgl. Übungstexte in 9.8.2).

9.6 Die Sprache des textgebundenen Aufsatzes

Die Sprache des textgebundenen Aufsatzes ist **genau** und **sachlich**. Wichtig sind sprachlich **sinnvolle Verknüpfungen** der einzelnen Gedanken, damit zum einen eine **zusammenhängende** Arbeit entsteht und zum anderen **Abwechslung im Satzbau** und **in der Wortwahl** gegeben ist. Die Zeitform des textgebundenen Aufsatzes ist das **Präsens**.

9.6.1 Formulierungshilfen

Verknüpfungen
- zunächst, einleitend, zu Beginn, der Verfasser beginnt mit, er leitet ein ...
- der Autor fährt fort, dann, darauf, des Weiteren, hierauf, anschließend, hinzu kommt, im nächsten Abschnitt ...
- besonders bedeutend ist auch, ein weiterer wesentlicher Gesichtspunkt ist ...
- abschließend, zuletzt, zum Schluss, der Journalist beendet den Artikel mit, er kommt zu dem Ergebnis ...

Begründende Konjunktionen
da, weil denn, deshalb, daher, darum ...

Synonyme für „Text"
Geschichte, Erzählung, Schriftstück, Artikel, Bericht, Schreiben ...

Synonyme für „Verfasser"
Erzähler, Dichter, Schriftsteller, Journalist, Reporter ...

9.6.2 Das richtige Zitieren

Stellenweise musst du im textgebundenen Aufsatz **zitieren,** um deine Ausführungen anhand wichtiger Textstellen zu belegen. Das Zitat ist in Anführungszeichen zu setzen, die Zeilenangabe wird in Klammern dahintergesetzt.

Beispiel:
Sprachlich fallen an dem Märchen vor allem die etwas veralteten Begriffe wie „halte ich dafür" (Z. 10), „gebrach" (Z. 18) und „höchlich" (Z. 30) auf.

9.6.3 Die Sprachanalyse im textgebundenen Aufsatz

Um einen Text genau beschreiben zu können, musst du auch seine sprachlichen Besonderheiten erkennen, denn häufig werden sie vom Verfasser bewusst eingesetzt, um eine bestimmte Wirkung zu erzielen und den Inhalt zu verdeutlichen. Bei der Sprachanalyse muss deshalb immer nach der **Wirkung** der sprachlichen Mittel oder der **Absicht des Autors** gefragt werden.

Wenn du Texte sprachlich analysieren willst, musst du folgende Aspekte genauer betrachten:
- Wortschatz und Wortwahl
- Satzlänge, Satzart und Satzbau
- Sprachebene und Sprechabsicht
- Rhetorische Mittel und Stilmittel
- Wortschatz und Wortwahl

Wortschatz und Wortwahl

Wortarten und ihre Wirkung

Wortart	Beispiel	Wirkung
Substantiv	Wasser, Straßenverkehr, Tisch ...	klare Benennung von Lebewesen, Gegenständen und Tatsachen, Ausdruck von Festigkeit, Starrheit, Statik

Überwiegen in einem Text die Substantive (Nomen) oder substantivierte Verben, spricht man von einem **Nominalstil.** In Berichten, Nachrichten, Gesetzestexten und wissenschaftlichen Texten etc. überwiegt dieser Stil. Er wirkt starr, unbeweglich.

Wortart	Beispiel	Wirkung
Verb	gehen, berichten, singen	Bezeichnung für Tätigkeiten, Ausdruck von Bewegung, Gefühlen, Leben und Lebendigkeit

Überwiegen in einem Text die Verben, spricht man von einem **Verbalstil**. In diesem Stil sind z. B. Erzählungen, Märchen, Kurzgeschichten etc. verfasst. Sie wirken dadurch lebendig, vermitteln Bewegung.

Wortart	Beispiel	Wirkung
Adjektiv	bunt, freundlich, traurig ...	Ausdruck von Genauigkeit, Belebung und Beschreibung

Eine Häufung von Adjektiven findest du beispielsweise in Bildbeschreibungen und Personenschilderungen, aber auch in Erlebniserzählungen.

Wortwahl

Wortart	Beispiel	Wirkung
Fremdwörter	Signal, Vegetarier, Substantiv	Anspruch von Sachlichkeit und Wissenschaftlichkeit
Ausdrücke aus der Jugendsprache	super, top, null Bock, hundert pro	angesprochenes Publikum: Jugendliche; Absicht, modern und aktuell zu wirken
umgangssprachliche Ausdrücke	erst mal, es is wurscht ...	Bezug zum gewöhnlichen Leben, Alltag

Analyse von Sätzen

Dabei musst du auf folgende Parameter achten:
- **Satzlänge:** lange oder kurze Sätze,
- **Satzbau:** Haupt- und Nebensätze, Satzreihen und Satzgefüge,
- **Satzart:** Aussage-, Frage- und Ausrufe- bzw. Aufforderungssätze.

Satzlänge

Satzlänge	Beispiel	Wirkung
kurze Sätze	Sie liefen nach Hause. Es ereignete sich ein Unfall.	leicht verständlich, übersichtlich
lange Sätze	Als sie erkannt hatten, dass ihr Bruder ertrunken war, liefen sie, ohne miteinander zu sprechen, geradewegs nach Hause, wo sie die Haustüre, die aussah wie ein schwarzes Loch, verschluckte.	verhältnismäßig schwer verständlich, unübersichtlich, Anspruch der Sachlichkeit und Wissenschaftlichkeit

Satzbau

Man unterscheidet **Haupt-** und **Nebensätze**.

Merkmale eines Hauptsatzes:
- Er kann alleine stehen, gibt alleine einen Sinn.
- Das Prädikat steht in der Mitte des Satzes, nicht am Ende.

Beispiel: *Der Jüngste <u>ertrank</u> in den Altwässern der Donau.*

Merkmale eines Nebensatzes:
- Er kann nicht alleine stehen, gibt alleine keinen Sinn.
- Das Prädikat steht immer am Ende des Satzes.
- Häufig wir eine Nebensatz mit einer unterordnenden Konjunktion eingeleitet.

Beispiel: *<u>Obwohl</u> sie ihn nicht töten <u>wollten</u>, ...*

Haupt- und Nebensätze kann man unterschiedlich kombinieren:
- als **Satzreihe**: Zwei oder mehrere Hauptsätze werden durch nebenordnende Konjunktionen miteinander verbunden. Nebenordnende Konjunktionen sind: und, oder, denn, ...
- als **Satzgefüge**: Ein oder mehrere Nebensätze sind durch unterordnende Konjunktionen mit einem Hauptsatz verbunden. Unterordnende Konjunktionen sind: da, weil, obwohl, nachdem, ...

Satzgefüge	Beispiele	Wirkung
Satzreihe	Ich konnte den Unfall genau beobachten, denn ich stand direkt an der Ampel.	leicht verständlich, überschaubar, für alle ein breites Publikum bestimmt
Satzgefüge	<u>Nachdem</u> sie das Boot aus der Verankerung gelöst <u>hatten</u>, fuhren sie auf den Weiher hinaus, wo sie das Boot dann <u>schaukelten</u>.	verhältnismäßig schwer verständlich, Wiedergabe von schwierigeren, komplizierten Sachverhalten

Satzarten

Man kann Satzarten unterscheiden nach ihrem **Aussagewert**.

Satzart	Beispiel	Wirkung
Aussagesatz (erkennbar am Schlusspunkt)	Die beiden Brüder liefen nach Hause.	Beschreibung eines Sachverhalts, Behauptung, Feststellung
Fragesatz (erkennbar am Fragezeichen)	Haben die beiden Brüder Schuld auf sich geladen?	Weckung von Interesse, Neugierde, Einbeziehung des Lesers
Ausrufe-, Befehls-, Aufforderungssatz (erkennbar am Ausrufezeichen)	Ach, wie waren wir glücklich damals! Entschuldige dich sofort!	an jemanden oder an etwas appellierend, Aufforderung, etwas zu tun

Bestimmung der Sprachebene und Sprechabsicht

Man unterscheidet drei Sprachebenen:
- Hochsprache,
- Dialekt und
- Umgangssprache.

Hochsprache
Sie wird auch als Schriftsprache bezeichnet und ist für das ganze Bundesgebiet gleich. Ihre Form ist allgemein verbindlich. Die Hochsprache wird vor allem in literarischen und wissenschaftlichen Texten und im Allgemeinen auch in den Massenmedien verwendet.

Dialekt
Eine Sprache, die sich je nach Sprachgebiet hinsichtlich Wortschatz, Aussprache und Grammatik unterscheidet. Der Dialekt ist ursprünglich gesprochene Sprache und deshalb auch nicht einheitlich. Er kann sich von Ort zu Ort unterscheiden.

Umgangssprache
Sie nimmt eine Mittelstellung zwischen der Hochsprache und dem Dialekt ein. Man verwendet sie in der täglichen Unterhaltung. Sie ist dialekthaft gefärbt, vor allem in der Aussprache, hält sich aber im Großen und Ganzen an die grammatikalischen Regeln. Eine Umgangssprache wird immer in einer bestimmten Region, z. B. Bayern, Sachsen etc., gesprochen.

Jugendjargon
Er ist die Umgangssprache einer bestimmten Altersschicht. Der Jugendjargon wurde entwickelt zu Abgrenzung von der Sprache der Erwachsenen und zeichnet sich vor allem durch den Gebrauch von **Modewörtern** aus.

Sprachebene	Beispiel	Wirkung
Hochsprache	„Ja, wofür denn? Du bringst dein Kleid ohne Weiteres in den Schrank und die Mutter hat keinen so großen Aufwand."	Anspruch auf Sachlichkeit und Genauigkeit
Dialekt	„Ja, für was denn? Du bringst dei Gwand leicht in oan Kasten, und d Muatta hot da aa koan solchen Aufwand." (nach L. THOMA: Hochzeit)	genaue Wiedergabe der Realität, Demonstration von Volksnähe
Umgangssprache	Du bist jetzt dran (... an der Reihe). Heut bin ich gut drauf (... gut aufgelegt).	Demonstration von Volksnähe und Aktualität
Jugendjargon	cool, geil, keinen Bock haben, das schärft nicht, hundert pro	Signal für Jugendnähe, Aktualität, auch Anbiederung

Der textgebundene Aufsatz

Rhetorische Stilmittel

Rhetorik bedeutet so viel wie „Kunst der Rede". Sie spielt sowohl bei Rednern wie auch bei Autoren eine große Rolle, denn sie wollen ein Ereignis oder einen Sachverhalt besonders wirkungsvoll darstellen. Deshalb weichen sie bisweilen von den üblichen Regeln der Wortwahl und des Satzbaus ab. Diese Abweichungen bezeichnet man als **rhetorische Stilmittel**. Die wichtigsten sind in der folgenden Tabelle zusammengefasst.

Stilmittel	Erklärung	Beispiel
Alliteration	Lautgleichheit am Wortanfang	weiße Wolken wandern
Aufzählungen	Aneinanderreihung von Wörtern oder Sätzen	Vater. Mutter, Oma, Opa, Kind und Kegel
Ellipse	unvollständiger Satz	Wirst du wohl!
Ironie	verdeckter Spott, Gegenteil des Gesagten ist gemeint	Du bist mir ein schöner Freund!!
Kreuzreim	Die erste Zeile reimt sich mit der dritten, die zweite mit der vierten.	a – b – a – b
Lautmalerei	Nachahmung von Lauten und Klängen	das Wasser blubbert
Metapher	bildhafter Ausdruck mit übertragener Bedeutung	das Gold des Hauptes, Drahtesel
Neologismus	Wortneuschöpfung	Fußball-Lehrer, Multimedia-Woge
Paarreim	Zwei aufeinander folgende Verszeilen reimen sich.	a – a – b – b
Personifikation	Eine Sache/ein Tier wird als Person begriffen und mit menschlichen Eigenschaften versehen.	die Sonne lacht, der Fuchs ist listig, der Mond schläft

Der textgebundene Aufsatz

Reim	Gleichklang von Wörtern meist am Ende verschiedener Verszeilen (Endreim)	Lieder (a) Wette (b) nieder (a) Bette (b)
umarmender Reim	Die erste Zeile reimt sich mit der vierten, die zweite mit der dritten.	a – b – b – a
Vergleiche		so schön wie eine Rose
Vers	Zeile einer Strophe (im Beispiel: Strophe bestehend aus drei Versen)	zwischen Gräben ... und ... grauen Hecken
Symbol	Zeichen, dem eine Bedeutung innewohnt	Ring, Taube, rote Rose

Tipps zum textgebundenen Aufsatz

- **Lies** den Text **aufmerksam** – wenn nötig mehrmals – durch!
- **Unterstreiche** wichtige Textstellen!
- Kläre unbekannte Begriffe!
- **Notiere dir Stichpunkte** zu den einzelnen Abschnitten!
- Überlege dir, worin die **wesentlichen Aussagen** des Textes bestehen!
- Beantworte die Fragen zum Text **der Reihe nach!**
- **Verbinde** die einzelnen Antworten **sinnvoll** miteinander, sodass eine zusammenhängende Arbeit entsteht!
- Die **Einleitung** enthält Angaben über den Titel des Textes, den Autor, Entstehungszeit, -ort und über die Thematik. Der **Schluss** verdeutlicht die Absicht des Autors und/oder wertet den Text.
- Der textgebundene Aufsatz wird im **Präsens** verfasst!
- Die Sprache ist **sachlich** und **genau**, der Inhalt des Textes muss mit **eigenen Worten** wiedergegeben werden.
- Zitate sind in **Anführungszeichen** zu setzen und mit der jeweiligen **Zeilenangabe** zu versehen.

9.7 Die Ausarbeitung des textgebundenen Aufsatzes

Am Beispiel eines literarischen Textes wollen wir nun gemeinsam einen textgebundenen Aufsatz ausarbeiten.
Lies zunächst den Text und die Arbeitsaufträge sorgfältig durch und überlege dir Stichpunkte für mögliche Antworten.

ERICH KÄSTNER: **Zur Woche des Buches**

> Zur Woche des Buches
>
> 2 Hinz kam zu Kunz um Rats gelaufen.
> „Was schenkt ein Vater seinem Sohn?"
> 4 Kunz schlug ihm vor, ein Buch zu kaufen.
> „Ein Buch? Ach nein. Das hat er schon."

Quelle: ERICH KÄSTNER: Gesammelte Werke. Atrium Verlag, Zürich

Arbeitsaufträge

A. Was kannst du über den Schriftsteller aussagen? Informiere dich dazu in einem Lexikon![1]
B. Welche Bedeutung hat der Titel für diesen Text?
  1. Gib den Inhalt des Gedichts wieder!
  2. Was will der Dichter dem Leser vermitteln?
  3. Worüber spottet Erich Kästner?
  4. Kennzeichne den Aufbau des Gedichts!
  5. Welche sprachlichen Merkmale fallen auf?
C. Welchen Wert siehst du in einem Buch (zwei Beispiele)?[2]

[1+2] Normalerweise werden in Schulaufgaben und Prüfungen keine Fragen zu A. (Einleitung) und C. (Schluss) gestellt. Für dieses erste Beispiel aber wurden Fragen formuliert, damit es dir zum Einstieg leichter fällt, diese beiden Aufsatzteile zu gestalten.

Auf der Grundlage deiner Überlegungen solltest du nun eine gegliederte Stoffsammlung erstellen, die die genannten Fragen zum Text berücksichtigt.

Erweiterte Stoffsammlung

A. Einleitung:
- Autor: Erich Kästner, geb. 1899 Dresden, gest. 1974 München
- 1945–48 Redakteur
- Kritiker der Zeitumstände und Kinderbuchautor
- Leitgedanken für die Woche des Buches, sozusagen als Erinnerung oder Werbeslogan.

B. Hauptteil:
1. jemand sucht Rat, Rat wird abgelehnt
2. Lesekultur verkommt immer mehr
3. Spott über Menschen ohne Bücher
4. Überschrift nicht hervorgehoben; Text einstrophig, vier Verse, gleich lang
5. Dialog, Kreuzreim, zwei Fragen, unvollständige Sätze

C. Schluss:
- Förderung der Fantasie
- Erweiterung des Wissens

Nun gilt es, aus diesen Stichpunkten einen zusammenhängenden Aufsatz zu formulieren.

Musteraufsatz

A. Einleitung
Der 1899 in Dresden geborene und 1974 in München gestorbene Autor Erich Kästner arbeitete von 1945–1948 als Redakteur bei einer namhaften Zeitung. Er schrieb viele aktuelle und zeitkritische Gedichte und Romane, z. B. „Fabian". Auch amüsante Kinderbücher wie „Das doppelte Lottchen" und „Pünktchen und Anton" stammen aus seiner Feder. Kästner ist Träger des Internationalen Jugendbuchpreises und der Christian-Andersen-Medaille. Er war immer ein Kritiker der Zeitumstände.

B. Hauptteil
Das Werk „Zur Woche des Buches" zeigt dies deutlich. Man kann es als Leitgedanken für die „Woche des Buches" sehen, als Erinnerung oder sogar als Werbeslogan für die „Woche des Buches" bezeichnen, die alljährlich in Frankfurt stattfindet (Frankfurter Buchmesse). Dort werden Tausende von neuen Büchern vorgestellt. Trotzdem ist in dem Gedicht nur von „einem" Buch die Rede. Es geht darum, dass Kunz ein Geschenk sucht. Hinz erteilt ihm den Rat, ein Buch zu kaufen. Dieser Vorschlag wird mit der Begründung abgelehnt, dass der zu Beschenkende schon „ein" Buch habe. Der Dichter will uns vermitteln, dass viele Menschen den Wert eines solchen Geschenkes nicht einschätzen können. Dies wiederum bedeutet, dass die Lesekultur bei uns zu verkommen droht. Andere Medien haben die Geschichte, den Roman, das Gedicht verdrängt. Erich Kästner spottet über die Menschen, die dies nicht erkennen, wie das bei Hinz der Fall ist. Es handelt sich hier um verdeckten Spott, also Ironie.

Obwohl der Text eine Werbeanzeige darstellen soll, finden wir keinerlei Hervorhebungen. Die Überschrift ist in der gleichen Größe und Stärke geschrieben wie der Lauftext und von diesem nur durch einige Leerzeilen abgetrennt. Das Gedicht selbst besteht lediglich aus einer Strophe mit vier Versen. Sprachlich fällt die Dialogform auf, d. h. nach einer Erklärung folgt hier die wörtliche Rede. Außerdem finden wir in den vier Zeilen einen Kreuzreim, die erste und die dritte Zeile, die zweite und die vierte Zeile reimen sich. In der vierten Zeile verwendet Kästner zwei Ellipsen: „Ein Buch?" „Ach nein.", was umgangssprachlich wirkt.

C. Schluss
Wir sollten trotz allem nicht vergessen, dass das Buch trotz der Vielzahl anderer Medien auch heute noch seine Existenzberechtigung besitzt. Es fördert die Fantasie, weil man sich die Figuren, Landschaften, einfach alles, was beschrieben wird, vorstellen muss. Lesen ist also praktisch „Fernsehen im Kopf". Sachbücher helfen uns, unser Wissen zu erweitern, und dienen als Ratgeber, seien es nun Kochbücher, Geschichtsbücher o. Ä.

9.8 Übungstexte

An folgenden literarischen Texten und Sachtexten kannst du die Ausarbeitung des textgebundenen Aufsatzes üben und erlernen. Dazu dienen die jedem Text beigefügten Arbeitsaufträge und die stichpunktartigen Stoffsammlungen und/oder Musteraufsätze im Lösungsteil am Ende des Buches. Versuche immer zunächst selbst eine Lösung zu finden und vergleiche deine Arbeit erst dann mit den angegebenen Lösungsvorschlägen.

Hinweis:
Die Sachtexte (ab S. 126) sind zweimal abgedruckt: aus der verkleinerten Fassung sind äußere Form und Gestaltung des Textes zu erkennen, die größer gedruckte Fassung ist für die eigentliche Arbeit am Text bestimmt. In allen Fällen wurde die Rechtschreibung des Originaltextes beibehalten.

Der textgebundene Aufsatz

9.8.1 Literarische Texte

| 46 | WILHELM BUSCH: **Das Hemd des Zufriedenen** (Lösung S. 198)

Es war einmal ein König, dem machte das Regieren so viele Sorgen, daß er darum nicht schlafen konnte die ganze Nacht. Das ward ihm zuletzt so unerträglich, daß er seine Räte zusammenberief und ihnen sein Leid klagte.
Es war darunter ein alter, erfahrener Mann, der erhob sich, da er vernommen, wie
5 es um den König stand, von seinem Stuhle und sprach: „Es gibt nur ein Mittel, daß wieder Schlaf in des Königs Augen kommt, aber es wird schwer zu erlangen sein; so nämlich dem König das Hemd eines zufriedenen Menschen geschafft werden könnte und er das beständig auf seinem Leib trüge, so halte ich dafür, daß ihm sicherlich gehölfen wäre." Da das der König vernahm, beschloß er, dem Rate
10 des klugen Mannes zu folgen, und wählte eine Anzahl verständiger Männer, die sollten das Reich durchwandern und schauen, ob sie nicht ein Hemd finden könnten, wie es dem König not tat.
Die Männer zogen aus und gingen zuerst in die schönen, volkreichen Städte, weil sie gedachten, daß sie da wohl am ehesten zu ihrem Zwecke kämen; aber verge-
15 bens war ihr Fragen von Haus zu Haus nach einem zufriedenen Menschen; dem einen gebrach dies, dem anderen das; so mochte sich keiner zufrieden nennen.
Wie sie nun so in sorgende Gedanken vertieft über eine Flur dahinwandelten, trafen sie auf einen Schweinehirten, der da gemächlich bei seiner Herde lag; indem, so kam auch des Hirten Frau, trug auf ihren Armen ein Kind und brachte ihrem
20 Manne das Morgenbrot. Der Hirt setzte sich vergnüglich zum Essen, verzehrte, was ihm gebracht war, und nachdem, so spielte er mit seinem Kinde. Das sahen die Männer des Königs mit Erstaunen, traten herzu und fragten den Mann, wie es käme, daß er so vergnügt wäre und hätte doch nur ein so geringes Auskommen. „Meine lieben Herren", sprach der Sauhirt, „das kommt daher, weil ich mit dem,
25 was ich habe, zufrieden bin". Da freuten sich die Männer höchlich, daß sie endlich einen zufriedenen Menschen gefunden hatten, und erzählten ihm, in welcher Sache sie von dem König wären ausgesandt worden, und baten ihn, daß er ihnen möchte für Geld und gute Worte ein Hemd von seinem Leibe geben. Der Sauhirt lächelte und sprach: „So gern ich euch, meine lieben Herren, in eurem Anliegen
30 möchte zu Willen sein, so ist es mir doch nicht möglich; denn Zufriedenheit habe ich wohl, aber kein Hemd am Leibe." Als das die Männer vernahmen, erschraken sie und gaben nun ganz die Hoffnung auf, ein Hemd zu finden, wie es dem König not tat. Betrübt und mit gesenkten Blicken traten sie wieder vor ihren Herrn und berichteten ihm, wie all ihr Suchen und Fragen sei vergeblich gewesen; sie hätten
35 manchen gefunden, der wohl ein Hemd gehabt hätte, aber keine Zufriedenheit, und endlich hätten sie einen angetroffen, der wäre freilich zufrieden gewesen, aber leider hätte er kein Hemd gehabt. So mußte denn der König seine Sorgen ferner tragen und voll Unruhe oft nächtelang auf seinem Bette liegen, ohne daß Schlaf in seine Augen kam, und konnte ihm nicht geholfen werden.

Quelle: WILHELM BUSCH: Sämtliche Werke, Band 8, hrsg. von Otto Nöldeke. © Braun & Schneider Verlag, München 1943

Arbeitsaufträge

1. Gib den Inhalt der Geschichte wieder!
2. Was will der Verfasser dem Leser mitteilen?
3. Welche Textsorte liegt vor? Begründe deine Ausführungen anhand von mindestens drei Merkmalen aus dem Text. Was ist in der Geschichte untypisch für die vorliegende Textsorte?
4. Welche sprachlichen Besonderheiten fallen dir auf?
5. Wie beurteilst du den Text?

47 | AUGUST VON PLATEN: **Das Grab im Busento** (Lösung S. 200)

Nächtlich am Busento lispeln bei Cosenza dumpfe Lieder;
Aus den Wassern schallt es Antwort, und in Wirbeln klingt es wieder!

Und den Fluß hinauf, hinunter ziehn die Schatten tapfrer Goten,
Die den Alarich beweinen, ihres Volkes besten Toten.

5 Allzufrüh und fern der Heimat mußten hier sie ihn begraben,
Während noch die Jugendlocken seine Schulter blond umgaben.

Und am Ufer des Busento reihten sie sich um die Wette,
Um die Strömung abzuleiten, gruben sie ein frisches Bette.

In der wogenleeren Höhlung wühlten sie empor die Erde,
10 Senkten tief hinein den Leichnam, mit der Rüstung, auf dem Pferde.

Deckten dann mit Erde wieder ihn und seine stolze Habe,
Daß die hohen Stromgewächse wüchsen aus dem Heldengrabe.

Abgelenkt zum zweiten Male, ward der Fluß herbeigezogen:
Mächtig in ihr altes Bette schäumten die Busentowogen.

15 Und es sang ein Chor von Männern: „Schlaf in deinen Heldenehren!
Keines Römers schnöde Habsucht soll dir je dein Grab versehren!"

Sangen's, und die Lobgesänge tönten fort im Gotenheere;
Wälze sie, Busentowelle, wälze sie von Meer zu Meere!

Quelle: AUGUST VON PLATEN, 1820

Arbeitsaufträge

1. Fasse den Inhalt des Textes zusammen! Beachte dabei seinen Aufbau!
2. Welche Textsorte liegt vor? Begründe deine Einordnung!
3. Erarbeite die sprachlichen Besonderheiten!
4. Was wollte der Dichter darstellen?

48 | ARNO HOLZ: Erste Lerche (Lösung S. 201)

Zwischen
Gräben ... und ... grauen
Hecken,
den
5   Rockkragen hoch, beide Hände in den Taschen,
schlendere
ich
durch den frühen
Märzmorgen.
10   Falbes Gras,
blinkende Lachen und schwarzes Brachland,
so weit ... ich ... sehn kann.

Dazwischen,
mitten
15   in den weißen Horizont hinein,
wie
erstarrt, eine ... Weidenreihe.

Ich bleibe stehn.

Nirgends ein Laut. Noch nirgends
20   Leben.
Nur die Luft ... und ... die Landschaft.

Und
sonnenlos ... wie den Himmel ... fühle ich
mein Herz.

25   Plötzlich ... ein Klang!
Ein zager, zarter ... zitternder Jubel,
der,
langsam,
immer höher
30   steigt!

Ich
suche ... in den ... Wolken.

Über mir,
wirbelnd, schwindend, flatterdrehig, flügelselig, kaum
35   entdeckbar,
pünktchenschwarz,
schmetternd,
durch
immer heller strömendes Licht,
40   die
erste ... Lerche!

Quelle: ARNO HOLZ: Phantasus, Werke Band 1. Luchterhand 1961, S. 255

Arbeitsaufträge

1. Analysiere Aufbau und Inhalt des Gedichts!
2. Erarbeite sprachliche Besonderheiten!

49 | Die Macht des Menschen (Lösung S. 203)

Ein Tiger sah einmal zu, wie ein Büffel den Pflug durch ein Reisfeld zog, und sagte zu ihm: „Du bist groß und stark und arbeitest für einen Menschen, der viel kleiner und schwächer ist als du. Weshalb läßt du dich von ihm antreiben und schlagen und wehrst dich nicht? Du kannst ihn leicht mit deinem Horn stoßen, so
5 stoßen, daß er sofort tot ist. Laß dir doch nicht so viel von ihm gefallen!" „Sein Körper ist allerdings klein", antwortete der Büffel, „aber seine Macht ist groß." Da ging der Tiger zum Menschen und höhnte: „He, Bauer, der Büffel sagt, deine Macht sei groß, bitte zeig sie mir doch einmal!" „Die habe ich heute leider zu Hause gelassen", sagte der Bauer. „Aber wenn du sie sehen willst, dann werde ich
10 sie hier herholen, damit du sie siehst. Aber du darfst meinem Büffel nichts tun, während ich fort bin." „Deinen Büffel werde ich in Frieden lassen", versprach der Tiger. „Aber mein Haus ist sehr weit weg von hier und ich fürchte, es wird dir zu lange dauern, und du läufst weg, während ich fort bin." Der Tiger versprach zu warten. Aber der Bauer gab sich damit nicht zufrieden, sondern sagte: „Wenn du
15 wirklich meine Macht sehen willst, muß ich dich vorher mit Lianen hier anbinden, damit du mir ja nicht wegläufst, sondern hier bleibst." Das war dem Tiger recht. Der Bauer schnitt am Waldrand starke Lianen ab und band damit den Tiger fest. Dann sagte er: „Bewege dich, damit ich sehe, ob sie auch halten." Da reckte sich der Tiger und zerriß seine Fesseln. Nun schnitt der Bauer neue Lianen und
20 band den Tiger nochmals, so fest er nur konnte, und diesmal konnte sich der Tiger nicht mehr bewegen, und die Fesseln hielten. Dann nahm der Bauer einen Prügel und schlug auf den Tiger ein. „Ich mußte gar nicht nach Hause gehen. Meine Macht liegt in den Fesseln und dem Stock. Erkennst du sie jetzt? Sie entspringen meinem Verstand; darum bin ich ein Mensch."
25 Der Tiger heulte, der Büffel aber sagte: „Ich habe dir gleich gesagt, er ist zwar klein, aber seine Macht ist groß. Warum hast du nicht auf mich gehört?" Der Tiger konnte nichts mehr sagen, denn er starb unter den Hieben des Menschen. Der Büffel aber, der viel klüger war und die Macht des Menschen kannte, pflügte das Feld gehorsam weiter.

Arbeitsaufträge

1. Erarbeite Aufbau und Inhalt des Textes!
2. Welche Textsorte liegt vor (mit Begründung)?
3. Welche Lehre kann man der Geschichte entnehmen?

50 | JOSEF REDING: Der Gegenschlag (Lösung S. 205)

Die flache Silhouette des fremden Autos summte vorbei. Das Paar seiner roten Schwanzstummel glimmte noch eine Weile durch die Dunkelheit. Richard schaute den schmalen Lichtspuren so lange nach, bis sie als winzige Funken irgendwo über der Landstraße zerstoben. Es war nicht das Auto des Meisters,
5 dachte Richard. Ich habe es lange vorher am Motor gehört. Und es ist auch noch eine Viertelstunde Zeit. Der Alte ist pünktlich. Kommt nicht zu früh und nicht zu spät. Und geht auch nicht zu früh und nicht zu spät. Beim Arbeiten und beim Kegeln nicht. Um Viertel nach zehn lege ich die Nägel. Dann wird der Meister unpünktlich zu Hause sein. Vielleicht zum erstenmal in seinem Leben. Und dann
10 wird er Verständnis haben für Lehrlinge, die zu spät an der Hobelbank stehen, weil sie sich beim Sprung von der Treppe den Fuß verstaucht haben. Und er wird diesen Lehrlingen nicht mehr ins Gesicht schlagen.
Richard spürte wieder das Brennen über dem Backenknochen. Er griff sich mit der kalten Hand, die im feuchten Gras der Böschung gelegen hatte, an diesen
15 Schmerzstreifen. Die Hand kühlte nicht. Macht nichts, dachte Richard. Gleich reiße ich mir die Ohrfeige vom Gesicht. Wenn der Alte seinen Wagen mit platten Reifen vor mir zum Stehen bringt und in seinem Pünktlichkeitswahn um jede Minute flucht, die an ihm vorbeistreicht, ohne daß er sie nutzen kann.
Der Alte wird mich nicht sehen. Aber ich werde ihn sehen. Ich weiß, wie sein
20 Gesicht gleich aussieht: enttäuscht, böse, gerötet vom Bier an der Kegelbahn und vom unerwarteten Ärger hier auf der Straße nach Hause. So will ich sein Gesicht sehen und hören, wie er polternd mit sich selbst schimpft. Und dann kann ich abhauen, und mein Gesicht hat die dreckige Ohrfeige nicht mehr.
Der Junge schaut zurück. Hinter ihm berührt die Spitze eines locker bestandenen
25 Walddreiecks den Grabenrand. Ein paar Farne unter den Föhren nickten. Wind war aufgekommen und hatte Sprühregen mitgebracht. Richard schlug den breiten Kragen seiner Windbluse hoch. Er nahm aus den schrägen Taschen vor dem Bauch die Nägel und die handtellergroßen Pappscheiben, die er noch am Nachmittag hinter den Hobelspanhügeln der Werkstatt zurechtgeschnitten hatte.
30 Der Junge kicherte. Er dachte: Der Alte wird seine eigenen Nägel im Reifen haben. Gut, daß er sie nicht erkennen kann. Nagel ist Nagel. Und Ohrfeige ist Ohrfeige.
Richard stieß drei Nägel durch einen Pappdiskus, so weit, bis die Nagelköpfe dicht auflagen. Dann legte er die präparierte Pappe sorgfältig auf die Böschung
35 des Straßengrabens, so daß die Nagelspitzen suchend aufwärts zeigten.
Der Junge bearbeitete eine Pappscheibe nach der anderen. Wenn er die Nägel durch die nachgiebige Fläche trieb, grub er die Schneidezähne in die Unterlippe. Einmal riß er sich mit einem Nagel über die Daumenkuppe. Das zögernd heraustretende Blut leckte er gemütlich ab.
40 Als er zum neuntenmal ein solches Instrument seiner Rache bastelte, hielt er inne, ließ Pappe und Nägel fallen und lauschte in das Gewisper aus Wind und Regen. Das war der Wagen des Alten, das vertraute monotone Brummen des Motors. Richard stemmte sich am Grabenrand hoch, griff nach den Pappdeckeln und trug sie auf den aufwärts gekehrten Handflächen vorsichtig die Straße entlang, ein hal-
45 bes Hundert Schritte dem Motorengeräusch entgegen, das allmählich Kraft bekam. Richard legte die gespickten Scheiben auf das nasse, nachlässig geflickte Pflaster. Er gruppierte sie so, daß zwischen ihnen nicht die Breite eines Reifens

Der textgebundene Aufsatz

frei blieb. Auf einer Seite der Straße reichten die Pappteller nicht bis an den Grabenrand. Aber da es die Gegenbahn zur Fahrtrichtung seines Meisters war, verschwendete Richard keinen ernsthaften Gedanken an diesen Mangel. Ruhig lief der Junge zu seinem Grabenversteck zurück. Weder sein Schrittrhythmus noch sein Denken waren von Hast bestimmt.

Als sich Richard auf seinen Platz zurücklegte, der inzwischen von einem feuchten, klebrigen Schleier überzogen worden war, bekamen die Föhren hinter ihm allmählich Schatten. Und die Schatten bewegten sich vor dem Jungen auf dem stumpf schimmernden Asphalt. Sie bekamen scharfe Umrisse und lagen jetzt wie Balken schräg über der Straßendecke. Plötzlich warfen sich die festen Schatten herum und verschwanden. Das Scheinwerferlicht war voll und herrschend da. Richard preßte sich gegen das nasse Gras der Böschung. Er schloß die Augen und nahm alles zusammen, was er an Kraft und Willen und Ausdauer in sich spürte, und er schickte diese Energie allein in das Horchen. Er horchte mit seinem ganzen Körper.

Dann war wahrhaftig das knallende, fauchende Signal da, das dem Lehrling die Bestrafung seines Meisters meldete. Dann sprang jener irre Lärm auf, der dem Graben und der Straße und den Föhren verkündete, daß Richards Gesicht wieder gereinigt war von Schmutz und Schmerz.

Der Junge hob den Kopf. Er wußte, daß er allein geordnet hatte, was in Unordnung geraten war. Er wußte, daß die Gerechtigkeit ihren angestammten Platz zwischen den Menschen wieder eingenommen hatte, zwischen den Mächtigen und Geringen, zwischen den Starken und Schwachen.

Richard lächelte bitter. So war es. Man durfte nicht warten, bis einem die Gerechtigkeit gegeben wurde, sondern man mußte sie selbst an die Hand nehmen. Er wußte für die Zukunft Bescheid.

Richard wunderte sich, daß der Lärm nicht geringer geworden war, sondern wuchs und wuchs und zu kreischen begann. Er war voller Staunen und nahm seinen Kopf nicht unter den Grabenrand, als der Klumpen von Licht und Stahl sich taumelnd auf ihn zu wälzte. Der Alte, dachte Richard müde. Und er spürte den feurigen Schmerz wieder im Gesicht, den unendlich vergrößerten Schmerz.

Quelle: JOSEF REDING: Sie nannten ihn Padre. Johannes Kiefel Verlag, Wuppertal 1974, S. 43–47

Arbeitsaufträge

1. Erarbeite Inhalt und Aufbau der Geschichte!
2. Analysiere die Form des Textes!
   Beachte dabei Erzählperspektive und Textsorte!
3. Stelle die sprachlichen Besonderheiten dar!

Der textgebundene Aufsatz

9.8.2 Sachtexte

51 „Tic Tac Toe" liefern Kinderlieder des ausgehenden Jahrhunderts (Lösung S. 207)

Weltspiegel
Donnerstag, 1./Freitag, 2. Mai 1997

„Tic Tac Toe" liefern Kinderlieder des ausgehenden Jahrhunderts
Neues Album der drei Rapperinnen kann aber leicht zur Tortur werden

Von Alexander Ratz, ap

FRANKFURT. Frech – das sind die drei Mädels von „Tic Tac Toe" auch weiterhin. Daran konnten die ganzen Skandale und Skandälchen der vergangenen Wochen nichts ändern. Derzeit touren Lee, Jazzy und Ricky durch die Republik und füllen Hallen im ganzen Land. Parallel dazu erschien jetzt ihr neues Album „Klappe, die 2." (BMG Ariola) mit der ausgekoppelten Hitsingle „Warum?". Die Rapperinnen aus dem Ruhrpott sind ihrer Linie treu geblieben – was nicht überrascht. Über ihre Zielgruppe von pubertierenden Mädchen sie zwar auch diesmal nicht hinaus, doch als soziales Phänomen müssen sie ernst genommen werden.

„Möchtegern-coole Reime"

Die Songs, Kinderlieder des ausgehenden 20. Jahrhunderts, sind übersät mit Möchtegern-coolen und gewollt inhaltsschweren Reimen – „Du bist die allergeilste Pussy, hast für jeden einen Bussi, doch hinter deinem Rücken nennen sie dich dumme Tussi" („Ich wär so gern so blöd wie du"). Oder etwa: „Würden sie (die*Politiker) vielleicht verstehen, daß sie die Träume zerstören, die den Kindern gehören" in „Das geht mir auf den Sack". „Bitte küß mich nicht" singen die drei schließlich von sexuellem Mißbrauch von Kindern. Die Berliner „Tageszeitung" titulierte schlicht: „Sozialarbeiter-Pop". Dem ist nichts hinzuzufügen – zunächst nicht.

So werden die 13 Lieder, deren Musik wieder von Komponist Börger stammt und die von den Mädels in Zusammenarbeit mit Börger und Managerin Claudia Wohlfromm getextet wurden, leicht zur Tortur. Auch Pseudoausflüge in Reggae-Sphären wie in „Mr. Wichtig" können daran nichts ändern, wenngleich sich Börger Mühe gegeben hat, musikalisch zu variieren. „Das geht mir auf den Sack" ist erstaunlich rockig, „Ich fühl mich a.(lways) u.(ltra)" erinnert – kein Affront – im

Rapperin Lee fragt bedeutungsschwer: „Warum?" Foto: dpa

Refrain an eine späte weibliche Antwort auf „Die Ärzte". Richtig hörbar aber ist für einen nicht zur Zielgruppe gehörenden Menschen wahrscheinlich nur „Warum?", das nach der Geschichten der Lees Vergangenheit eine neue Dimension bekommen hat. Denn die aus einem sozialen Brennpunkt Iserlohns stammende 22jährige Liane Wiegelmann muß wissen, wovon sie singt. Und hier muß dann auch der Bruch der subjektiven Kritik ansetzen, denn der Erfolg der drei Mädels kann schließlich nicht nur mit einem mangelnden Geschmack der Fans abgetan werden.

So stellt man sich also ein heranwachsendes Mädchen vor, das die von außen an es herangetragenen Anforderungen nicht erfüllen kann, fehlt, dies zuzugeben. Und dann kommen da drei zunächst als Gleichaltrige eingeführte Musikerinnen, die all das auf den Punkt bringen. Schnell nahmen die frechen Texte Vorbildfunktion an, wurden zur Anleitung im täglichen Einerlei.

„Erfolg durch Vorbildfunktion"

Die Presseberichte über das höhere Alter der drei Sängerinnen, Lees kurzer Ausflug in die Prostitution und der Selbstmord ihres Ehemanns sowie schließlich der Streit mit einer Hamburger Werbeagentur über die Rechte des Namens „Tic Tac Toe" haben dies nur noch verstärkt. Denn in den Augen der Fans müssen da drei Gleichgesinnte sein, denen nun von den „Erwachsenen" ähnlich schwere Steine in den Weg gelegt werden, über die sie selbst täglich zu stolpern glauben. Klar, daß da der Grad der Solidarität, der Begeisterung wächst.

Die Kinderlieder des ausgehenden 20. Jahrhunderts werden damit bedeutungsvoller, als es zunächst den Anschein hatte. Eltern sei geraten, sich durch das Album zu kämpfen, bevor sie ihre Sprößlinge vielleicht überhaupt nicht mehr verstehen. In dem Stück „Große Jungs weinen nicht" machen sich die drei übrigens auch an die Probleme heranwachsender Buben heran...

126

„Tic Tac Toe" liefern Kinderlieder des ausgehenden Jahrhunderts
Neues Album der drei Rapperinnen kann aber leicht zur Tortur werden

Von Alexander Ratz, ap

Frankfurt. Frech – das sind die drei Mädels von „Tic Tac Toe" auch weiterhin. Daran konnten die ganzen Skandale und Skandälchen der vergangenen Wochen nichts ändern. Derzeit touren Lee, Jazzy und Ricky durch die Republik und füllen Hallen im ganzen Land. Parallel dazu erschien jetzt ihr neues Album „Klappe, die 2." (BMG Ariola) mit der ausgekoppelten Hitsingle „Warum?" Die Rapperinnen aus dem Ruhrpott sind ihrer Linie treu geblieben – was nicht überrascht. Über ihre Zielgruppe von pubertierenden Mädchen kommen sie zwar auch diesmal nicht hinaus, doch als soziales Phänomen müssen sie ernst genommen werden.

„Möchtegern-coole Reime"
Die Songs, Kinderlieder des ausgehenden 20. Jahrhunderts, sind übersät mit Möchtegern-coolen und gewollt inhaltsschweren Reimen – „Du bist die allergeilste Pussy, hast für jeden einen Bussi, doch hinter deinem Rücken nennen sie dich dumme Tussi" („Ich wär so gern so blöd wie du"). Oder etwa: „Würden sie (die Politiker) vielleicht verstehen, daß die die Träume zerstören, die den Kindern gehören" in „Das geht mir auf den Sack". In „Bitte küß mich nicht" singen die drei schließlich von sexuellem Mißbrauch von Kindern. Die Berliner „Tageszeitung" titulierte schlicht: „Sozialarbeiter-Pop". Dem ist nichts hinzuzufügen – zunächst nicht.

So werden die 13 Lieder, deren Musik wieder von Komponist Börger stammt und die von den Mädels in Zusammenarbeit mit Börger und Managerin Claudia Wohlfromm getextet wurden, leicht zur Tortur. Auch Pseudoausflüge in Reggae-Sphären wie in „Mr. Wichtig" können daran nichts ändern, wenngleich sich Börger Mühe gegeben hat, musikalisch zu variieren. „Das geht mir auf den Sack" ist erstaunlich rockig. „Ich fühl mich a.(lways) u.(ltra)" erinnert – kein Affront – im Refrain an eine späte weibliche Antwort auf „Die Ärzte".

Richtig hörbar aber ist für einen nicht zur Zielgruppe gehörenden Menschen wahrscheinlich nur „Warum?", das nach den Geschichten über Lees Vergangenheit eine neue Dimension bekommen hat. Denn die aus einem sozialen Brennpunkt Iserlohns stammende 22jährige Liane Wiegelmann muß wissen, wovon sie singt. Und hier muß dann auch der Bruch der subjektiven Kritik ansetzen, denn der Erfolg der drei Mädels kann schließlich nicht nur mit einem mangelnden Geschmack der Fans abgetan werden.

So stellt man sich also ein heranwachsendes Mädchen vor, das die von außen an es herangetragenen Anforderungen nicht erfüllen kann, dem aber auch das Selbstbewußtsein fehlt, dies zuzugeben. Und dann kommen da drei zunächst als Gleichaltrige eingeführte Musikerinnen, die all das auf den Punkt bringen. Schnell nahmen die frechen Texte Vorbildfunktion an, wurden zur Anleitung im täglichen Einerlei.

„Erfolg durch Vorbildfunktion"
Die Presseberichte über das höhere Alter der drei Sängerinnen, Lees kurzer Ausflug in die Prostitution und der Selbstmord ihres Ehemanns sowie schließlich der Streit mit einer Hamburger Werbeagentur über die Rechte des Namens „Tic

Tac Toe" haben dies nur noch verstärkt. Denn in den Augen der Fans müssen da drei Gleichgesinnte sein, denen nun von den „Erwachsenen" ähnlich schwere Steine in den Weg gelegt werden, über die sie selbst täglich zu stolpern glauben. Klar, daß da der Grund der Solidarität, der Begeisterung wächst.

Die Kinderlieder des ausgehenden 20. Jahrhunderts werden damit bedeutungsvoller, als es zunächst den Anschein hatte. Eltern sei geraten, sich durch das Album zu kämpfen, bevor sie ihre Sprößlinge vielleicht überhaupt nicht mehr verstehen. In dem Stück „Große Jungs weinen nicht" machen sich die drei übrigens auch an die Probleme heranwachsender Buben heran ...

Quelle: Mittelbayerische Zeitung vom 1./2. 5. 1997

Arbeitsaufträge

1. Fasse den Inhalt des Textes zusammen!
2. Wie ist er aufgebaut?
3. Welche Textsorte liegt vor? Begründe deine Zuordnung!
4. Stelle die sprachlichen Besonderheiten des Textes dar!

52 Autoberufe – Chancen für Könner (Lösung S. 208)

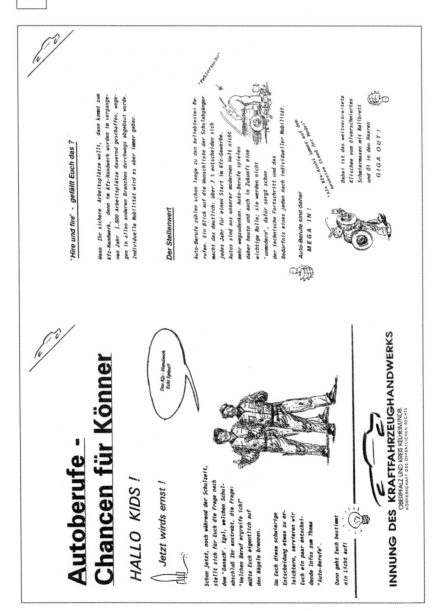

Autoberufe – Chancen für Könner
Hallo Kids!
Jetzt wirds ernst!

5 Schon jetzt, noch während der Schulzeit, stellt sich für Euch die Frage nach dem „Danach". Egal, welchen Schulabschluß Ihr anstrebt, die Frage: „Welchen Beruf ergreife ich?"
10 müßte Euch eigentlich auf den Nägeln brennen.

Um Euch diese schwierige Entscheidung etwas zu erleichtern, servieren wir Euch ein paar entscheidende
15 Infos zum Thema „Auto-Berufe".

Dann geht Euch bestimmt ein Licht auf!

„Hire und fire" – gefällt Euch das?
20 Wenn Ihr sichere Arbeitsplätze wollt, dann kommt zum Kfz-Handwerk, denn im Kfz-Handwerk wurden im vergangenen Jahr 1.800 Arbeitsplätze dauernd geschaffen, wo-
25 gegen in allen anderen Branchen durchwegs abgebaut wurde.

Individuelle Mobilität wird es aber immer geben.

Der Stellenwert
30 Auto-Berufe zählen schon lange zu den beliebtesten Berufen. Ein Blick auf die Wunschliste der Schulabgänger macht das deutlich: über 7 % entscheiden sich jedes Jahr für
35 einen Start im Kfz-Gewerbe.

Autos sind aus unserer modernen Welt nicht mehr wegzudenken. Auto-Berufe spielen daher heute und auch in Zukunft eine wichtige
40 Rolle; sie werden nicht „unmodern", dafür sorgt schon der technische Fortschritt und das Bedürfnis eines jeden nach individueller Mobilität.

Auto-Berufe sind daher mega in!
45 „Als Kfz-Azubi immer auf dem neuesten Stand der Mode!"

Dabei ist das weitverbreitete Klischee vom ölverschmierten Schmiermaxen mit Rollbrett und Öl in den
50 Haaren **giga out!**

Quelle: Prospekt 1997; Abdruck mit freundlicher Genehmigung der Kraftfahrzeuginnung Oberpfalz

Arbeitsaufträge

1. Fasse den Inhalt des Textes zusammen!
2. Wie ist der Text äußerlich aufgebaut?
3. Welche Textsorte liegt vor? Begründe deine Entscheidung!
4. Erarbeite die sprachlichen Besonderheiten!

53 Boyband Perversion: Freundin? Verboten! (Lösung S. 210)

BOYBAND PERVERSION
Freundin? Verboten!

Sie singen „Don't Make Me Wait" und wollen wie in ihrer Heimat England nun auch in Deutschland die Girls erobern. Die Rede ist von 911, einer aus dem mittlerweile kaum noch zu überschauenden Boys-Band-Pool. Doch mit dem „Girls erobern" ist das so eine Sache. In einem Interview gaben die drei Süßen zu, solo zu sein. Das paßt ja noch und weckt die Hoffnung Tausender Teenies. Was sie allerdings gleich wieder sturzbacharig zusammenbrechen läßt, ist die Tatsache, daß ihnen auch fast nichts anderes übrigbleibt. Denn: Sie sind vertraglich gebunden, und in diesem Vertrag wird ihnen schlicht und ergreifend verboten (!!!), eine Freundin zu haben. Erklärung der drei Briten: „Wir wollen unsere Karriere ernst nehmen und unsere ganze Energie dazu verwenden." Und weil das wichtig ist, finden sie diese Regelung absolut o.k.

Diese netten Jungs dürfen keine Freundin haben

Es wäre vielleicht besser gewesen, die Drei hätten ihre Klappe gehalten. Geahnt haben wir es ja schon immer, aber die Wahrheit über das, was sich hinter den Kulissen abspielt, verschlägt selbst dem Abgebrühtesten die Sprache. Wirklich unglaublich, wie krampfhaft ein Mythos aufgebaut und möglichst lange möglichst sauber gehalten wird.

Ihr armen Jungs: Ich würde nicht wollen, daß mir den ganzen Tag jemand hinterherrennt, um mir jedes Staubkorn von der Jacke zu wischen und jedes weibliche Wesen vom Leibe zu halten. Und letztlich, Ihr Lieben von 911, kann man Euch den Vorwurf nicht ersparen, Eure eigene Klientel gewaltig an der Nase herumzuführen. Was meint Ihr denn, warum die jungen Mädels auf den Konzerten reihenweise kreischend in Ohnmacht fallen, wenn Ihr in Euren Songs von schönen Mädchen singt und dazu lasziv mit den Hüften wackelt? Weil sie überzeugt davon sind, Ihr würdet sie ansprechen! Zwei Dinge noch: Wer sich einer Pseudo-Karriere wegen sein Privatleben vertraglich verbieten läßt, dem ist wirklich nicht mehr zu helfen. Helfen können wir nur Euch, liebe 911-Fans: Es bringt überhaupt nichts, diesen Typen Teddybären auf die Bühne zu werfen.

Andreas Hentschel

Boyband Perversion: Freundin? Verboten!

Sie singen „Don't Make Me Wait" und wollen wie in ihrer Heimat England nun auch in Deutschland die Girls erobern. Die Rede ist von 911, einer aus dem mittlerweile kaum noch zu überschauenden Boys-Band-Pool. Doch mit dem „Girls erobern" ist das so eine Sache. In einem Interview gaben die drei Süßen zu, solo zu sein. Das paßt ja noch und weckt die Hoffnung Tausender Teenies. Was sie allerdings gleich wieder sturzbachartig zusammenbrechen läßt, ist die Tatsache, daß ihnen auch fast nichts anderes übrigbleibt. Denn: Sie sind vertraglich gebunden, und in diesem Vertrag wird ihnen schlicht und ergreifend verboten (!!!), eine Freundin zu haben. Erklärung der drei Briten: „Wir wollen unsere Karriere ernst nehmen und unsere ganze Energie dazu verwenden." Und weil das wichtig ist, finden sie diese Regelung absolut o.k.

Es wäre vielleicht besser gewesen, die Drei hätten ihre Klappe gehalten. Geahnt haben wir es ja schon immer, aber die Wahrheit über das, was sich hinter den Kulissen abspielt, verschlägt selbst dem Abgebrühtesten die Sprache. Wirklich unglaublich, wie krampfhaft ein Mythos aufgebaut und möglichst lange möglichst sauber gehalten wird.

Ihr armen Jungs: Ich würde nicht wollen, daß mir den ganzen Tag jemand hinterherrennt, um mir jedes Staubkorn von der Jacke zu wischen und jedes weibliche Wesen vom Leibe zu halten. Und letztlich, Ihr Lieben von 911, kann man Euch den Vorwurf nicht ersparen, Eure eigene Klientel gewaltig an der Nase herumzuführen. Was meint Ihr denn, warum die jungen Mädels auf den Konzerten reihenweise kreischend in Ohnmacht fallen, wenn Ihr in Euren Songs von schönen Mädchen singt und dazu lasziv mit den Hüften wackelt? Weil sie überzeugt davon sind, Ihr würdet sie ansprechen!

Zwei Dinge noch: Wer sich einer Pseudo-Karriere wegen sein Privatleben vertraglich verbieten läßt, dem ist wirklich nicht mehr zu helfen. Helfen können wir nur Euch, liebe 911-Fans: Es bringt überhaupt nichts, diesen Typen Teddybären auf die Bühne zu werfen.

Andreas Hentschel

Quelle: Jugendmagazin X-mag, Heft 3/97, Weltbild-Verlag, Augsburg

Arbeitsaufträge

1. Fasse den Inhalt des Textes zusammen!
2. Wie ist der Text gestaltet?
3. Welche Textsorte liegt vor? Begründe deine Einordnung!
4. Erarbeite die sprachlichen Besonderheiten!

54 Eine schrecklich fette Familie (Lösung S. 212)

Eine schrecklich fette Familie

Gut, daß uns jemand von der U-Bahn-Station abgeholt hat: Das Sumo- (ausgesprochen: „Smo")-Trainingszentrum der Nippon-Universität im Westen Tokios hätten
5 wir selbst mit dem besten Stadtplan nicht gefunden. Hektik und Straßenwirrwarr bleiben außen vor, als wir die fremde Welt betreten, die
10 Welt der „Sumotori" oder „Rikishi", wie Japans Helden genannt werden.

Helden deshalb, weil der Ruhm eines Boris Becker, Henry Maske oder Michael Schumacher nichts ist
15 im Verleich zum Ansehen, das die besten unter den Fleischklopsen („yokozuna" oder „Grand Champion" genannt) auf der Insel genießen. Sie sind nicht einfach „Stars": Sie sind
20 der Stolz, das Heiligtum, das Lieblingsspielzeug der Nation. Die schönsten Frauen reißen sich um

sie. Sie dürfen alles – nur nicht abnehmen. Der erste Blick fällt auf den verwaisten Trainings-Ring, dann auf ein Dutzend abgenutzter Kraftgeräte, dann auf den Fernseher im hintersten Eck. Zwei klobige Füße mit Schmutzrändern und Hornhäuten ragen hinter der Trennwand von Trainings- und Wohnbereich hervor. Sie gehören Kiminori, der auf dem Tatami-Mattenboden sitzt und in die Röhre glotzt. „Bitte nicht stören" signalisiert er. „Schuhe ausziehen. Wollt Ihr Tee?"

Wir sehen uns weiter um: Ans Wohn- und Fernsehzimmer grenzt ein Massenschlafraum Marke Jugendherbergs-Notquartier, wo unzählige leere Bier- und Sake-(Reiswein)-Flaschen herumstehen. „Wir haben den Gewinn der Uni-Meisterschaften gefeiert", erklärt der 19-jährige entschuldigend, als er unseren verdutzten Blick bemerkt. 300 Flaschen seien draufgegangen – an einem Abend. Kiminori lächelt schüchtern.

Neun war er, als er in der Grundschule, irgendwo im Norden Japans, mit Sumo begonnen hat. Schon früh war abzusehen, daß er die erforderliche Mindestgröße von 1,73 Meter erreichen würde. Bei High-School-Meisterschaften hat ihn sein jetziger Trainer entdeckt. Den nennen alle nur „Sumo-Gott", weil er eine eigene Karriere für die Ausbildung des Nachwuchses – ihre Ausbildung – geopfert hat. Kiminori und seine Mitbewohner sind nicht ganz so selbstlos: Vom mit Luxus und Millionen versüßten Profi-Dasein träumen alle.

Für dieses Ziel nehmen die Stall-Neulinge ein demütigendes erstes Jahr in Kauf: Zur „Erziehung" gehört, sich bedingungslos höherrangigen Team-Kollegen unterzuordnen, die Dreckjobs in der 40-köpfigen Sumo-WG zu übernehmen und wenn's sein muß – Kiminori rümpft die Nase – sogar die Toiletten zu putzen. Doch diese Erfahrung, das wissen die Sumotori und Teilzeit-Wirtschafts-Studenten, haben auch ihre großen Vorbilder gemacht: Takanohana und Akebono, die Champions.

Worauf er in seinem Leben verzichten muß? Dazu fällt ihm wenig ein. Vielleicht auf ein paar Jahre Lebenserwartung, bei vielen Sumo-Veteranen macht ja irgendwann das Herz nicht mehr mit. „Darüber wird untereinander aber nicht gesprochen". Auf Liebe? „Einige haben eine Freundin", sagt Kiminori gleichgültig, so, als ginge ihn das Thema überhaupt nichts an. „Die Stärksten nicht". Sumo-Ringer, das hatten wir vorher schon irgendwo gelesen, sind ziemlich einsilbige Menschen.

Die Sumo-Regeln sind kinderleicht: Zwei Kämpfer versuchen, ihren Gegner entweder aus dem Ring zu drücken oder ihn so aus dem Gleichgewicht zu bringen, daß er mit einem anderen Körperteil als dem Fuß den Boden berührt. In beiden Fällen ist der Kampf, der manchmal nur wenige Sekunden dauert, sofort beendet.

Somit dürfte klar sein, welche Vorteile ein Gewicht von bis zu 250 Kilogramm, im Idealfall birnenförmig auf den Körper verteilt, bringt: Es dient der Standfestigkeit. Doch was oberflächlich betrachtet aussieht wie die Rauferei zweier Riesenbabys, entpuppt sich bei näherem Hinsehen als technisch anspruchsvoller Sport, bei dem es 70 anerkannte Griffe und Würfe gibt und bei dem es nie allein auf das Körpergewicht ankommt. Die Rikishis sind auch längst nicht so plump wie sie wirken. Im Gegenteil: Sie müssen extrem beweglich und reaktionsschnell sein.

Sumo besteht auch nicht nur aus der eigentlichen „Action", genauso wichtig sind Rituale wie das „Einleitungszeremoniell". Zunächst streuen die Gegner pfundweise Salz in die Arena (dohyo), um sie von bösen Geistern und Flüchen zu reinigen, dann gehen sie mehrmals in die Hocke, funkeln sich an, bis der in eine Art Magierkostüm gekleidete gyoji (Ringrichter) den Kampf freigibt. Nach der Entscheidung verhilft der Sieger dem Verlierer zu einem würdevollen Abgang, Wut- oder Jubelschreie sind verpönt. Kiminoris Freund Keiji, 20, der sich mittlerweile zu uns gesetzt hat. „Einmal habe ich nach einem Sieg die Faust geballt, danach habe ich mich sehr geschämt."

Die Popularität des Sumo-Sports wäre ohne seine eng mit Japans Geschichte und Religion verbundene Tradition nicht zu erklären: Schon vor 2000 Jahren sollen Kämpfe stattgefunden haben. Im Jahr 1760 wurde Sumo auf nationaler Ebene organisiert, damals fanden die Kämpfe noch vor heiligen Shinto-Schreinen unter freiem Himmel statt. Heute steht der Sport auch Nicht-Japanern offen, aber außer ein paar Hawaiianern (allen voran Akebono, der erste nicht-japanische yokozuna), ernten die Ausländer meist nichts als Hohn und Spott. Immerhin: In Europa wächst das Interesse an den Fernsehübertragungen, sogar die ersten clubs werden gegründet.

Nach so viel Hintergrundinformationen fällt es fast schwer, die Frage aller Fragen zu stellen: Wie kann man nur so fett werden? Kiminori schmunzelt: „Viel Chankonabe". Chankonabe ist ein nahrhafter Eintopf, bestehend aus Gemüse, Fleisch, Fisch und Reis, doch kommt es weniger auf die Zutaten an als auf die Menge: „Zweimal am Tag fünf solche Schüsseln", sagt Kiminori, und formt mit seinen wulstigen Händen ein Gefäß, in das eine mittlere Melone passen würde. Keiji, der in seinen letzten beiden High School-Jahren 45 Kilo (von 100 auf 145) zugelegt hat, beschränkt seine Nahrungsaufnahme derzeit auf das Notwendigste: „Ich esse, bis ich satt bin." Das allerdings dürfte immer noch genug sein, um ein bis zwei Köche ins Schwitzen zu bringen.

Was sagen die beiden zu den Enthüllungen, die vor kurzem die ganze Nation erschüttert haben? Zwei berühmte Ex-Kämpfer hatten von abgesprochenen Kämpfen, Steuerhinterziehungen, heimlichen Marihuana-Partys und fragwürdigen Beziehungen zur Unterwelt berichtet. „Wir glauben nicht daran," so die knappe Antwort. Die Enthüller können ihre Anschuldigungen nicht mehr beweisen: Sie starben auf mysteriöse Weise, am selben Tag, im selben Krankenhaus, an derselben Todesursache: Lungenversagen.

Genug geredet, wie wär's mit einem Trainingskampf? Kiminori und Keiji helfen sich gegenseitig, ihre windelähnlichen Baumwollgürtel („mawashi") anzuziehen, und als sie halbnackt dastehen, wirkt es so, als hätten sie ihre Schüchternheit abgelegt. Zuerst muß der Ring gefegt werden – auch für das Training sind bestimmte Riten vorgeschrieben. Dann die Aufwärmphase mit Dehnübungen, wie man sie sonst nur bei Turnern sieht, scheinbar müheloses Stretchen im Spagat. Als sie so Auge in Auge gegenüberstehen, scheint ihre Freundschaft für einen Moment vergessen. „Aggressiv sein", „den Gegner fertigmachen", so hatte Kiminori den Sinn seines Sumo-Daseins umschrieben. Freilich gelte das nur für den kurzen Auftritt.

Es kommt zum Urknall, kurzes Handgemenge (erlaubt ist alles außer Haareziehen, Augenstechen oder Weichteiletreten), nach nicht einmal zehn Sekunden ist alles entschieden. Shaking Hands, Ende der Vorstellung. Bei einem Profi-Turnier käme jetzt die Zeitlupe, dann wären die nächsten Kämpfer dran. 15 Tage lang jeder gegen jeden, bis die Zahl der Siege über den möglichen Aufstieg in die nächsthöhere Kategorie entscheidet. Eine „Frage der Ehre", aber kein Michael Buffer, kein „Conquest of Paradise", keine RTL-Laser-Show, keine umstrittenen Punkturteile. Nur Hop oder Top, du oder ich. Vielleicht ist das der Grund, warum die Sumotori so verehrt werden: Sie prügeln ihre Gegner einfach aus dem Weg Und das in einer Gesellschaft, in der eine an Unterwürfigkeit grenzende Höflichkeit körperliche Angriffe verbietet. Japaner tun sowas nicht –sie würden nur gerne ab und zu.

Es ist spät geworden, aber Kiminori stemmt nach dem Kampf noch Gewichte. Er versuche, „doppelt so viel zu trainieren als die anderen". Die meisten hier, das ist ihm klargeworden, werden auf dem Weg zur Spitze irgendwo hängenbleiben, sich mit Mittelmaß zufriedengeben. Einige. „Die Stärksten nicht."

Albert Link

Quelle: Jugendmagazin X-mag, Heft 3/97, Weltbild-Verlag, Augsburg

Arbeitsaufträge

1. Erstelle eine Inhaltsangabe!
2. Wie ist der Text äußerlich gestaltet?
3. Welche Textsorte liegt vor? Begründe deine Einordnung!
4. Stelle die sprachlichen Besonderheiten dar!

55 Mehr Schutz für die Haut (Lösung S. 213)

WIR FRAGEN

Prof. Dr. med. E. W. Breitbart, Dermatologisches Zentrum Buxtehude, zum Thema Hautkrebs und UV-Strahlung.

Mehr Schutz für die Haut

WIR: Inwieweit treten Hauterkrankungen – insbesondere Hautkrebs – heute verstärkt auf?

E. W. Breitbart: Allgemein haben Hauterkrankungen nicht zugenommen. Neurodermitis oder Schuppenflechte treten z. B. nicht häufiger auf. Hautkrebs allerdings hat seit 1960 dramatisch zugenommen. Während vor 30 Jahren nur zwei von 100.000 Einwohnern am schwarzen Hautkrebs, dem malignen Melanom erkrankten, sind es heute zwölf von 100.000 Einwohnern. Man rechnet mit einer Verdoppelung der Krankheitsrate alle 15 Jahre.

WIR: Wodurch wird Hautkrebs hauptsächlich ausgelöst?

E. W. Breitbart: Der auslösende Faktor ist vornehmlich die ultraviolette (UV-) Strahlung. Durch das geänderte Freizeit- und Sozialverhalten setzen sich die Menschen heute wesentlich stärker und länger der Sonne und damit der schädlichen UV-Strahlung aus. Ein weißhäutiger Mensch darf täglich eigentlich nur ca. zehn bis 20 Minuten in die Sonne. Vor dem Zweiten Weltkrieg trat Hautkrebs nur bei Menschen auf, die hauptsächlich im Freien arbeiteten. Der Hautkrebs wurde dann auch nach dem Beruf benannt: Ein Beispiel hierfür ist der Algenkrebs oder Seemannspilz bei Seeleuten.

WIR: Welche Rolle spielen Umweltfaktoren und die zunehmende Umweltverschmutzung?

E. W. Breitbart: Neben der UV-Strahlung gibt es keine weiteren Umweltfaktoren, die Hautkrebs auslösen. Die Umweltverschmutzung spielt paradoxerweise eher eine positive Rolle. Die hohen bodennahen Ozonwerte und die Schmutz-Dunstglocke dämpfen die schädliche UV-Strahlung und damit die Möglichkeit, an Hautkrebs zu erkranken. Reine, klare Luft läßt die UV-Strahlung besser durch. Die Sonnenbrandgefahr ist wesentlich höher, und jeder Sonnenbrand erhöht so die Gefahr, an Hautkrebs zu erkranken.

WIR: Führt der Abbau der Ozonschicht zu einem Anstieg der krebserregenden UV-Strahlung? Gibt es neuere wissenschaftliche Untersuchungen?

E. W. Breitbart: Der Abbau der Ozonschicht in der Stratosphäre, also in etwa 15 bis 40 Kilometer Höhe, wird zu einer vermehrten UV-B-Strahlung führen. Zur Zeit ist dieser Effekt nur an wenigen Tagen am Boden meßbar, nämlich dann, wenn die UV-Strahlung nicht von Wolken, aber auch Luftverunreinigungen gehindert den Boden erreichen kann. Seit einigen Jahren messen das Bundesamt für Strahlenschutz und das Umweltbundesamt in Deutschland gemeinsam an unter Stationen die UV-Strahlung, um rechtzeitig eine Abnahme der Ozonschicht erkennen zu können. Das Fraunhofer Institut führt in Garmisch-Partenkirchen und auf der Zugspitze vergleichende Messungen durch. Es läßt sich derzeit noch keine klare Aussage darüber machen, ob schon jetzt durch Veränderungen der Ozonschicht auch in unseren Breiten die Zahl der Hautkrebsfällen angestiegen ist. Es ist aber eine Frage der Zeit, bis der Effekt auch hier zum Tragen kommt. Übrigens kann die vermutete Abnahme der Ozonschicht nicht durch das bodennahe Ozon ausgeglichen werden.

WIR: Wie kann bzw. sollte man sich vor Hautkrebs schützen? Gibt es im Winter besondere Risikofaktoren?

E. W. Breitbart: Wichtigster Schutz ist die Kleidung. Alle Hautpartien, die nicht bedeckt sind, sollten durch einen Sonnenschutz ab Faktor 15 geschützt werden, insbesondere bei Kindern. Besonders wichtig ist der Sonnenschutz bei einem Winterurlaub in der Sonne, z.B. in der Karibik, aber auch im Hochgebirge. Die sonnenungewöhnte Haut bekommt besonders schnell einen Sonnenbrand. Während eines Urlaubs in der Sonne z.B. sollte man sich nach Möglichkeit so verhalten wie die Bevölkerung vor Ort. Dies bedeutet, vor allem in der Mittagszeit, wenn die Sonne am höchsten steht und die UV-Strahlung am stärksten ist, im Schatten zu bleiben. Ansonsten sind Hut, Sonnenbrille, T-Shirt und halblange Hose oder Rock als Schutz ausreichend. Wichtig ist, daß die Stoffe die UV-Strahlung auch wirklich abhalten. Gewebte, weite Kleidung aus Baumwolle ist hier zu empfehlen. Im Wintersporturlaub kommt hinzu, daß man durch die Höhe der Sonne näher ist, das heißt, die UV-Strahlung ist deutlich größer. Außerdem wird die Strahlung durch den Schnee stark reflektiert. Insbesondere empfindliche Menschen sollten sich also sehr gut schützen.

WIR: Wie erkennt man Hautkrebs?

E. W. Breitbart: Das wichtigste ist genaue Selbstbeobachtung und regelmäßige Kontrolle durch einen Hautarzt. Wer eine größere Anzahl von Pigmentmalen hat, sollte jedes halbe Jahr einen Hautarzt aufsuchen. Bei neuen merkwürdigen Malen oder Ausschlag ebenfalls den Hautarzt aufsuchen. Nur eine frühe Behandlung garantiert eine Heilung. Bei der Selbstbeobachtung gilt die ABCD-Regel (A = ist der Aufbau des Melanoms uneinheitlich, B = ist die Begrenzung unregelmäßig, C = hat sich die Farbe (Colour) geändert, D = hat es einen Durchmesser von über 5 mm). Wenn eine der Fragen mit Ja beantwortet werden muß, sollte ein Hautarzt aufgesucht werden.

WIR: Wie sind die Heilungschancen bei Hautkrebs und welche modernen Therapiemöglichkeiten gibt es?

E. W. Breitbart: Die Heilungschance ist bei früher Erkennung sehr hoch. Hautkrebs läßt sich heilen. Die beste und heute noch modernste Therapie ist, den Hautkrebs herauszuschneiden. Dies ist aber vollkommen nur möglich, wenn er früh erkannt wird. Die effizienteste Therapie ist also der Früherkennung. ●

Das Interview führte Dr. Maria Hoffacker.

Prof. Dr. med. E. W. Breitbart, Dermatologisches Zentrum Buxtehude, zum Thema Hautkrebs und UV-Strahlung

Mehr Schutz für die Haut

Wir: Inwieweit treten Hauterkrankungen – insbesondere Hautkrebs – heute verstärkt auf?

E. W. Breitbart: Allgemein haben Hauterkrankungen nicht zugenommen. Neurodermitis oder Schuppenflechte treten z. B. nicht häufiger auf. Hautkrebs allerdings hat seit 1960 dramatisch zugenommen. Während vor 30 Jahren nur zwei von 100.000 Einwohnern am schwarzen Hautkrebs, dem malignen Melanom erkrankten, sind es heute zwölf von 100.000 Einwohnern. Man rechnet mit einer Verdoppelung der Krankheitsrate alle 15 Jahre.

Wir: Wodurch wird Hautkrebs hauptsächlich ausgelöst?

E. W. Breitbart: Der auslösende Faktor ist vornehmlich die ultraviolette (UV-) Strahlung. Durch das geänderte Freizeit- und Sozialverhalten setzen sich die Menschen heute wesentlich stärker und länger der Sonne und damit der schädlichen UV-B-Strahlung aus. Ein weißhäutiger Mensch darf täglich eigentlich nur ca. zehn bis 20 Minuten in die Sonne. Vor dem Zweiten Weltkrieg trat Hautkrebs nur bei Menschen auf, die hauptsächlich im Freien arbeiteten. Der Hautkrebs wurde dann auch nach dem Beruf benannt: Ein Beispiel hierfür ist der Algenkrebs oder Seemannspilz bei Seeleuten.

Wir: Welche Rolle spielen Umweltfaktoren und die zunehmende Umweltverschmutzung?

E. W. Breitbart: Neben der UV-Strahlung gibt es keine weiteren Umweltfaktoren, die Hautkrebs auslösen. Die Umweltverschmutzung spielt paradoxerweise eher eine positive Rolle. Die hohen bodennahen Ozonwerte und die Schmutz-Dunstglocke dämpfen die schädliche UV-Strahlung und damit die Möglichkeit, an Hautkrebs zu erkranken. Reine, klare Luft läßt die UV-Strahlung besser durch. Die Sonnenbrandgefahr ist wesentlich höher, und jeder Sonnenbrand erhöht die Gefahr, an Hautkrebs zu erkranken.

Wir: Führt der Abbau der Ozonschicht zu einem Anstieg der krebserregenden UV-Strahlung? Gibt es neuere wissenschaftliche Untersuchungen?

E. W. Breitbart: Der Abbau der Ozonschicht in der Stratosphäre, also in etwa 15 bis 40 Kilometer Höhe, wird zu einer vermehrten UV-B-Strahlung führen. Zur Zeit ist dieser Effekt nur an wenigen Tagen am Boden meßbar, nämlich dann, wenn die UV-Strahlung nicht von Wolken, aber auch Luftverunreinigungen gehindert den Boden erreichen kann. Seit einigen Jahren messen das Bundesamt für Strahlenschutz und das Umweltbundesamt in Deutschland gemeinsam an vier Stationen die UV-Strahlung, um rechtzeitig eine Abnahme der Ozonschicht erkennen zu können. Das Fraunhofer Institut führt in Garmisch-Partenkirchen und auf der Zugspitze vergleichende Messungen durch. Es läßt sich derzeit noch keine klare Aussage darüber machen, ob schon jetzt durch Veränderungen der Ozonschicht auch in unseren Breiten die Zahl der Hautkrebsfälle angestiegen ist. Es ist aber eine Frage der Zeit, bis der Effekt auch hier zum Tragen kommt. Übrigens kann die vermutete Abnahme der Ozonschicht nicht durch bodennahes Ozon ausgeglichen werden.

Wir: Wie kann bzw. sollte man sich vor Hautkrebs schützen? Gibt es im Winter besondere Risikofaktoren?

E. W. Breitbart: Wichtigster Schutz ist die Kleidung. Alle Hautpartien, die nicht bedeckt sind, sollten durch einen Sonnenschutz ab Faktor 15 geschützt werden, insbesondere bei Kindern. Besonders wichtig ist der Sonnenschutz bei einem Winterurlaub in der Sonne, z. B. in der Karibik, aber auch im Hochgebirge. Die sonnenungewöhnte Haut bekommt besonders schnell einen Sonnenbrand. Während eines Urlaubs in der Karibik z. B. sollte man sich nach Möglichkeit so verhalten wie die Bevölkerung vor Ort. Dies bedeutet, vor allem in der Mittagszeit, wenn die Sonne am höchsten steht und die UV-Strahlung am stärksten ist, im Schatten zu bleiben. Ansonsten sind Hut, Sonnenbrille, T-Shirt und halblange Hose oder Rock als Schutz ausreichend. Wichtig ist, daß die Stoffe die UV-Strahlung auch wirklich abhalten. Gewebte, weite Kleidung aus Baumwolle ist hier zu empfehlen. Im Wintersporturlaub kommt hinzu, daß man durch die Höhe der Sonne näher ist, das heißt, die UV-Strahlung ist deutlich größer. Außerdem wird die Strahlung durch den Schnee stark reflektiert. Insbesondere empfindliche Menschen sollten sich also sehr gut schützen.

Wir: Wie erkennt man Hautkrebs?

E. W. Breitbart: Das wichtigste ist genaue Selbstbeobachtung und regelmäßige Kontrolle durch einen Hautarzt. Wer eine größere Anzahl von Pigmentmalen hat, sollte jedes halbe Jahr einen Hautarzt aufsuchen. Bei neuen merkwürdigen Malen oder Ausschlag ebenfalls den Hautarzt aufsuchen. Nur eine frühe Behandlung garantiert eine Heilung. Bei der Selbstbeobachtung gilt die ABCD-Regel (A = ist der Aufbau des Melanoms uneinheitlich, B = ist die Begrenzung unregelmäßig, C = hat sich die Farbe (Colour) geändert, D = hat es einen Durchmesser von über 5 mm). Wenn eine der Fragen mit Ja beantwortet werden muß, sollte ein Hautarzt aufgesucht werden.

Wir: Wie sind die Heilungschancen bei Hautkrebs und welche modernen Therapiemöglichkeiten gibt es?

E. W. Breitbart: Die Heilungschance ist bei früher Erkennung sehr hoch. Hautkrebs läßt sich heilen. Die beste und heute noch modernste Therapie ist, den Hautkrebs herauszuschneiden. Dies ist aber vollkommen nur möglich, wenn er früh erkannt wird. Die effizienteste Therapie ist also die Früherkennung.

Das Interview führte Dr. Maria Hoffacker.

Quelle: Wir und unsere Umwelt, Heft 3/1996, Bundesumweltministerium, Bonn; S. 5

Arbeitsaufträge

1. Fasse den Inhalt des Textes zusammen!
2. Wie ist der Text äußerlich gestaltet?
3. Welche Textsorte liegt vor? Begründe deine Einordnung!
4. Erarbeite die sprachlichen Besonderheiten!

Der textgebundene Aufsatz

| 56 | Snowboarder, Yetis und Carving-Ski (Lösung S. 215)

141

Vorsicht Schneebrett!

Snowboarder, Yetis und Carving-Ski

Wer im Sport mitreden will, muß die neuen, ultimativen Kicks kennen. Gefragt ist alles, was extrem und cool genug ist, um Adrenalin freizusetzen. Die Hersteller von Equipment reagieren mit immer neuen Trends und machen Millionenumsätze.

Nur vom Yeti gibt es nichts Neues. Der Zottel aus dem Himalaja macht sich weiterhin rar und trifft sich nur gelegentlich mit Extrembergsteiger Reinhold Messner. Ganz anders die News für alle Freunde von Pulverschnee und Steilabfahrten. Die Eiszeit 96/97 verspricht allen Wintersportfreaks extreme Kurvenlage mit Snowboards und Carving-Ski.

Breakern und Technofreunden ist die Abfahrt auf zwei Skiern schon seit einigen Jahren zu Luis-Trenkermäßig. Heute steht die Szene mit beiden Beinen fest auf dem Schneebrett. Für Snowboarder ist es längst das Höchste, sich nach dem Einkehrschwung in die Kurve zu legen und den Schnee in Fontänen hinter sich herzuziehen.

„Das Kurven-Feeling ist viel extremer als beim Skifahren", sagt Maria Pfurtscheller (21) aus Stuben am Arlberg, die schon seit Mitte September auf dem Kaunertaler Gletscher für die Rennsaison trainiert. „Wer vom Snowboarden leben will, muß ganz vorn mitfahren", so Maria, „und es gibt jede Menge super Nachwuchsfahrer."

Bevor Newcomer allerdings beim Abfahrtsrennen über Hänge und Pisten jagen, sollten sie auf den Rat von Board-Experte Christian Haibel aus München hören: „In wenigstens zwei Tagen Intensivkurs lernt jeder einigermaßen sicher Stürzen, das Verhalten im Lift und das richtige Schwingen." Wer nach dem Schnupperkurs Spaß an der Sache findet, bekommt das komplette Einsteigerset, Board mit Bindung, schon ab 499 Mark. Leute, die es exclusiv brauchen, können für das Brett aber auch über 1200 Mark hinblättern.

Zum Einstieg aufs Allroundboard

„Wegen der Qualität muß man sich im Snowboard-Bereich weniger Sorgen machen als beispielsweise bei den Inline-Skates", meint Michael Lang von Sport-Scheck, „weil auch einfache Bretter solide verarbeitet sind." Allerdings sollte der Käufer wissen, ob er mit einem weichen, kaum taillierten Brett fahren oder lieber mit einem härteren Brett über die präparierte Piste schwingen will.

Michael rät zuerst zu einem alpinorientierten Allroundboard: „Durch die Kraftübertragung auf die Kante läßt sich schnell ein sauber geschnittener Schwung fahren." Der „tail-kick", eine leichte Heckaufbiegung, erhöht dazu die Drehfreudigkeit des Brettes und verhindert, daß der Fahrer beim Rückwärtsgleiten gleich im Schnee versinkt.

Die richtige Boardlänge ist in erster Linie eine Gewichtsfrage. Wer 60 bis 70 Kilo auf die Waage bringt, ist mit 150 bis 155 cm dabei. Ab 80 Kilo sollte das Snowboard eine Länge von mindestens 160 cm haben. Auch für die Wahl der Bindung ist das Körpergewicht entscheidend. Ob Plattenbindung mit Frontverschluß oder Step-in-Bindung, beide Varianten kosten zwischen 200 und 350 Mark. „Fahrer ab 75 Kilo sollten etwas mehr in die Bindung investieren", sagt Board-Spezialist Michael, „weil das Material dann einfach stabiler ist."

Marken, Märkte und Millionen

Normale Skischuhe sind für die neue Aktivität ungeeignet, weil sie zur Seite hin starr sind. Für harte Buckelpisten braucht der Snowboarder Hartschalenschuhe, mit denen der Druck auf die Kante optimiert wird. Mit den weichen, sogenannten Soft-Boots, lassen sich Sprünge im Tiefschnee besser ausfedern. Auch hier muß der Einsteiger tief in die Tasche greifen. Ordentliche Snowboarder-Schuhe kosten zwischen 350 und 700 Mark. Doch damit nicht genug. Wer auf Nummer sicher gehen will, sollte sich noch Knieschützer und verstärkte Handschuhe für 200 bis 250 Mark zulegen.

Wem Skifahren zu langweilig ist und für wen Snowboarden den Reiz des Neuen verloren hat, den locken die Ski-Hersteller jetzt wieder auf zwei Bretter zurück. Den ultimativen Kick sollen in der laufenden Saison die stark taillierten Carving-Ski bringen. Die Hersteller, so hat es den Anschein, sind sich ihrer Sache sicher. In den nächsten zwei Jahren sind 80 Prozent der Produktionskapazität für die neuen Carving-Ski reserviert.

„Carve" heißt Kante, und das Fahren auf der Kante ermöglicht eine extreme Schräglage. Die relativ kurzen Ski, die mit einer Bindungserhöhung gefahren werden, lassen sich auf der Piste leicht drehen und schwingen auch im Tiefschnee superleicht. „Wie beim Motorradfahren kann man sich richtig in die Kurve legen", sagt Skilehrer Peter Valtavsky, „und das bringt unheimlichen Fahrspaß." Wenn die Pisten demnächst den Carvern gehören oder Neuigkeiten vom Yeti eintreffen, geben wir Bescheid. Hollarödullö.

Quelle: Jugendwirtschaftsmagazin Puncto! des Sparkassenverlages, Dez. 96/Jan. 97; Abdruck mit freundlicher Genehmigung des Sparkassenverlages Stuttgart; S. 28/29

Arbeitsaufträge

1. Fasse den Inhalt des Textes zusammen!
2. Wie ist der Text äußerlich gestaltet?
3. Welche Textsorte liegt vor? Begründe deine Einordnung!
4. Erarbeite die sprachlichen Besonderheiten!

| 57 | **Levi's 501** (Lösung S. 216)

gestaltet von Robert Erker

LEVI'S 501

gefaked zwar, aber gut gefaked, gibt's für 14 Mark das Paar, die Boss-Hemden kosten sechs, Nike-Socken eine Mark. So ist das in Thailand, sehr zur Freude der Traveller, die sich fast ausnahmslos mit Billig-Klamotten eindecken, bis sie entweder pleite sind oder die Tüten nicht mehr schleppen können.

Ich geb's lieber gleich zu: Dem Kaufrausch bin auch ich verfallen und auf die Beute meiner „Schnäppchenjagd" war ich sogar mächtig stolz. Bis zu dem Tag, an dem ich anfing, mich ein bisschen mehr für die Probleme des Landes zu interessieren und die einheimischen Zeitungen zu lesen. Zum Beispiel die Bangkok Post, Donnerstagsausgabe, die Geschichte von Suay und Noy.

Die beiden Mädchen, 14 und 11 Jahre alt, stammen aus Laos, einem bettelarmen Land. Sie brauchten Geld, also waren sie froh als sie über einen Mittelsmann (illegale) Jobs in einer thailändischen Handschuhfabrik fanden. Den versprochenen Monatslohn von 60 Mark haben sie allerdings nie erhalten. Ausgebeutet wurden sie, sieben Tage die Woche, bis zu 22 Stunden am Tag. Wenn sie müde wurden übergoss sie der Boss mit heißem Wasser oder quälte sie mit einem heißen Eisen. Zentimeterlange Narben auf Suays Rücken bezeugen die unglaubliche Brutalität ihres Vorgesetzten. Sie versuchten zu fliehen, wurden aber erwischt und mussten zur Strafe Insektenvernichtungsmittel schlucken. Erst ein anonymer Anruf bei „Child Watch", einem Kinderschutzbund, beendete ihr Leiden. Die Frage, die mir danach nicht mehr aus dem Kopf wollte: Unterstützt man mit dem Kauf von Billigklamotten nicht solche Ausbeuter und Kinderschänder? Können Jeans, die 15 Mark kosten, überhaupt unter menschenwürdigen Bedingungen hergestellt worden sein? Wohl kaum. Die Konsequenz müsste also lauten: Hände weg von solchen Angeboten. Nun ist es aber so, dass viele der teuren Klamotten in unseren Läden, selbst Adidas-Stiefel für 149 Mark, längst in Asien gefertigt werden. Und bestimmt erhalten die Arbeiter nicht den zehnfachen Lohn nur weil die Produkte in Deutschland das Zehnfache kosten. Verdienen tun daran nur die Zwischenhändler. Genauso wie beim Handel mit Kaffee, Bananen oder Teppichen. Ändern kann man daran als Einzelner kaum etwas. Die wenigen Produkte, die mit Garantie auf faire Löhne oder den Verzicht auf Kinderarbeit angeboten werden, können nicht darüber hinweg täuschen, dass unser Wohlstand großteils auf Ausbeutung in ärmeren Ländern basiert. Dass man erst nach Thailand fliegen muss, um das zu erkennen, ist dabei vielleicht das Traurigste.

Albert Link

Levi's 501

gefaked zwar, aber gut gefaked, gibt's für 14 Mark das Paar, die Boss-Hemden kosten sechs, Nike-Socken eine Mark. So ist das in
5 Thailand, sehr zur Freude der Traveller, die sich fast ausnahmslos mit Billig-Klamotten eindecken, bis sie entweder pleite sind oder die Tüten nicht mehr schleppen können.
10 Ich geb's lieber gleich zu: Dem Kaufrausch bin auch ich verfallen und auf die Beute meiner „Schnäppchenjagd" war ich sogar mächtig stolz. Bis zu dem Tag, an dem ich
15 anfing, mich ein bisschen mehr für die Probleme des Landes zu interessieren und die einheimischen Zeitungen zu lesen. Zum Beispiel die Bangkok Post, Donnerstagsausgabe,
20 die Geschichte von Suay und Noy.
Die beiden Mädchen, 14 und 11 Jahre alt, stammen aus Laos, einem bettelarmen Land. Sie brauchten Geld, also waren sie froh, als sie
25 über einen Mittelsmann (illegale) Jobs in einer thailändischen Handschuhfabrik fanden. Den versprochenen Monatslohn von 60 Mark haben sie allerdings nie erhalten.
30 Ausgebeutet wurden sie, sieben Tage die Woche, bis zu 22 Stunden am Tag. Wenn sie müde wurden, übergoss sie der Boss mit heißem Wasser oder quälte sie mit einem
35 heißen Eisen. Zentimeterlange Narben auf Suays Rücken bezeugen die unglaubliche Brutalität ihres Vorgesetzten. Sie versuchten zu fliehen, wurden aber erwischt und mussten
40 zur Strafe Insektenvernichtungsmittel schlucken. Erst ein anonymer Anruf bei „Child Watch", einem Kinderschutzbund, beendete ihr Leiden. Die Frage, die mir danach
45 nicht mehr aus dem Kopf wollte: Unterstützt man mit dem Kauf von Billigklamotten nicht solche Ausbeuter und Kinderschänder? Können Jeans, die 15 Mark kosten,
50 überhaupt unter menschenwürdigen Bedingungen hergestellt worden sein? Wohl kaum. Die Konsequenz müsste also lauten: Hände weg von solchen Angeboten. Nun ist es aber
55 so, dass viele der teuren Klamotten in unseren Läden, selbst Adidas-Stiefel für 149 Mark, längst in Asien gefertigt werden. Und bestimmt erhalten die Arbeiter nicht
60 den zehnfachen Lohn nur weil die Produkte in Deutschland das Zehnfache kosten. Verdienen tun daran nur die Zwischenhändler. Genauso wie beim Handel mit Kaffee, Bana-
65 nen oder Teppichen. Ändern kann man daran als Einzelner kaum etwas. Die wenigen Produkte, die mit Garantie auf faire Löhne oder den Verzicht auf Kinderarbeit angebo-
70 ten werden, können nicht darüber hinwegtäuschen, dass unser Wohlstand großteils auf Ausbeutung in ärmeren Ländern basiert. Dass man erst nach Thailand fliegen muss, um
75 das zu erkennen, ist dabei vielleicht das Traurigste. *Albert Link*

Quelle: Jugendmagazin X-mag, Heft 9/96, Weltbild-Verlag, Augsburg; S. 9

Arbeitsaufträge

1. Fasse den Inhalt des Textes zusammen!
2. Wie ist der Text äußerlich gestaltet?
3. Welche Textsorte liegt vor? Begründe deine Einordnung!
4. Erarbeite die sprachlichen Besonderheiten!

58 | Ty-ran-nisiert (Lösung S. 217)

LINKS OBEN

Ty-ran-nisiert

Von Peter Schmitt

Die Zeiten, in denen Samstag Sportschau-Tag war, sind längst passé. Heute wird der Fußball-Fan zwei Stunden ty-ran-nisiert. Von wegen Fußball, Tor und Zeitlupe. Heutzutage brauchen wir schon eine Hintertor-Kamera, dann noch jeweils eine an den Seitenlinien, eine im Publikum sowie eigene Reporter für die Hechel-Hechel-Interviews. Meist mit der dusseligen Frage: Woran lag's? Halt, die Trainerbank sollte schon auch irgendwie noch verkabelt sein. Könnte ja irgendein Fußball-Lehrer ausflippen. „ran" hätte es dann exklusiv.

Geht's Ihnen nicht auch manchmal so: ran kann kolossal nerven, aber die Alternative, außer auf den Knopf zu drücken, fehlt. Im Wechsel stehen Jörg Wontorra, Johannes B. Kerner und Reinhold Beckmann im Studio und moderieren zwischen Werbung und Applaus die Fußball-Show der Erstverwertungsrechte. Woche für Woche ziehen wir die mit Werbung garnierte Ware Fußball wie Süchtige rein.

Da kann Werner Hansch noch so viel brüllen und der Beckmann schelmisch grinsen. Das Studiopublikum ist zum Beifallklatschen und Gröhlen verdammt. Die Spieler stehen nach dem Schlußpfiff im Rampenlicht, denn ihre Vereine bekommen Millionen dafür, daß sie die Hauptdarsteller in einem Fernsehspiel der 90er-Jahre geworden sind. Dabei werden oft die Nebensächlichkeiten zu Ereignissen von besonderer Brisanz hochstilisiert.

Zurückdrehen läßt sich die Spirale der Fußball-Show nicht mehr, denn ein Großteil von uns hat die Ty-rannisierung akzeptiert. Statt mehr Information gibt es mehr Unterhaltung. Doch in Zeiten von Pay-TV werden wir eines Tages den Machern von ran noch eine Träne nachweinen. Wie einst, als Ernst Huberty die Sportschau verließ. Fußball ist eben nicht nur auf dem Rasen eine paradoxe Angelegenheit.

Ty-ran-nisiert

Die Zeiten, in denen Samstag Sportschau-Tag war, sind längst passé. Heute wird der Fußball-Fan zwei Stunden ty-ran-nisiert. Von wegen Fußball, Tor und Zeitlupe. Heutzutage brauchen wir schon eine Hintertor-Kamera, dann noch jeweils eine an den Seitenlinien, eine im Publikum sowie eigene Reporter für die Hechel-Hechel-Interviews. Meist mit der dusseligen Frage: Woran lag's? Halt, die Trainerbank sollte schon auch irgendwie noch verkabelt sein. Könnte ja irgendein Fußball-Lehrer ausflippen. „ran" hätte es dann exklusiv.

Geht's Ihnen nicht auch manchmal so: ran kann kolossal nerven, aber die Alternative, außer auf den Knopf zu drücken, fehlt. Im Wechsel stehen Jörg Wontorra, Johannes B. Kerner und Reinhold Beckmann im Studio und moderieren zwischen Werbung und Applaus die Fußball-Show der Erstverwertungsrechte. Woche für Woche ziehen wir die mit Werbung garnierte Ware Fußball wie Süchtige rein.

Da kann Werner Hansch noch so viel brüllen und der Beckmann schelmisch grinsen. Das Studiopublikum ist zum Beifallklatschen und Gröhlen verdammt. Die Spieler stehen nach dem Schlußpfiff im Rampenlicht, denn ihre Vereine bekommen Millionen dafür, daß sie die Hauptdarsteller in einem Fernsehspiel der 90er-Jahre geworden sind. Dabei werden oft die Nebensächlichkeiten zu Ereignissen von besonderer Brisanz hochstilisiert.

Zurückdrehen läßt sich die Spirale der Fußball-Show nicht mehr, denn ein Großteil von uns hat die Ty-ran-nisierung akzeptiert. Statt mehr Information gibt es mehr Unterhaltung. Doch in Zeiten von Pay-TV werden wir eines Tages den Machern von ran noch eine Träne nachweinen. Wie einst, als Ernst Huberty die Sportschau verließ. Fußball ist eben nicht nur auf dem Rasen eine paradoxe Angelegenheit.
Peter Schmitt

Quelle: Mittelbayerische Zeitung vom 8. 3. 1997

Arbeitsaufträge

1. Fasse den Inhalt des Textes zusammen!
2. Wie ist der Text äußerlich gestaltet?
3. Welche Textsorte liegt vor? Begründe deine Einordnung!
4. Erarbeite die sprachlichen Besonderheiten!

Lösungen

Erlebniserzählung

1 Eine fürchterliche Aufregung! – Stoffsammlung (S. 5)

A. Einleitung:
- schöner Sommertag
- Wüstenrennmaus Albert im Freikäfig

B. Hauptteil:
1. Schritt:
   - Maus sprang aufgeregt im Käfig herum
   - sie suchte Schatten
2. Schritt:
   - meine Schwester und ich fütterten sie
3. Schritt:
   - Lisa wollte die Maus streicheln
   - Warnung, die Wüstenrennmaus nicht loszulassen
4. Schritt:
   - Lisa erschrak, als Albert biss und kratzte
   - Albert entwischte
   - Angst um die Rennmaus
   - Tränen und Verzweiflung
   - verzweifelter Versuch, die Maus wieder einzufangen
5. Schritt:
   - Hilfe der Mutter
   - der Käse lockte die Maus zurück in den Käfig

C. Schluss:
- Verbot für die Schwester, jemals wieder mit der Maus zu spielen

Lösungen

2 | Wortfeldübungen – Synonyme (S. 8)

a) für sprechen:
fragen, antworten, erwidern, befehlen, flüstern, zischen, nuscheln, erzählen, verkünden, rufen, bitten, beschreiben, keuchen, stöhnen, betteln, seufzen, fordern, schluchzen, weinen, schimpfen, tadeln, jubeln, freuen, berichten, plaudern, ermahnen, kichern, glucksen, sich beschweren

b) für *gehen*:
wandern, hasten, trödeln, schleichen, rennen, laufen, rasen, stolzieren, hinken, huschen, bummeln, schlendern, springen, sausen, torkeln, trippeln, eilen, humpeln, fliehen, hüpfen, schreiten, spazieren, stürzen, krabbeln, flitzen, stürmen, stolpern, trotten, schlurfen, marschieren

c) für *schön*:
herrlich, traumhaft, wunderbar, hübsch, geschmackvoll, wundervoll, kunstvoll

3 | Synonyme für das Wort *schön* im angegebenen Text (S. 8)

Es war ein *wundervoller* Tag, denn wir feierten Vaters 40-sten Geburtstag. Meine Mutter hatte den Tisch *feierlich* gedeckt, denn mein Vater liebt *geschmackvolle* Tischdekorationen. Gerade als sie ihr *Kunstwerk* vollendet hatte, klingelte es. Tante Lisa stand erwartungsvoll vor unserer Haustür. Als ich öffnete, begrüßte sie mich sogleich überschwänglich: „Na, *hübsches* Mädchen, ist das große Fest schon im Gange?"
Papa hatte Tante Lisas Stimme vernommen und eilte nun herbei. „Du bist ja heute wieder *geschmackvoll* gekleidet!", schmeichelte er ihr und sie strahlte über das ganze Gesicht, hoch erfreut über das Kompliment. „Ein *traumhafter* Tag heute!", rief sie, „*ich bin glücklich,* dass ich mit euch feiern darf."

4 Darstellung von Gefühlen (S. 9)

	sehen	hören	spüren
Freude	lächeln, lachen, strahlen, glänzende Augen haben, Freudentränen kullern ...	jauchzen, jubilieren, jubeln, singen, Freudenschreie ausstoßen, pfeifen ...	sich glücklich fühlen, ein Kribbeln im Bauch haben, die Welt umarmen wollen ...
Ärger, Wut	zornig blicken, wütend mit den Augen funkeln, die Fäuste ballen, die Stirn runzeln, weinen, Augen zusammenkneifen ...	fluchen, schimpfen, brüllen, angiften, toben, ausrasten, mit den Zähnen knirschen, schluchzen ...	eine Wut im Bauch haben, Magendrücken bekommen, verzweifelt sein, jemanden verwünschen, Rachegefühle entwickeln ...
Schmerz, Trauer	trauriger/verzweifelter Gesichtsausdruck, weinen, verweinte, rotgeränderte Augen haben, blasse Gesichtsfarbe...	wimmern, leise schluchzen, jammern, stöhnen, wehklagen ...	einen Kloß im Hals haben, Verzweiflung empfinden, ein Stechen im Herzen fühlen, sich eingeschnürt fühlen, sterben wollen, keinen Ausweg sehen ...
Angst	zittern, einen verschreckten Gesichtsausdruck haben, leichenblass sein, sich verkriechen, schlottern ...	schreien, mit den Zähnen klappern, weinen, mit sich selbst sprechen/sich selbst beruhigen ...	eine Gänsehaut bekommen, weiche Knie haben, erschaudern, kalte Hände haben, schwitzen ...

Lösungen

5 | Ausgestaltung eines Höhepunkts (S. 10)

1. Beide Beispiele sind viel zu knapp. Es fehlen
   - Wahrnehmungen und Gefühle des Erzählers
   - Ausrufe- und Fragesätze
   - anschauliche Adjektive
   - wörtliche Reden

2. Die sprachlichen Mittel, die den Höhepunkten Spannung verleihen, sind unterstrichen.

a) Angst

Als ich ein Geräusch vernahm, hatte ich schreckliche Angst.

Plötzlich <u>vernahm</u> ich ein leises Geräusch. <u>Was mochte das sein? Da! Schon wieder</u> dieses sonderbare <u>Knacken</u>! Ganz deutlich <u>hörte</u> ich nun, dass es aus der Ecke, in der mein Schrank steht, kam. Mir wurde ganz <u>unheimlich zumute</u> und ich <u>verkroch</u> mich unter meiner schützenden Bettdecke. Als es eine Zeit lang still blieb, fasste ich wieder <u>Mut</u> und spitzte <u>aufgeregt</u>, aber doch <u>neugierig</u> aus meinem Versteck hervor. Mein <u>Herz klopfte</u> mir bis zum Hals und ich <u>fröstelte</u> am ganzen Körper, als sich auf einmal auch noch ein <u>Schatten</u> an der gegenüberliegenden Zimmerwand abzeichnete ...

b) Schlechtes Gewissen

Ich hatte ein schlechtes Gewissen, weil ich meine Mutter angelogen hatte.

Mit <u>hängenden Schultern</u>, den <u>Kopf</u> etwas <u>eingezogen</u>, verließ ich <u>niedergeschlagen</u> das Haus und <u>schlich bedrückt</u> davon. „<u>Vielleicht sollte ich mit Oma über die ganze Sache einmal reden</u>", dachte ich, „<u>sie weiß bestimmt einen Rat.</u>" Schon <u>etwas erleichtert</u> über diese gute Idee machte ich mich auf den Weg zu Großmutter. Da bog plötzlich meine Mutter um die Ecke. Ihr <u>ernster Gesichtsausdruck</u> ließ nicht Gutes erwarten. <u>Am liebsten</u> hätte ich <u>mich verzogen</u> oder <u>so klein wie ein Mäuschen</u> gemacht. Aber schon hörte ich Mutters ernste Stimme, die meine Wunschträume schnell zunichte machte: „Anna, du hast mich angelogen. Ich bin enttäuscht von dir." Ich <u>spürte, dass ich rot wurde</u> und der Versuch, eine Erklärung abzugeben, erschöpfte sich in <u>hilflosem Gestammel</u>.

Lösungen

| 6 | **Einleitungen zur Erlebniserzählung (S. 13)** |

a) Ein trüber Herbsttag ging zu Ende. Meine Eltern bereiteten sich auf den lang ersehnten Theaterbesuch vor und verließen gegen 19.00 Uhr das Haus.
b) „Laura", rief mein kleiner Bruder Felix, „was fangen wir mit dem wunderschönen Abend an? Endlich sind Mama und Papa aus dem Haus und wir können machen, was wir wollen."

| 7 | **Musteraufsatz zum Thema „Eine fürchterliche Aufregung" (S. 13)** |

A. „So ein schöner Sommertag, wir könnten doch unsere Wüstenrennmaus in den Freikäfig setzen!", schlug meine kleine Schwester Lisa vor, „dann kann sie auch einmal wieder frische Luft schnuppern und muss nicht immer in deinem stickigen Zimmer versauern." Gesagt, getan! Schnell transportierten wir Albert, so nannten wir unsere Maus, mit dem Freikäfig in unseren großen Garten hinter dem Haus.

B. Ganz vergnügt tummelte er sich nun unter freiem Himmel und sprang in dem großen Käfig aufgeregt herum. Bald wurde es Albert allerdings zu heiß und er verkroch sich in die hinterste Ecke, wo er etwas Schatten verspürte. „Vielleicht mag er etwas zu fressen", meinte meine Schwester, der es langsam langweilig wurde, weil Albert so tatenlos herumlag. Wir boten ihm einige Trockenfrüchte an, aber darauf kaute er nur lustlos herum. Lisa gab nicht auf, sie wollte beschäftigt sein und mit Albert spielen. „Bitte, bitte, lass' ihn mich auf den Arm nehmen!", bettelte Lisa, „ich möchte ihn ein wenig streicheln." Zwar war ich von dieser Idee nicht recht begeistert, gab aber dann doch nach, weil mich meine Schwester so flehend ansah. Vorsichtig nahm ich Albert aus dem Käfig und vertraute ihn Lisa an. „Pass aber gut auf, dass er dir nicht entwischt!", warnte ich sie noch. Doch da hörte ich Lisa schon schreien: „Aua, der kratzt und beißt ja. Hilfe, Hilfe, ich kann ihn nicht mehr festhalten!" Bis ich schaute, war unsere Wüstenrennmaus schon entwischt und hatte sich in der hintersten Ecke des Gartens versteckt.
Was sollten wir nur tun, Albert war so geschickt und pfeilschnell, erwischen würden wir ihn nie. Bitterböse rügte ich Lisa: „Warum hast du nicht

Lösungen

besser aufgepasst, jetzt haben wir den Salat. Wenn er stirbt, bist du schuld." Tränen liefen über Lisas Wangen und hilflos schluchzte sie. Da kam zum Glück Mama vom Einkaufen zurück und fand uns verzweifelt im Garten stehen. Mit einem Blick sah sie, was geschehen war, und hatte auch gleich eine gute Idee. „Hol doch ein Stück Käse aus dem Kühlschrank!", forderte sich mich auf, Mäuse lieben doch Käse. Blitzschnell holte ich Käse, den wir in den Freikäfig legten. Leise zogen wir uns zurück und beobachteten den Eingang des Käfigs. Ob Albert wohl auf unseren Trick hereinfiel?

Wir mussten nicht lange warten, denn der leckere Käse lockte ihn. Unsere Wüstenrennmaus gab jede Vorsicht auf und schlüpfte in den Käfig. „Jetzt müssen wir noch schnell das Türchen schließen", rief ich aufgeregt. Kurz darauf war auch das gelungen und wir hatten unseren Ausreißer wohlbehalten wieder zurück.

C. „Niemals wirst du unsere Maus wieder auf den Arm nehmen", warnte ich meine Schwester und ging erhobenen Hauptes, Albert unter dem Arm, in mein Zimmer.

8 Mustererzählung zum Thema „Gerade noch einmal gerettet" (S. 13)

A. An einem Samstagnachmittag – ich saß gerade am Klavier – klingelte es Sturm an unserer Haustüre. Ich flitzte zur Tür und kaum hatte ich sie geöffnet, schallte es mir einstimmig entgegen: „Lena, Lena, komm schnell!" Aufgeregt standen Martin und Ayda vor unserer Haustüre. „Was ist denn los, warum schreit ihr so?", fragte ich ganz verdutzt meine Freunde. „Martin hat eine Katze gehört, die ganz verzweifelt schreit, sie ist im Gully an der Ecke gefangen. Wir dachten, das sei deine Katze, die du schon seit zwei Tagen vermisst", antwortete Ayda.

B. Ganz überrascht zog ich schnell meine Turnschuhe an, warf mir meine Jacke über die Schulter und lief mit Martin und Ayda, so schnell ich konnte, zum Gully. Schon von weitem klang uns das klägliche Miauen entgegen. Wir beschleunigten unsere Schritte, um uns zu vergewissern, ob da wirklich meine Katze Rebecca im Gully gefangen war. Endlich dort angekommen, erkannte ich sofort ihre Stimme, sie schrie jämmerlich und versuchte hochzuspringen. Sie saß auf einem kleinen Vorsprung des Kanalgangs und war hilflos gefangen. „Rebecca, wie bist du da nur hineingelangt?", sagte ich zu ihr, „aber hab keine Angst, wir holen dich heraus." Gemeinsam versuchten wir nun den Gullydeckel hochzuheben, aber vergebens, unsere Kräfte reichten nicht aus. „Was sollen wir nur tun?", fragte ich verzweifelt, „sie wird da unten verhungern." Ich war schrecklich aufgeregt und Tränen kullerten bereits über meine Wangen. Plötzlich hatte Martin eine fantastische Idee. „Rufen wir doch die Feuerwehr an, die muss in solchen Fällen helfen. Sie hat schon einmal unseren Kanarienvogel vom Baum geholt, als er sich den Flügel gebrochen hatte." Gesagt, getan! Martin und Ayda liefen zur nächsten Telefonzelle, während ich beruhigend auf meine Katze einredete. Nach einigen Minuten kehrten meine Freunde zurück und beschwichtigten mich: „Die Feuerwehr ist in ein paar Minuten da, sie wird Rebecca retten." Wir warteten und warteten, die Zeit erschien uns endlos lang, als schließlich ein rotes Feuerwehrauto um die Ecke bog. Es stoppte und heraus sprang ein Feuerwehrmann. Mit einer großen Zange öffnete er den Gullydeckel. Rebecca saß ängstlich zusammengekauert auf ihrem Vorsprung, machte einen Buckel und fauchte gefährlich. Die Rettungsaktion dauerte nur noch wenige Minuten. Mit einem Kescher fischte der Helfer meine Katze aus ihrem Gefängnis und legte sie mir vorsichtig in den Arm. Überglücklich drückte ich Rebecca an mich, bedankte mich noch bei dem Feuerwehrmann und dann liefen wir eilends nach Hause.

C. Meine Mutter erwartete uns bereits an der Haustüre, denn sie hatte sich Sorgen um mich gemacht. Ich erzählte ihr ausführlich von der Rettungsaktion. Zur Belohnung bekamen wir drei ein dickes Eis und Rebecca wurde mit einer großen Schale Milch entschädigt.

9a Mustererzählung zum Thema „Ein lustiger Streich" (S. 14)

A. Am 1. April kamen wir mit schelmischem Gesichtsausdruck in unsere Klasse. Wir, das waren Susi, Babs und ich. Vorgestern Nachmittag hatten wir einen Plan gefasst und unsere Klasse natürlich noch schnell darin eingeweiht, denn das war entscheidend für unsere Idee. Ob der Plan wohl gelingen würde?

B. Als es um 8.00 Uhr zum Unterrichtsbeginn läutete, saßen wir ganz brav auf unseren Plätzen. Wir schmetterten ein fröhliches „Guten Morgen", als Frau Lehmann, unsere Klassenlehrerin, das Zimmer betrat. Die zwei Stunden bis zur Pause benahmen wir uns mustergültig. Doch als es zur Pause gongte, stürmten wir aus dem Klassenraum. Im Hof steckten wir aufgeregt unsere Köpfe zusammen uns tuschelten, was das Zeug hielt. „Hast du den Cassettenrekorder auch mitgebracht?", fragte mich Babs. „Wir müssen ihn aber gut verstecken," flüsterte Susi, ohne meine Anwort abgewartet zu haben, „sonst misslingt unser Streich!" „Gut", antwortete ich, „am besten stelle ich ihn unter meine Bank, da sieht Frau Lehmann ihn nicht." Nach der Pause huschten wir zu unseren Plätzen und erwarteten sehnsuchtsvoll die Mathestunde, allerdings weniger das Fach als Frau Lehmann. „Nun, nehmt eure Hefte heraus, wir woll...". Weiter kam unsere Lehrerin nicht, denn in diesem Moment ertönte ein wildes Löwengebrüll. Verwundert blickte sie sich um. „Was war denn das?", fragte sie besorgt, „habt ihr das auch gehört?" „Nein wieso, was denn?", entgegneten wir einstimmig.

Da schrie der Löwe wieder. „Aber da brüllt doch eine Stimme", rief nun Frau Lehmann ganz aufgeregt und der Angstschweiß stand ihr auf der Stirn. Erregt lief sie durch das Klassenzimmer und versuchte hinter das Geheimnis zu kommen. Ich glaube, sie zweifelte fast an ihrem Verstand. Nun mussten aber einige Mitschüler kichern und auch wir prusteten los.

In diesem Augenblick ging unserer Lehrerin endlich ein Licht auf, denn wir alle riefen im Chor: „April, April!" „Ihr habt mich ganz schön erschreckt", gestand sie uns erleichtert, „aber wie habt ihr das denn angestellt?"

C. Nun erklärten wir ihr unseren Trick und sie lachte gemeinsam mit uns über den gelungenen Streich. „Noch einmal passiert mir das aber nicht", versicherte uns Frau Lehmann siegessicher und begann mit dem Matheunterricht. Aber wer weiß, vielleicht hat sie ja bis zum nächsten Jahr vergessen, wie listig Schüler sein können.

Lösungen

9b Verben der <u>Sprache</u> und des <u>Klangs</u> und *Adjektive* (S. 14)

A. Am 1. April kamen wir mit *schelmischem* Gesichtsausdruck in unsere Klasse. Wir, das waren Susi, Babs und ich. Vorgestern Nachmittag hatten wir einen Plan gefasst und unsere Klasse natürlich noch *schnell* darin eingeweiht, denn das war entscheidend für unsere Idee. Ob der Plan wohl gelingen würde?

B. Als es um 8.00 Uhr zum Unterrichtsbeginn läutete, saßen wir ganz brav auf unseren Plätzen. Wir <u>schmetterten</u> ein *fröhliches* „Guten Morgen", als Frau Lehmann, unsere Klassenlehrerin, das Zimmer betrat. Die zwei Stunden bis zur Pause benahmen wir uns mustergültig. Doch als es zur Pause <u>gongte</u>, stürmten wir aus dem Klassenraum. Im Hof steckten wir *aufgeregt* unsere Köpfe zusammen uns <u>tuschelten</u>, was das Zeug hielt. „Hast du den Cassettenrekorder auch mitgebracht?", fragte mich Babs. „Wir müssen ihn aber gut verstecken," <u>flüsterte</u> Susi, ohne meine Anwort abgewartet zu haben, „sonst misslingt unser Streich!" „Gut", <u>antwortete</u> ich, „am besten stelle ich ihn unter meine Bank, da sieht Frau Lehmann ihn nicht." Nach der Pause huschten wir zu unseren Plätzen und erwarteten *sehnsuchtsvoll* die Mathestunde, allerdings weniger das Fach als Frau Lehmann. „Nun, nehmt eure Hefte heraus, wir woll...". Weiter kam unsere Lehrerin nicht, denn in diesem Moment <u>ertönte</u> ein *wildes* Löwengebrüll. Verwundert blickte sie sich um. „Was war denn das?", <u>fragte</u> sie besorgt, „habt ihr das auch gehört?" „Nein wieso, was denn?", <u>entgegneten</u> wir einstimmig.
Da <u>schrie</u> der Löwe wieder. „Aber da <u>brüllt</u> doch eine Stimme", <u>rief</u> nun Frau Lehmann ganz *aufgeregt* und der Angstschweiß stand ihr auf der Stirn. *Erregt* lief sie durch das Klassenzimmer und versuchte hinter das Geheimnis zu kommen. Ich glaube, sie zweifelte fast an ihrem Verstand. Nun mussten aber einige Mitschüler <u>kichern</u> und auch wir <u>prusteten</u> los.
In diesem Augenblick ging unserer Lehrerin endlich ein Licht auf, denn wir alle riefen im Chor: „April, April!" „Ihr habt mich ganz *schön* erschreckt", <u>gestand</u> sie uns *erleichtert*, „aber wie habt ihr das denn angestellt?"

C. Nun <u>erklärten</u> wir ihr unseren Trick und sie <u>lachte</u> gemeinsam mit uns über den gelungenen Streich. „Noch einmal passiert mir das aber nicht", <u>versicherte</u> uns Frau Lehmann *siegessicher* und begann mit dem Matheunterricht. Aber wer weiß, vielleicht hat sie ja bis zum nächsten Jahr vergessen, wie *listig* Schüler sein können.

Lösungen

10 | Test zur Erlebniserzählung (S. 14)

1. Die Erlebniserzählung besteht aus *drei* Teilen:
   A. *Einleitung*
   B. *Hauptteil*
   C. *Schluss*

2. Die *Einleitung* führt zum Thema hin, du hast *zwei* Möglichkeiten, sie zu gestalten,
   a) durch *Angaben über Zeitpunkt, Ort und Beteiligte,*
   b) durch *wörtliche Rede.*

3. Der Hauptteil gliedert sich in einzelne *Erzählschritte,* die *steigernd* aufgebaut sind und zum *Höhepunkt* hinführen.

4. Um den Höhepunkt lebendig zu gestalten, kannst du die *wörtliche Rede* verwenden, denn Aufgabe der Erzählung ist es, zu *unterhalten* und zu *fesseln.*

5. Die Zeitform ist das *Präteritum.*

Lösungen

Bericht

11 | Aufbau eines Unfallberichts (S. 18)

A. Einleitung:
- Verkehrsunfall
- Regensburg, Kreuzung Uhlandstraße/Lessingstraße
- 15. Februar 1997
- gegen 15.30 Uhr
- ein Golf mit Regensburger Kennzeichen, ein BMW mit Passauer Kennzeichen

B. Hauptteil:
- **Standort des Zeugen:** unmittelbar an der Kreuzung auf dem Bürgersteig der Uhlandstraße
- **Unfallhergang:** Golf-Fahrer, aus der Uhlandstraße kommend, Missachtung des Vorfahrtsrechts des BMWs, Zusammenstoß in der Mitte der Kreuzung, Beifahrerin des Passauer BMWs aus dem Auto geschleudert, bewusstlos liegen geblieben

C. Schluss:
- **Folgen:** Hautabschürfungen und Prellungen der beiden Fahrer, erheblicher Sachschaden an beiden Fahrzeugen, Verständigung der Polizei und des Notarztes, Eintreffen des Sanitätswagens und Einlieferung der verletzten Beifahrerin in das Krankenhaus der Barmherzigen Brüder

12 | Ein Sportunfall (S. 19/20)

A. Am Montag, den 21.05.1997 ereignete sich in der Turnhalle des Schiller-Gymnasiums in Frankfurt um 9.15 Uhr ein Sportunfall.

B. Zu diesem Unfall kam es, als die Klasse 7b von 8.45 Uhr bis 9.30 Uhr Sportunterricht bei Lehrer Herrmann Weiß hatte. Auf dem Unterrichtsprogramm stand die Hocke über den Bock. Der Schüler Peter Schmidt, geb. am 12.07.1983, bereitete sich konzentriert auf diese Übung vor und lief schnell an, um über den Bock zu springen. Dabei blieb er mit dem rechten

Lösungen

Fuß an diesem Sportgerät hängen und stürzte vornüber auf die Weichbodenmatte. Dies alles geschah so schnell, dass der Verunglückte von den beiden Mitschülern, die Hilfestellung leisteten, Michael Roth und Franz Saal, nicht mehr gehalten werden konnte.

C. Er zog sich eine Gehirnerschütterung und Verletzungen am rechten Fuß zu und wurde deshalb von Dr. Träger, den der Sportlehrer sofort verständigt hatte, in das Städtische Krankenhaus in Frankfurt eingeliefert.
Als Zeugen können die beiden Jungen, die Hilfestellung geleistet hatten, dienen.

13 | Ein Verkehrsunfall (S. 21)

A. Am 26. 06. 1997 ereignete sich um 7.45 Uhr in der Prüfeninger Straße in Regensburg ein Verkehrsunfall, bei dem mein Sohn Stefan Zoll verletzt wurde.

B. Stefan, geb. am 23. 10. 1984, wohnhaft in der Agnesstr. 17 in Regensburg, war auf dem Weg zur Schule. In Höhe der Bushaltestelle Goethe-Schiller-Straße überquerte er die Prüfeninger Straße an der Ampel, die, wie er sagte, Grün zeigte.
Herr Gabler, geb. am 14. 02. 1950, wohnhaft in der Winklergasse 5 in Undorf, fuhr mit seinem Pkw die Prüfeninger Straße stadteinwärts. Er hielt nicht an der Ampel, die laut Aussage von Stefans Klassenkameraden Simon Schulz, geb. am 16. 09. 1984, wohnhaft in der Puricellistr. 85 in Regensburg, Rot zeigte. Herr Gabler fuhr meinen Sohn an, dieser fiel zu Boden und verstauchte sich sein rechtes Handgelenk. Auch seine Brille ging zu Bruch. Sofort stiegen Herr Gabler und seine Frau, die am Beifahrersitz saß, aus und beschimpften meinen Sohn, wie er uns erzählte. Äußerst erschrocken gestand er deshalb zunächst, den Unfall verursacht zu haben. Bei einem späteren Gespräch mit Stefan und Simon stellte sich aber heraus, dass, wie beide übereinstimmend angaben, nicht mein Sohn, sondern Herr Gabler die rote Ampel übersehen haben muss.

C. Ich bitte Sie deshalb, sich an die Versicherung von Herrn Gabler zu wenden und die Frage nach Übernahme der finanziellen Folgekosten zu klären.

Mit freundlichen Grüßen, *Fritz Zoll*

Lösungen

14 Bericht für die Schülerzeitung über Projekttag in der Schule (S. 23)

A. Am 23. Juni 1997 fand in unserer Schule ein Projekttag mit dem Thema „Es geht auch ohne Drogen" statt.

B. Um 8.00 Uhr versammelten sich alle Klassen in der Aula, wo Plakate Auskunft über das breit gefächerte Angebot an Veranstaltungen gaben. Listen lagen bereit, in die sich die Schülerinnen und Schüler nun entsprechend ihrer jeweiligen Interessen eintragen konnten. Nach übereinstimmenden Aussagen war für jeden etwas dabei. So konnte man sich beispielsweise an einer Plakataktion gegen Drogen beteiligen, an Informationsveranstaltungen über Wirkung und Folgen von Drogen teilnehmen, eine Podiumsdiskussion mit einem Polizisten, einem Psychologen, einem Lehrer und zwei Schülern verfolgen oder selbst T-Shirts mit Anti-Drogen-Motiven gestalten. Auch meditative Tänze wurden vorgeführt. Für das leibliche Wohl sorgten antialkoholische Getränke und Müsliriegel. Den Abschluss des Projekttages bildete eine Anti-Drogen-Party, die um 16.00 Uhr in der Aula unserer Schule begann. Dazu waren auch die Eltern eingeladen. Hier trugen die einzelnen Gruppen ihre Ergebnisse vor und diskutierten mit den Eltern und Lehrern über die gewonnen Erkenntnisse.

C. Nach Aussagen der meisten Schüler war es ein gelungener Tag und vielleicht ein kleiner Beitrag zum Kampf gegen Drogen.

15 Test zum Bericht (S. 24)

1. Der Bericht besteht aus *drei* Teilen:
   A. *Einleitung*
   B. *Hauptteil*
   C. *Schluss*

2. Die Einleitung informiert über *Ort, Zeit, Beteiligte* und *Geschehen*. Der Leser bekommt Antworten auf folgende Fragen: *wo?, wann?, wer?, was?*.

3. Der Hauptteil enthält wesentliche Angaben über *das Ereignis* und *die Ursache*, er beantwortet folgende Fragen: *wie?, warum?*.

Lösungen

4. Der Schluss informiert über die *Folgen* und gibt Antwort auf die Frage, *welche Folgen* bzw. *Schäden* sich ergaben.
5. Die Sprache des Berichts ist *knapp, sachlich* und *genau*, er enthält keine *Gefühle* und *Empfindungen*, weil er die Aufgabe hat zu *informieren*.
6. Im Gegensatz zur Erzählung hat der Bericht keinen *Höhepunkt*, sein Aufbau ist *linear*, d. h. *geradlinig*.
7. Die Zeitform des Berichts ist das *Präteritum*.

Vorgangsbeschreibung

16 | Wie man einen Scherenschnitt anfertigt (S. 27)

A. Einleitung:
- benötigte Materialien: DIN-A3-Blatt, Bleistift, schwarzes Papier, weißer Karton, starke Lichtquelle

B Hauptteil:
- Person im Profil auf einem Stuhl sitzend, ruhige Haltung notwendig, da ansonsten kein exakter Schattenriss
- Lichtquelle auf Person richten
- Umriss des Gesichts auf weißem DIN-A3-Blatt skizzieren
- mit scharfer Schere ausschneiden
- auf schwarzes Papier übertragen
- nun noch einmal genau ausschneiden
- auf weißen Karton kleben

C. Schluss:
- **Ergebnis:** modern gerahmt ein persönliches Geschenk

17a | Wie man mit einer Kaffeemaschine Kaffee kocht: Fachbegriffe (S. 28)

Arbeitsschritte in Stichpunkten (die Fachbegriffe sind unterstrichen):
1. <u>Frischwasserbehälter</u> mit kaltem Leitungswasser füllen
2. Deckel auf <u>Frischwasserbehälter</u> auflegen
3. <u>Filterpapier</u> in <u>Filteraufsatz</u> stecken
4. Gemahlenen Kaffee in Filter schütten
5. Filteraufsatz auf <u>Kaffeekanne</u> stellen
6. Kaffeekanne auf <u>Warmhalteplatte</u> setzen
7. <u>Überlaufrohr</u> über Filtermitte schwenken
8. Kaffeeautomaten durch <u>Netzstecker</u> mit <u>Spannungsquelle</u> verbinden
9. Gerät durch Drücken des <u>Schalters mit Lichtsignal</u> in Betrieb nehmen

Lösungen

| 17b | **Wie man mit einer Kaffeemaschine Kaffee kocht:** Einleitung, Schluss (S. 28)

Einleitung: Kauf eines Kaffeeautomaten
Schluss: Sicheres Gelingen der Kaffeezubereitung

| 17c | **Wie man mit einer Kaffeemaschine Kaffee kocht:** Ausarbeitung (S. 28)

Seit gestern besitzen wir nun endlich eine Kaffeemaschine, die heute sofort ausprobiert werden soll. Bevor dieses Gerät in Betrieb genommen wird, muss man sich allerdings zunächst die Gebrauchsanleitung durchlesen, die genauestens über die Bedienung der Kaffeemaschine informiert.
Zur Zubereitung des Kaffees benötigt man neben dem Kaffeeautomaten, frisches Leitungswasser, gemahlenen Kaffee und Filterpapier in der Größe des Filteraufsatzes.
Nun wird der Frischwasserbehälter mit Wasser gefüllt. Hierzu kann die Kaffeekanne verwendet werden, deren Messskala die gewünschte Menge bestimmt; ein Teilstrich entspricht einer Kaffeetasse.
Nachdem man den Frischwasserbehälter mit dem Deckel verschlossen hat, wird Filterpapier in entsprechender Größe in den Filteraufsatz gesteckt und je nach Bedarf gemahlener Kaffee hineingeschüttet. Pro Tasse rechnet man einen Teelöffel. Sollte man den fertigen Kaffee stärker oder schwächer bevorzugen, verändert man je nach Geschmack die Menge des Kaffeepulvers.
Der Filter wird anschließend auf die Kanne, diese wiederum auf die Warmhalteplatte gesetzt.
Das Überlaufrohr, durch welches das erhitzte Wasser zum Filter läuft, muss über dessen Mitte geschwenkt werden.
Schließlich ist der Automat durch den Netzstecker mit der Spannungsquelle zu verbinden.
Durch Drücken des Einschaltknopfes nimmt man das Gerät in Betrieb, wobei die Kontrolllampe aufleuchtet. Die Kaffeezubereitung erfolgt jetzt vollautomatisch.

Lösungen

18a Wie man Orangenrouladen zubereitet: Fehler/Mängel (S. 29)

Die Verben sind nicht konjugiert, d. h. nicht nach Personen und Zeiten verändert. Sie stehen im Infinitiv (Grundform), z. B. gehen. In der Vorgangsbeschreibung müssen sie konjugiert werden, z. B.: *ich gehe, du gehst ...*

18b Wie man Orangenrouladen zubereitet: Verbesserungsvorschlag (S. 29)

A. Bevor man mit der Zubereitung des Teiges beginnt, muss der Backofen auf 180 °C (Gas Stufe 4) vorgeheizt und eine flache Backform mit einer doppelten Lage Alufolie ausgelegt und gut eingefettet werden.

B. Zunächst trennt man das Eigelb vom Eiweiß, rührt die Eidotter, den Zucker und die Orangenschale in einer Schüssel zu einer dicken Masse und hebt das gesiebte Mehl unter. Anschließend wird das Eiweiß steif geschlagen. Ein Löffel des Eischnees ist nun unter die Dottermasse zu heben, die man dann auf den Eischnee gibt und sorgfältig einrührt.
Der fertige Teig wird in das vorbereitete Backblech gegeben und glatt gestrichen. Nach 30 Minuten nimmt man dieses aus dem Backrohr und bedeckt es sofort mit einem feuchten Küchentuch.
Jetzt ist ein Stück Alufolie dick mit Puderzucker zu bestreuen und der kalte Kuchen darauf zu stürzen. Anschließend zieht man die Alufolie in langen Streifen ab.
Nachdem das geschehen ist, bereitet man die Füllung des Kuchens vor. Dazu schlägt man Sahne, die je nach Geschmack gesüßt werden kann, in einer Schüssel und gibt langsam den Orangensaft zu. Ist die Sahne steif, streicht man sie auf den Kuchenboden; etwas Sahne sollte man aber zum Verzieren aufheben.
Nun wird die Roulade gerollt und auf eine Kuchenplatte gelegt.

C. Abschließend kann man das Backwerk noch verzieren. Entlang der Seiten werden Sahnerosetten gespritzt und die Roulade mit Orangenstückchen verziert.
Mit Himbeersoße verzehrt, schmeckt dieser Kuchen vorzüglich.

Lösungen

19 | Wie man „Stadt, Land, Fluss" spielt: Spielanleitung (S. 31)

A. Stadt, Land, Fluss ist ein Spiel, das an langweiligen Herbst- und Winterabenden eine willkommene Abwechslung bietet und gleichzeitig die Allgemeinbildung verbessert. Mitspielen können Kinder ab 7 Jahren, die Teilnehmerzahl ist nicht streng festgelegt; es sollten allerdings mindestens zwei und höchstens zehn sein, da ansonsten das Spiel zu lange dauert und langweilt.

B. Man benötigt pro Spieler ein Blatt Papier und einen Stift und unterteilt das Blatt in fünf gleich breite und eine etwas schmalere Spalte. Nun einigen sich die Mitspieler darauf, welche Oberbegriffe sie auswählen, z. B. Stadt, Land, Fluss, Name und Pflanze. Über jede Spalte wird dann jeweils einer der Oberbegriffe, über die letzte „Punktzahl" geschrieben.

Nun kann man mit dem eigentlichen Spiel beginnen. Ein Teilnehmer, der durch Würfeln ermittelt wird, beginnt das Alphabet aufzusagen, wobei er den ersten Buchstaben laut ausspricht, sodass jeder weiß, wann er beginnt, die übrigen in Gedanken durchgeht. Ein anderer Spieler unterbricht ihn dabei, indem er „Halt" oder „Stopp" ruft. Der Buchstabe, bei dem er unterbrochen wurde, wird jetzt laut bekannt gegeben. Sofort beginnen alle Spieler passende Unterbegriffe mit diesem Anfangsbuchstaben in die Spalten zu schreiben, aber jeweils nur einen pro Spalte und Runde. Ein Beispiel soll dies verdeutlichen. Wurde das Alphabet bei D unterbrochen, so ist nun von allen Mitspielern eine Stadt mit D, also beispielsweise Düsseldorf, ein Land, z. B. Dänemark, ein Fluss, z. B. Donau etc. einzutragen. Wer zuerst fertig ist, ruft „Halt". Nur bereits angefangene Wörter dürfen jetzt noch zu Ende geschrieben werden. Dann werden die Begriffe überprüft und bepunktet. Hat nur ein einziger Spieler ein Wort zu einem Oberbegriff gefunden, erhält er 20 Punkte. Für jedes richtige Wort, das kein anderer hat, gibt es 10 Punkte. Wenn mehrere Teilnehmer dasselbe Wort haben, gibt es lediglich 5 Punkte. Die Anzahl der Punkte wird nach jeder Runde addiert und in die Punktespalte eingetragen.

C. Dann beginnt der nächste Durchgang. Im Prinzip kann man so lange spielen, wie die Teilnehmer Lust dazu haben. Zum Schluss werden die Punkte der einzelnen Spielrunden zusammengezählt; Sieger wird, wer die höchste Punktzahl hat.

Dieses Spiel ist nicht nur interessant, es bereitet auch unheimlich viel Spaß. Vor allem wenn „unmögliche" Wörter aufgeschrieben worden sind, hat man viel zu lachen.

Lösungen

Personenschilderung

20 | Personenbeschreibung von Florence Griffith Joyner (S. 35/36)

Hier gibt es kein starres Schema; bei der Personenbeschreibung ist deine Kreativität gefragt; es ließe sich auch eine andere sinnvolle Reihenfolge finden.

A. Einleitung: Einführung in die Situation
- Leichtathletikfan
- in München die Gelegenheit, internationale Spitzenstars bei Wettkämpfen zu bewundern
- Karte für das große Ereignis im Olympiastadion, damit ich mein Vorbild und Idol Florence Griffith-Joyner aus nächster Nähe bewundern kann
- 100-m-Lauf

B. Hauptteil:

Angaben zur Person
- Florence Griffith-Joyner
- Leichtathletin
- Olympiasiegerin

Aussehen
- dunkelhäutige Schönheit
- groß gewachsene Athletin
- schwarze Lockenpracht, mit einem goldenen Band zu einem Pferdeschwanz zusammengebunden
- auffälliges Make-up

Kleidung und Schmuck
- modebewusst
- Trainingsanzug
- goldene Kreolen als Ohrringe

Verhalten in einer bestimmten Situation, verknüpft mit Aussehen, Eigenheiten und Charakter
- kraftvolle Bewegungen
- einige Probestarts
- besonderes Markenzeichen: fünf Zentimeter lange, gebogene, lila und rot lackierte Fingernägel mit kleinen funkelnden Steinen im Lack
- Konzentration auf den bevorstehenden Lauf
- verstellt den Startblock noch einmal

Lösungen

- zieht ihren Trainingsanzug aus
- zwei goldene Kettchen und ein bunter Reif
- muskulöse Arme
- Schultern und Oberkörper
- fast maskulin
- lange und kräftige Sprinterbeine
- schnürt ihre Spikes noch einmal fester
- einteiliger Rennanzug in Pink und Gold
- siegesgewiss
- peitschender Knall des Startschusses
- sie schnellt nach vorne
- spurtet in schnellen Schritten
- bei der Hälfte deutlicher Vorsprung
- ihr Gesichtsausdruck ist angespannt
- der Mund halb offen
- beim letzten Schritt wirft sie beide Arme nach oben
- lächelt strahlend,
- Königin des Sprints
- Ehrenrunde, einige Handküsse in die Menge

Gesamteindruck
- Ausnahmeathletin
- Idol aller jugendlichen Leichtathletinnen

Lösungen

21 Wesentliche Aussagen über „... seine Tochter" aus „Der Bajazzo" von Thomas Mann (S. 37)

... seine Tochter	Aussagen über ihr Äußeres	Aussagen über ihr Wesen
sitzt interessiert und lebhaft vorgebeugt, beide Hände, in denen sie ihren Fächer hält, auf dem Sammetpolster. Dann und wann macht sie eine kurze Kopfbewegung, um das lockere, lichtbraune Haar ein wenig von der Stirn und den Schläfen zurückzuwerfen. Sie trägt eine ganz leichte Bluse aus heller Seide, in deren Gürtel ein Veilchensträußchen steckt, und ihre schmalen Augen blitzen in der scharfen Beleuchtung noch schwärzer als vor acht Tagen. In jedem Augenblick setzt sie ihre weißen, in kleinen, regelmäßigen Abständen schimmernden Zähne auf die Unterlippe und zieht das Kinn ein wenig empor. Diese unschuldige Miene, die von gar keiner Koketterie zeugt, der ruhig und fröhlich zugleich umherwandernde Blick ihrer Augen, ihr zarter weißer Hals, welcher fast frei ist und um den sich ein schmales Seidenband von der Taille schmiegt ... Es ist eine vornehme und durch elegantes Wohlleben sicher und überlegen gemachte Kindlichkeit, und sie legt ein Glück an den Tag, dem nichts Übermütiges, sondern eher etwas Stilles eigen ist, weil es selbstverständlich ist.	beide Hände halten einen Fächer lockeres, lichtbraunes Haar leichte Bluse aus Seide, Gürtel mit Veilchensträußchen schmale Augen weiße, kleine, in regelmäßigen Abständen schimmernde Zähne, zieht das Kinn ein wenig empor zarter, weißer Hals, fast frei schmales Seidenband	sitzt interessiert und lebhaft vorgebeugt unschuldige Miene, gar keine Koketterie, ruhig und fröhlich zugleich umherwandernder Blick vornehmes, abgemessenes, elegantes Wohlleben gemachte Kindlichkeit, nichts Übermütiges, sondern eher etwas still

Lösungen

22 | Synonyme (S. 40)

a) krank aussehend
unpässlich, kränkelnd, leidend, angegriffen, kraftlos, ausgezehrt, schmal, blass, erschöpft, abgearbeitet

b) gesund aussehend
blühend, frisch, rüstig, lebendig, kraftvoll, braungebrannt

c) nett
freundlich, gütig, weichherzig, verträglich, friedlich, gesellig, aufgeschlossen

d) unfreundlich
unzugänglich, mürrisch, streitsüchtig, unwirsch, jähzornig, unnahbar, hartherzig, hitzig, verschlossen, zugeknöpft

23 | Personenbeschreibung: „Die Siegerin" (S. 43)

A. Selten hat man als Leichtathletikfan in München die Gelegenheit, internationale Spitzenstars bei Wettkämpfen zu bewundern. Deshalb haben mir meine Eltern auch sofort eine Karte für das große Ereignis im Olympiastadion geschenkt, damit ich mein Vorbild und Idol Florence Griffith-Joyner aus nächster Nähe bewundern kann.

B. Als die Sprinterinnen für den 100-m-Lauf aufgerufen werden und den Innenraum betreten, entdecke ich die Olympiasiegerin sofort. Die dunkelhäutige Schönheit ist als modebewusst bekannt und sticht sofort durch einen pinkfarbenen Trainingsanzug heraus. Die groß gewachsene Athletin hat ihre schwarzen Lockenpracht mit einem goldenen Band zu einem Pferdeschwanz zusammengebunden, goldene Kreolen als Ohrringe und ein auffälliges Make-up vervollständigen das Bild. Erst als Griffith-Joyner sich mit kraftvollen Bewegungen in ihrem Startblock niederlässt, um einige Probestarts auszuführen, wird mein Blick auf ihr besonderes Markenzeichen gelenkt: fünf Zentimeter lange, gebogene, lila und rot lackierte Fingernägel mit kleinen funkelnden Steinen im Lack! Trotz dieser Aufmachung ist ihre Konzentration auf den bevorstehenden Lauf sofort sichtbar. Mehrmals probt sie den Start, verstellt den Startblock noch einmal, bevor sie vorsichtig ihren Trainingsanzug auszieht. Zwei goldene Kettchen und ein bunter Reif werden an den Handgelenken der muskulösen Arme sichtbar. Die Schultern und der Oberkörper wirken durch das lange und harte Training fast maskulin. Vorsichtig entblößt Florence ihre langen und kräftigen Sprinterbeine, an denen man fast jeden Muskel sehen kann, und schnürt ihre Spikes noch einmal fester, bevor sie sich zum Startblock begibt. In ihrem einteiligen Rennanzug in Pink und Gold wirkt sie beim Lockern vor dem Startkommando wie ein Mannequin unter biederen Sportlerinnen. Alles Spielerische aber fällt von ihr ab, als der Starter die Läuferinnen in die Startblöcke bittet. Die Finger nach innen gekrümmt, um die wertvollen Schmuckstücke von Fingernägeln zu schützen, stützt sie sich an der Startlinie ab. Siegesgewiss geht ihr Blick noch einmal zum Ziel. Auf den peitschenden Knall des Startschusses schnellt sie nach vorne und spurtet mit schnellen Schritten die Bahn herunter. Bereits bei der Hälfte hat sie einen deutlichen Vorsprung, ihr Gesichtsausdruck ist angespannt, der Mund halb offen, der Blick nur auf das Ziel ausgerichtet. Wer sollte sie besiegen können? Schon beim letzten Schritt wirft sie beide Arme nach oben und lächelt den jubelnden Zuschauern strahlend zu. Erst jetzt bemerkt sie ihre geschlagenen Konkurrentinnen, schenkt ihnen ein kleines Nicken mit dem Kopf, dann ist sie sofort wieder die Königin des Sprints, die ihren Triumph auskostet. Bei der Ehrenrunde wirft sie huldvoll einige Handküsse in die Menge und zum krönenden Abschluss sogar ihren Siegesstrauß hinterher.

C. Wer wie ich diese Ausnahmeathletin so nah hat erleben dürfen, vergisst dieses Bild nicht so schnell. Schönheit und Schnelligkeit machen Florence Griffith-Joyner zum Idol aller jugendlichen Leichtathletinnen.

24 Personenbeschreibung: „Die Ertappte" (S. 43)

A. Meine Freundin, die ich heute besuchen will, wohnt in einem großen Mietshaus. Als ich die Eingangstüre zum Treppenhaus öffne, bemerke ich eine huschende Bewegung in die Ecke zum Kellerabgang. Neugierig sehe ich nach, wer da so schnell vor mir flüchtet.

B. Mit weit aufgerissenen braunen Augen blickt mich ein kleines Mädchen erschrocken an. Den Kopf mit den langen schwarzen Haaren, die von

Lösungen

einer großen Satinschleife zu einem Pferdeschwanz gebändigt sind, hält es leicht gesenkt, verschämt lugt es zu mir und steckt dann entschlossen einen mit Marmelade verschmierten Finger in das kleine Mündchen. Mit ihrer Stupsnase und einigen munteren Sommersprossen sieht die kleine Naschkatze richtig niedlich aus. Die etwa Vierjährige, die mir gerade bis zum Nabel reicht, versteckt jedoch das Konfitüreglas mit der anderen Hand weiter hinter dem Rücken, obwohl kleine Marmeladenflecken auf dem weißen Kragen des dunkelblauen langärmeligen Samtkleides sie als Naschkatze verraten. Als ich sie anlächle, fühlt sie sich sicher und bringt das Konfitüreglas langsam nach vorne. Mit dem Zeigefinger fährt sie schnell hinein und leckt ihn dann genüsslich ab. Ein kleiner weißer Scotchterrier sitzt neben ihr und blickt neidvoll zu ihr auf, er würde zu gerne etwas von der süßen Versuchung abhaben. Selbstsicher beendet die Kleine ihr Schleckarbeit und schaut mich fast vorwurfsvoll an, als wollte sie sagen: „Warum störst du mich?"

C. Belustigt drehe ich mich um und steige die wenigen Stufen zur Wohnung meiner Freundin hinauf. Dabei gehen mir Bilder durch den Kopf, wie ich als kleines Mädchen diesen verbotenen Leckereien ebenfalls nicht widerstehen konnte.

Lösungen

Bildbeschreibung

25 Unterschiedliche Farbbezeichnungen für „**gelb**" und „**blau**" (S. 51)

gelb:
zitronengelb, sonnengelb, goldgelb, dottergelb, leuchtend gelb, maisgelb ...

blau:
himmelblau, azurblau, meeresblau, kobaltblau, königsblau, preußischblau, strahlend blau, aquamarinblau ...

26 Anschauliche und sprachlich ansprechende Formulierungen zu den angegebenen Sätzen (S. 52)

a) **Der Himmel ist blau.**
- Azurblau nimmt der Himmel die obere Hälfte des Bildes ein.
- Der Himmel erstrahlt in leuchtendem Blau.
- Immer wieder wundert es mich, wie die Maler dieses wunderschöne und immer unterschiedliche Blau des Himmels so gut treffen.
- Strahlend blauer Himmel dominiert das ganze Bild.
- Ein angenehmes Sommergefühl vermittelt auch der blaue Himmel.
- Eiseskälte erweckt das kalte Blau des Himmels.

b) **Im Hintergrund ist ein Hügel zu sehen.**
- In der Tiefe des Bildes ist noch ein Hügel zu erkennen.
- Nach der Wiese erstreckt sich noch ein kleiner Hügel.
- Weich zeichnen sich die Konturen eines Hügels im Hintergrund ab.
- Zwei Menschen erklimmen den steilen Hügel hinter der Wiese.
- In der Bildmitte schlängelt sich ein Bach um die Ausläufer eines Hügels.

c) **Auf der Wiese sind Blumen.**
- Die Wiese ist wie gesprenkelt durch die vielen bunten Blumen.
- Bunte Blumen blühen auf der Wiese.
- Die Wiese leuchtet in dem kräftigen Gelb des Löwenzahns.
- Rote, gelbe, rosa und violette Blumen gedeihen auf der Wiese.
- Übersät mit einer großen Zahl von bunten Blumen liegt die Wiese am Hang.

d) **Am Ufer stehen zwei Menschen.**
   - Zwei Menschen betrachten den See.
   - Am rechten Ufer sind zwei Menschen gerade in ein Gespräch vertieft.
   - Etwas verträumt wirken die Menschen am rechten Ufer des Sees.
   - Was die beiden Personen am Seeufer wohl denken?
   - Die Abendsonne genießen auch noch die beiden Personen am See.

e) **Ich sehe auf dem Bild einen Bauern am Feld.**
   - Ein Bauer betrachtet gerade die frisch aufgegangene Saat auf seinem Feld.
   - Der Bauer macht noch einen Rundgang um sein Feld.
   - Der Bauer auf dem Feld ist ganz in seine Arbeit vertieft.
   - Zu einer kurzen Pause mitten auf dem Feld stützt sich der Bauer auf seinen Rechen.
   - Nachdenklich blickt der mitten im Feld stehende Bauer in den Himmel.

f) **Die Frau hat einen bunten Rock mit einer weißen Bluse an.**
   - Die junge Frau trägt einen bunten Rock und eine weiße Bluse.
   - Die weiße Bluse und der bunte Rock der Frau heben sich frisch gegen den tristen Hintergrund ab.
   - Die Tracht der jungen Frau besteht aus einem bunten Rock und einer weißen Bluse.
   - Sehr geschmackvoll sehen der bunte Rock und die weiße Bluse der Frau aus.

g) **Am Himmel sind dunkle Wolken zu sehen.**
   - Düster wirken die tief ins Tal hängenden dunklen Wolken.
   - Gefahr deuten auch die dunklen Wolken am Himmel an.
   - Fast Furcht einflößend und drohend stehen die dunklen Wolken am Horizont.
   - Wie eine Drohung erscheinen die dunklen Wolken am Himmel.
   - Die dunklen Wolken lassen die Atmosphäre bedrohlich wirken.

Lösungen

27a ERNST LUDWIG KIRCHNER: Kaffeetisch

A. Der Maler Ernst Ludwig Kirchner lebte von 1880–1938 in Dresden, Berlin und Davos. Neben seinen Bildern über das Großstadtleben und die Gebirgswelt schuf er auch noch Bilder aus dem bürgerlichen Milieu. Ein Beispiel dafür ist das mit Ölfarben auf Leinwand gemalte Bild „Kaffeetisch". Dieses Gemälde befindet sich in Essen im Museum Folkwang.

B. Eine hell- und dunkelgrün gestreifte Tapete ziert die hintere Zimmerwand, die die Bildmitte einnimmt. Fenster mit gelbem Rahmen und Sprossen flankieren diese Wand. Weiße Spitzenstores, die zurückgebunden sind, verhindern einen Blick ins Freie. Den Mittelpunkt bildet der „Kaffeetisch", an dem fünf Personen Platz genommen haben. Links auf der violett gepolsterten Eckbank sitzt eine etwa 40-jährige Frau mit ihrem Sohn. Sie trägt ein schickes Kostüm in sattem Grün. Der konzentrierte Gesichtsausdruck und die zu einem Dutt aufgesteckten Haare verleihen ihr einen etwas strengen Ausdruck. Gemildert wird dieser durch die liebevolle kleine Hand des Jungen, der die Hände seiner Mutter berührt. Die leichte Stupsnase und die roten Haare fallen einem gleich ins Auge. Er trägt ein pinkfarbiges T-Shirt.

Das blonde Mädchen mit den lustigen Zöpfen und der roten Bluse, das links von ihm sitzt, scheint seine Schwester zu sein. Wie beschwörend legt sie ihre kleine Hand auf ihre Brust. Sie sieht mit hochroten Wangen zu einer etwas älteren Frau links neben ihr. Um zu verstehen, was ihr der Blondschopf zuflüstert, hält diese ihre Hand ans Ohr, wobei ihr Ellbogen angewinkelt ist. Sie wischt dabei ihren dunklen, zu einem Pagenschnitt geschnittenen Haare zurück. Ein elegantes grünes Kostüm mit einem gelb-schwarz gestreiften Kragen gibt ihr ein würdiges Aussehen.

Der Vater sitzt auf einem Stuhl mit roter Lehne. Seine rote Nase sticht dem Betrachter sofort ins Auge. Auffällig ist auch die grüne Farbe seines Pullovers. Der angewinkelte Arm verrät, dass er heftig gestikulierend spricht. Man scheint in ein interessantes Gespräch verwickelt. Dazu hat man sich an einem Kaffeetisch versammelt.

C. Dieses Gemälde von Ernst Ludwig Kirchner lebt von den kräftigen Farben Rot, Gelb und Grün. Es ist zwar farbenprächtig, aber trotzdem wirkt es auf mich bedrückend. Warum das so ist, kann ich nicht in Worte fassen.

Lösungen

> **27b** PIETER BRUEGHEL D. Ä.: **Das Schlaraffenland**

A. Das Gemälde „Schlaraffenland" wurde von Pieter Brueghel d. Ä. (1530–1569) geschaffen. Heute ist es in der Bayerischen Staatsgemäldesammlung in München zu sehen. Es hat bei mir einen besonderen Eindruck hinterlassen.

B. Mittelpunkt des Gemäldes bildet ein bis zur Hälfte sichtbarer kahler Baum, dessen Stamm als Fuß für den provisorisch errichteten Tisch aus einer runden Holzplatte dient. Benutztes Geschirr aus Holz, ein umgekippter Tonkrug und ein nicht mehr verspeistes Hähnchen liegen auf dieser schrägen Fläche. Drei wohlgenährte Männer ruhen unter dem Baum. Ein in beiger Hose und weißem Pullover gekleideter Mann, der auf einem eichenfarbenen Dreschflegel liegt, nimmt das linke untere Viertel ein. In der oberen linken Ecke ist eine Frau in der damaligen Tracht mit einem Kopftuch zu erkennen. Sie schaut aus einem Haus, das mit bunten Lebkuchen gedeckt ist. Davor gönnt sich ein Uniformträger mit einer roten Pumphose eine Ruhepause von dem reichhaltigen Mahl. Das Bild scheint oben von einem weiten Meer begrenzt, auf dem ein kleines Boot tanzt. Ein brauner, geflochtener Zaun, dessen Abschluss ein kleiner Laubbaum bildet, umrahmt die Insel des unaufhörlichen Essens. Auf einem weißen Tischtuch, das einen deutlichen Kontrast zu der bräunlichen Erde bildet, steht ein Zinnteller mit Gebratenem. Hinter diesem Tuch ragt ein verkrüppelter Baum empor, auf dem ein Gnom sein Unwesen treibt. Rechts davor läuft ein mit Messer und Gabel gespicktes Schwein aus dem Bild. Es wartet nur darauf, verzehrt zu werden. Der dritte der um den Baum liegenden Männer kommt jetzt ins Bild. Er starrt mit aufgerissenen Augen ins Leere. Ein schwarzer Gürtel hält seine pinkfarbene, über dem Bauch geöffnete Hose. Darüber trägt er einen Mantel, dessen Innenfutter ein kostbarer Pelz zu sein scheint.
Auf dem mit verschiedenen Grüntönen gestalteten Boden im Bildvordergrund rennt ein Ei, das, der Bequemlichkeit halber, schon aufgeschlagen ist und einen Löffel enthält. Kurz gesagt, auf dem Bild ist das wahre „Schlaraffenland" zu sehen.

C. Pieter Brueghel verwendet für dieses Werk warme und gedämpfte Farben, sodass es zu einer echten Augenweide wird. Der Künstler stellt aber auch ein Zeugnis für die Wünsche der Menschen im 16. Jahrhundert dar.

Lösungen

27c PABLO PICASSO: **Die Akrobatenfamilie**

A. Der erfolgreiche Maler, Grafiker und Bildhauer Pablo Picasso, der 1905 „Die Akrobatenfamilie" malte, wurde am 25. 10. 1881 in Malaga, einem spanischen Dorf, geboren. Er starb 1973. Sein Hauptwohnsitz war in Frankreich, wo er mit Georges Braques den Kubismus schuf. Picassos wohl berühmteste und schönste Werke sind: „Guernica", „Das Mädchen mit der Taube" und „Die Mädchen von Avignon".

B. Das Ölgemälde zeigt eine dreiköpfige Akrobatenfamilie, die aus einem Mann, seiner neben ihm sitzenden Frau und einem Kind, das sie in den Armen hält, besteht. Liebevoll, aber auch etwas besorgt, sehen die jungen Eltern auf ihr Söhnchen. Mit diesem Blick führt uns der Maler zum Mittelpunkt des Bildes, dem ca. ein Jahr alten, im Schoß seiner Mutter liegenden Kind, das unbeholfen seine rechte kleine Hand zu dem zierlich wirkenden Gesicht der Frau hinaufstreckt, die ihren kleinen Mund spitzt, um den Buben zu küssen. Die leicht gesenkten Augenlider, der kunstvoll nach oben gesteckte Schopf, das hellblaue, an manchen Stellen fast weiße Trägerkleid und schließlich das grazil angewinkelte Bein verleihen ihr das zerbrechliche Aussehen einer Seiltänzerin. Mit ihrer rechten Hand stützt sie den Kopf des Sohnes, der seine großen, schwarzen Augen dem Betrachter zuwendet. Außer einem weißen Hemdchen, auf dem die zarte Hand der Mutter liegt, trägt er keinerlei Kleidung. Lebhaft strampelt er gegen die Beine der jungen Mutter, wobei er seine kleinen Zehen fest aneinander drückt.
Auch der Mann, eine Art Harlekin, wirkt, grazil und zerbrechlich. Sein Körperbau ist schmal, fast knabenhaft. Nur in der Farbe heben sich seine schwarzen Turnschuhe von den weißen, pastellfarbenen der Seiltänzerin ab. Da sich die aprikotfarbene Kleidung kaum von der Fleischfarbe der Beine unterscheidet, kann man schlecht erkennen, ob er ein Kostüm oder nur ein eng anliegendes Hemd trägt. Den Kragen seines Kleides zieren weiße, neben- und übereinander liegende Fransen. Ein orangefarbener Napoleonhut bedeckt den leicht gebeugten Kopf. Am Rand des Hutes schauen ein paar braune Haare hervor, die seine Ohren zum Teil bedecken. Besonders auffallend sind die spitze Nase und das ebenfalls spitze Kinn. Auch er hält seine Lider gesenkt und sein geschlossener Mund ist etwas nach vorne geschoben. Picasso grenzt die Familie durch gut erkennbare Umrisse stark vom Hintergrund ab. Aufgrund der hellen Pastelltöne

strahlt die Familie Geborgenheit, Liebe und Wärme aus, während allerdings die in Blautönen gehaltene Wand Kälte und Bedrängnis vermittelt. Rechts im Bild kauert ein dunkelbrauner Affe auf einem roten Teppich. Sein Blick, den er der Familie zuwendet, signalisiert eine enge Verbundenheit mit der Familie.

C. Auch nach langem Betrachten des Bildes bin ich der Meinung, dass dieses Gemälde ein gelungenes Werk Picassos ist, da es das ausstrahlt, was uns der Maler wahrscheinlich vermitteln wollte: Die Geborgenheit in dieser Familie kann nicht durch die Umwelt gestört werden, da ein Zusammenhalt sichtbar wird.

Lösungen

27d KÄTHE KOLLWITZ: Hunger

A. Käthe Kollwitz, eine berühmte deutsche Malerin und Grafikerin der Jahrhundertwende, fertigte die ergreifende Kohlezeichnung mit dem Titel „Hunger". Auf diesem Bild stellt sie das Schicksal der Menschen im 19. Jahrhundert dar.

B. Große, dunkle Haarschöpfe bilden einen starken Gegensatz zu den einzelnen dünnen Strähnen des Mädchens, das uns im Bildvordergrund den Rücken zuwendet.
Dem Betrachter fallen sofort die erschrocken blickenden, schwarzen Augen der Kinder auf. Diese Augen liegen tief in den Höhlen und zweigen große Anstrengung und Übermüdung. Aus ihnen sprechen Angst und Bedrängnis. Die Kleinen wirken verstört, von einem harten Schicksal arg getroffen. Sie haben ihre Köpfe in den Nacken gelegt und blicken nach rechts, auf etwas, was Käthe Kollwitz wohl bewusst ausgespart hat.
Die Stupsnasen und Münder der Jungen und Mädchen wirken kindlich im Gegensatz zu ihren ernsten Gesichtsausdrücken. Eines der drei Kinder hat die Lippen leicht geöffnet und schaut fragend nach oben.
Bittend strecken sie kleine, runde Schüsseln empor, die gefüllt werden sollen. Das Mädchen im Vordergrund möchte auch etwas von der Mahlzeit abbekommen; es drängt sich mit seinem Schüsselchen nach vorne und die zu kurz gewordenen Ärmel des Kleides zeugen von großer Armut.
Zwei leere Gefäße am linken oberen Bildrand vermitteln den Eindruck, dass noch eine große Schar hungernder Kinder nachdrängt.

C. Käthe Kollwitz stellt in ihrer Grafik das Schicksal und Elend der Menschen in ihrem vollen Ausmaß dar und appelliert an das Mitgefühl ihrer Zeitgenossen. Dieser Appell trifft aber auch uns, wenn wir an die Kinder in Afrika und Asien denken.

Lösungen

Protokoll

28 Indirekte Rede (S. 61)

Die Mutter berichtet dem Vater:
Petra hat vorhin angerufen, sie *sei* im Schwimmbad von Cham. Das Wetter *sei* heiß und sie *fühle* sich ganz prima. Claudia und Helga *seien* auch dort. Sie *hätten* ihr Federballspiel mitgebracht. Sie *hätten* auch schon gespielt. Claudia und Helga *blieben* bis neun Uhr. Sie fragte, ob sie auch so lange bleiben *dürfe* und ob ich damit einverstanden *sei*. Sie *könnten* ja mit dem Bus um neun Uhr zurückfahren. Sie *würde* sich sehr freuen, wenn es *ginge*.

29 Konjunktiv (S. 61)

Vater behauptet, der Frühling *sei* gekommen.
Herr Meier *habe* einen Unfall gehabt.
die Oper *beginne* um 20.00 Uhr.
alte Liebe *roste* nicht.
ich *müsse* meine Hausaufgabe machen.
München *biete* viel Interessantes.

30 Konjugation von „sein" und „haben" im Präsens (S. 61)

	Indikativ		Konjunktiv	
Ich	bin	habe	sei	habe
Du	bist	hast	seist	habest
Er	ist	hat	sei	habe
Sie	ist	hat	sei	habe
Es	ist	hat	sei	habe
Wir	sind	haben	seien	haben
Ihr	seid	habt	seid	habet
Sie	sind	haben	seien	haben

31 Protokoll zur Deutschstunde vom 22. März 1996, 3. Stunde. Thema: Besprechung des Gedichts: „Frühling" von Gerrit Engelke (S. 66)

Albert-Einstein-Realschule, Waldmünchen, Langer Weg 3
Niederschrift über die Deutschstunde
am: 22.03.1996
von: 9.30 Uhr–10.15 Uhr
Sitzungsraum: Klassenzimmer Nr. 36
Leitung: Deutschlehrer H. Schweiger
Protokollführerin: Tobias Groß
Anwesend: 23 Schülerinnen der Klasse 8 d
Abwesend: Keiner
Anlagen: Keine

Tagesordnung:
Top 1 Organisatorisches
Top 2 Einstieg mit Musik
Top 3 Erarbeitung des Textes
Top 4 Festhalten des Ergebnisses
Top 5 Hausaufgabe

zu Top 1
Herr Schweiger informiert die Klasse 8 d über den Stoff der folgenden Stunden: Es wird die Literaturgeschichte des 18. Jahrhunderts behandelt. Um die Epoche der Aufklärung besser zu verstehen, lesen wir als Klassenlektüre das Lustspiel „Minna von Barnhelm oder das Soldatenglück" von Gotthold Ephraim Lessing.

zu Top 2
Die Thematik der heutigen Stunde wird mit einem Musikstück von Vivaldi aus den „Vier Jahreszeiten" eingeleitet. Nigel Kennedy spielt auf der Violine. An der Leichtigkeit und der Verspieltheit der Melodie erkennen wir, dass es sich um den Frühling handelt. Dies benutzt der Lehrer als Überleitung zum Thema der heutigen Stunde, dem Frühlingsgedicht „Der Frühling" von Gerrit Engelke.

zu Top 3
Unser Deutschlehrer trägt das Gedicht vor und erarbeitet mit der Klasse die Kernaussage, die formalen Kennzeichen und die Entstehungsgeschichte. Besonderen Wert legt er auf die Wortwahl im Gedicht. Wir müssen die Wörter unterstreichen, die die Natur besonders beschreiben.

Lösungen

zu Top 4
Unsere Ergebnisse werden als Tafelbild festgehalten. Ferner schreiben wir uns noch Strophenzahl, Verszahl, -länge und das Reimschema auf. Wir übertragen dann die Tafelanschrift ins Heft.

zu Top 5
Als Hausaufgabe ist das Gedicht ins Gedichtheft zu übertragen und die wesentlichen Ergebnisse sind zu überdenken und zu lernen. Wir sollen auch noch üben, das Gedicht betont vorzutragen.

H. Schweiger   *Tobias Groß*

H. Schweiger   Tobias Groß
Vorsitzender   Protokollführer

---

32   **Protokoll zur letzten Englischstunde: Gestaltung des Protokollkopfes und Ausführung der Tagesordnungspunkte (S. 66)**

Mädchenrealschule Niedermünster, Regensburg, Alter Kornmarkt 5

Niederschrift über die Englischstunde
am: 18. 04. 97
von: 8.00 Uhr – 8.45 Uhr
Sitzungsraum: Klassenzimmer Nr. 43
Leitung: Herr Schmidbauer, Englischlehrer
Protokollführerin: Magda Becher
Anwesend: 22 Schülerinnen, Klasse 8 d
Abwesend: Susanne Raab
Entschuldigt: Susanne Raab
Unentschuldigt: Keiner
Anlagen: Keine

Tagesordnung:

                     Top 1 Organisatorisches, Bericht der SMV
                     Top 2 Verbesserung der Hausaufgabe
                     Top 3 Erteilung der neuen Hausaufgabe
                     Top 4 Eintrag ins Vokabelheft
                     Top 5 Bearbeitung eines Dialogs
                     Top 6 Grammatik
                     Top 7 Übungsaufgaben

zu Top 1
Eva und Kerstin, zwei Mitschülerinnen, berichten uns über die gestrige SMV-Sitzung. Sie informieren über den Verlauf und das Ergebnis des Schulfaschings, der am „Unsinnigen Donnerstag" stattgefunden hat. Außerdem sucht die SMV Schülerinnen, die für den anstehenden Elternsprechtag Kuchen backen. Vier Schülerinnen melden sich freiwillig. An die Aktion „Schöneres Klassenzimmer" wird erinnert.

zu Top 2
Als Hausaufgabe hatten wir die Verbesserung unserer dritten Englischschulaufgabe auf. Die Sätze werden von verschiedenen Schülerinnen vorgetragen und von Herrn Schmidbauer verbessert. Er steht auch noch für Fragen zur Schulaufgabe zur Verfügung.

zu Top 3
Als neue Hausaufgabe bekommen wir die Korrektur der Grammatik- und Rechtschreibfehler auf. Die falsch geschriebenen Wörter sollen wir neu und richtig ins Hausaufgabenheft eintragen.

zu Top 4
Die Wörter, bei denen die meisten Fehler gemacht wurden, hier z. B. bye, buy, by, werden vom Lehrer an die Tafel geschrieben und erklärt. Wir übertragen sie dann in unser Vokabelheft.

zu Top 5
Herr Schmidbauer leitet durch die Bearbeitung eines Dialogs zur neuen Grammatik über. Wir hören uns den Dialog an, danach wird der Text mit verteilten Rollen von Mitschülerinnen vorgetragen. Der Englischlehrer erklärt die neuen Wörter.

zu Top 6
Der neue Grammatikstoff befasst sich mit den Fragesätzen. Wir unterstreichen die Regeln im Buch und wenden diese praktisch an. Herr Schmidbauer erklärt uns den Unterschied zwischen Entscheidungsfragen und den Fragesätzen mit Fragewörtern. Auf die Zusammenfassung im Buch wird dann gesondert verwiesen.

zu Top 7
Als Übung bilden wir nun Fragen, bestimmen die Art der Sätze und übersetzen sie. Wir halten diese im Schulheft fest. Der Gong beendet die Stunde.

Walter Schmidbauer   *Magda Becher*

Walter Schmidbauer   Magda Becher
Leitung   Protokollführerin

Lösungen

33 Ergebnisprotokoll zur letzten Deutschstunde (S. 66)

Knabenrealschule Schwandorf
Niederschrift über die Deutschstunde
am: 97-03-06
von: 8.45 Uhr–9.30 Uhr
Sitzungsraum: Klassenzimmer Nr. 09
Leitung: Herr Dietz, Deutschlehrer
Protokollführerin: Gallus Simon
Anwesend: 32 Schülerinnen der Klasse 8 a
Abwesend: Keiner
Anlagen: Keine

Tagesordnung:
　　　　　Top 1 Organisatorisches
　　　　　Top 2 Frühling
　　　　　Top 3 Gedichtvortrag
　　　　　Top 4 Besprechung des Gedichts
　　　　　Top 5 Besprechung des äußeren Aufbaus
　　　　　Top 6 Inhalt
　　　　　Top 7 Betontes Lesen durch eine Schülerin
　　　　　Top 8 Lebenslauf des Dichters
　　　　　Top 9 Hausaufgabe

zu Top 1
Da wir heute wegen der Schulaufgabe auch während der Pause arbeiten, verlegen wir diese in die vierte Stunde.

zu Top 2
Unser Deutschlehrer weist uns auf die momentane Jahreszeit hin und wir stellen gemeinsam fest, dass die Natur zu leben beginnt und die Menschen glücklich sind. Für praktizierende Christen hängt die „Auferstehung" der Natur auch mit dem höchsten christlichen Fest „Ostern" zusammen.

zu Top 3
Herr Dietz liest uns ein Gedicht vor, dessen Titel wir noch nicht erfahren.

zu Top 4
Wir besprechen den Text nun gemeinsam. Im Mittelpunkt stehen der Frühling und die „Auferstehung des Herrn". Nun wird eine Überschrift gesucht. Wir einigen

uns auf „Osterspaziergang". Das Gedicht heißt tatsächlich „Der Osterspaziergang" und stammt aus der Feder von Johann Wolfgang von Goethe.

zu Top 5
Es besitzt nur eine Strophe und hat 36 Verse. Vorwiegend verwendet der Dichter Paarreime. Aber auch Kreuzreime, umfassende Reime und Stabreime finden wir.

zu Top 6
In diesem Gedicht beschreibt Faust seinen Spaziergang durch die Natur. Er kann sich entspannen beim Anblick der Natur, Hoffnung beginnt in ihm zu keimen. Doch plötzlich kehrt der Winter zurück und somit werden auch die Gedanken wieder trüber. Allerdings gelingt es ihm nicht, sich lange zu halten. Das zeigt sich auch an den Menschen, denn sie sind glücklich und zufrieden. Wir übertragen nun diese Inhaltsangabe und die Tafelanschrift ins Heft.

zu Top 7
Anschließend liest unser Mitschüler Martin das Gedicht noch einmal betont der Klasse vor.

zu Top 8
Den Lebenslauf des Dichters J. W. von Goethe erhalten wir als Kopie, wir unterstreichen die wichtigsten Informationen. Der Dichter ist 1749 in Frankfurt am Main geboren und 1832 in Weimar gestorben. Wir markieren uns auch einige seiner bedeutendsten Werke.

zu Top 9
Die Hausaufgabe für Dienstag, den 18. 03. 97 besteht darin, das Gedicht ins Gedichtheft einzutragen und zu lernen.

Dietz *Simon Gallus*
Dietz Simon Gallus
Vorsitzender Protokollführer

Lösungen

Persönliches Schreiben

34a Postkarte: Anmeldung zu einem Kurzbesuch bei einem Freund (S. 70)

Regensburg, 4. 7. 1997

Lieber Hannes,

am Freitag, den 9. 7. 97, machen wir einen Schulausflug nach Cham. Wir haben von 12 bis 14 Uhr eine kleine Pause. Wenn du in dieser Zeit zu Hause wärst, würde ich dich gerne besuchen. Ruf mich doch bitte kurz an und gib mir Bescheid, ob es dir passt. Meine Telefonnummer hast du ja. Ich freue mich auf deinen Anruf!
Bis bald,

dein Josef

34b Postkarte: Bitte an einen Freund um die Ausleihe eines Buches (S. 70)

Ansbach, 12. 3. 1997

Lieber Andreas,

ich will dich heute um etwas bitten. Klaus hat mir erzählt, du hättest die gesammelten Werke von Hermann Hesse zu Hause. Mich interessiert vor allem sein Schülerroman „Unterm Rad" Es wäre sehr nett, wenn du mir dieses Buch leihen würdest. Könntest du mir das Buch bitte zuschicken?

Vielen Dank im Voraus,

dein Franz

35 | Geburtstagskarte (S. 70)

Regensburg, 9. 5. 1997

Liebe Angela,
zu deinem 18. Geburtstag
wünsche ich dir, dass dir
vieles von dem gelingt, was
du dir vornimmst. Ich hoffe,
ich habe bald Gelegenheit, dir
persönlich zu gratulieren.
Feiere heute noch schön!

Bis bald, *Maria*

Frau
Angela Frost
Am Anger 3
93049 Regensburg

36 | Brief an eine Freundin (S. 75)

Nürnberg, den 15. 12. 1996

Liebe Laura,

dies ist mein erster Brief aus Nürnberg an dich. Seit gestern sind wir mit dem Umzug endlich fertig. Eine Woche nur zwischen Kartons umherzusteigen macht auch keinen Spaß. Unser Haus ist riesengroß. Ich habe sogar ein Zimmer mit Balkon bekommen. Der Garten ähnelt einem großen Park nach englischem Vorbild. Auf den riesigen Bäumen liegt der Schnee und die Hecke rund um den Garten ist total kahl. Aber im Sommer wird es bestimmt noch schöner als jetzt. Heute war mein erster Schultag. Ich gehe in die 8. Klasse der größten Realschule in Nürnberg. In meiner Klasse sind mit mir 30 Schüler. Als ich am Morgen das Zimmer betrat, kam sofort ein Mädchen, die sich als Melanie vorstellte, auf mich zu und zeigte mir meinen Platz. Ich sitze wieder in der letzten Reihe – wie immer. Anschließend stellte mich Melanie, die übrigens in meiner Nachbarschaft wohnt, den anderen Mitschülern vor. Diese begrüßten mich mit einem kurzen „Hallo" und kümmerten sich dann nicht mehr um mich. Nach dem Unterricht zeigte mir Melanie die Altstadt mit der Fußgängerzone und die sehenswerten Gebäude der

Stadt. Am besten gefiel mir die Burganlage. Wenn man da hinaufsteigt, kommt man am Spielzeugmuseum und dem Dürerhaus vorbei. Diese beiden Sehenswürdigkeiten müssen wir, wenn du einmal kommst, unbedingt besuchen. Nach dem Stadtbummel kam Melanie dann noch mit zu mir nach Hause, wo wir von meiner Mutter toll bekocht wurden.
Wie geht es denn an meiner „alten" Schule? Habt ihr auch „Neue" bekommen? Ich wünschte, ich könnte wieder zurück nach Regensburg, aber ich glaube, die Chancen stehen schlecht. Es ist hier zwar sehr schön, aber trotzdem vermisse ich euch alle, vor allem dich.
Darum möchte ich dich auch herzlich einladen! Du kannst in den Weihnachtsferien einige Tage zu mir kommen, wenn du Lust hast.
Ich freue mich jetzt schon darauf. Einstweilen liebe Grüße

deine Freundin
Monika

37 | Brief an die Eltern aus einem Ferienlager (S. 75)

Heling, den 28. 08. 1997

Liebe Eltern,

vielen Dank für euren Brief. Ich habe ihn gestern Nachmittag erhalten und auch sofort gelesen.
Hier am Rudolfsee ist es wunderschön. Die Herbergseltern verpflegen uns vorzüglich. Der Wecker klingelt jeden Tag pünktlich um 7.30 Uhr und zum Frühstück um 8.00 Uhr gibt es frische Semmeln, Marmelade, Honig, Tee oder Kakao. Auch mit den verschiedensten frischen Müslis kann man sich versorgen.
Mit Steffi, Betty, Geli und Dani teile ich mir ein kleines Zimmer im obersten Stock. Von dort hat man einen herrlichen Ausblick auf die Umgebung und den Rudolfsee. Gestern waren wir am See und nahmen an einer Schifffahrt teil, bei der wir viel Spaß hatten, denn das Wasser spritzte bis zu unseren Füßen hoch. Unsere Laune wurde noch besser, als wir anschließend im See badeten. Das Wasser hatte gut 25 Grad und war sehr angenehm. Etwas erschöpft kamen wir um 18.00 Uhr in der Jugendherberge an.

In den Nächten schlafen wir natürlich nicht sehr viel, da wir immer etwas zum Erzählen haben. Heute Morgen überraschte uns das Wetter, denn es regnete in Strömen, trotz guter Wetterprognosen. Also blieben wir in der Unterkunft und bastelten Überraschungen für zu Hause. Am Nachmittag teilten wir uns in zwei Gruppen auf, die eine übte ein Theaterstück ein und die andere einen Tanz. Steffi, Geli und ich trugen uns für das Theater ein, Betty und Dani gingen zum Tanzen. Am Abend sollte zuerst die Tanzgruppe und dann die Theatergruppe ihr Stück zum Besten geben. Wir waren sehr aufgeregt, doch es klappte wunderbar. In dem Theaterstück wurde mir die Rolle der Großmutter zugeteilt. Meine Aufgabe bestand eigentlich nur darin, auf einen Stock gestützt durchs Zimmer zu hinken und mich ab und zu mit zittriger Stimme in Gespräche einzumischen.
Da es mir hier so gut gefällt und wir uns ausgezeichnet verstehen, wollte ich euch bitten, dass ihr meinen Aufenthalt um eine Woche verlängert. Auch meine Freundinnen wollen noch hier bleiben. Wenn es euch passt, schreibt mir doch bitte und schickt mir Unterwäsche und Socken! Wenn ich Heimweh habe, mache ich es wie jetzt, ich schreibe euch ganz einfach.
Alle meine Zimmergenossinnen schreiben jetzt ebenfalls einen Brief. Wie vertreibt ihr euch die Zeit? Was machen Oma und Opa? Ich vermisse euch schon und freue mich auf euren Brief.
Viele Grüße auch an Johannes,

eure Magdalena

38 Antwortbrief an eine Brieffreundin aus Tunesien (S. 75)

Zeitlarn, den 15. 12. 1996

Liebe Nadine,

ich danke für deine schnelle Antwort auf meinen Brief. Du schreibst, ich solle dir einiges über mich erzählen. Diesen Wunsch will ich dir erfüllen.
Ich wohne in einem kleinen Dorf in der Nähe von Regensburg. Dieser Ort heißt Zeitlarn. Meine Schule befindet sich in Regensburg und ist eine reine Mädchenschule. Sie liegt wunderschön auf einem großen Platz nahe beim Dom. Regensburg ist eine sehr interessante und gut erhaltene mittelalterliche Stadt mit wunderschönen Patrizierhäusern. Patrizier nannte man im Mittelalter die reichen Kaufleute.

Die Schule macht mir sehr viel Freude, Deutsch ist mein Lieblingsfach. Ich komme mit dem Lehrer sehr gut aus, er versteht auch eine Menge Spaß und vor allem schafft er es, uns für sein Fach zu interessieren. Wenn ich nicht gerade in der Schule bin oder lerne, fahre ich mit meinen Rollschuhen spazieren. Meine Hobbys sind außerdem: Ski fahren, Telefonieren, Fernsehen und Schwimmen. Deshalb gehe ich auch einmal wöchentlich ins Schwimmbad, das ganz in der Nähe ist. Was machst du in deiner Freizeit?
Jetzt will ich dir noch etwas über meine Familie erzählen. Meine Mutter arbeitet in einem Notariat und mein Vater bei der Deutschen Bundesbahn. Eigentlich verstehe ich mich schon mit meinen Eltern, wenn sie nur nicht immer etwas an mir auszusetzen hätten. Was sind deine Eltern von Beruf? Geschwister habe ich keine und du? Ein Zwergkaninchen, das ich sehr gerne habe, gehört noch zu unserer Familie. Manchmal nervt es mich schon furchtbar, wenn die Häsin „Hoppeline" alles anknabbert. Was gibt es denn in Tunesien für Haustiere?
Vor meinem Fenster liegt gerade eine Menge Schnee – du kennst wahrscheinlich gar keinen Schnee, oder? Wenn du mich einmal besuchen kommst, solltest du das im Winter tun, um das mitzuerleben.
Eines interessiert mich noch besonders: Wo hast du dein gutes Deutsch gelernt? Ich hoffe, der Brief erreicht dich bald und du schreibst mir zurück. Wenn es dir recht ist, werde ich meinen nächsten Brief in Englisch schreiben, um meine Fremdsprachenkenntnisse zu verbessern.
Viele Grüße an dich und deine Eltern,

deine Brieffreundin Diana

39 | Antwortbrief auf eine Annonce in der Zeitung (S. 75)

Regensburg, den 13. 12. 1996

Sehr geehrter Herr Klug,

als ich am Mittwoch, den 9. 12. 1996 Ihre Annonce in der Mittelbayerischen Zeitung las, machte ich mir wieder Hoffnungen, mein Englisch doch verbessern zu können.
Aber zuerst sollte ich mich vielleicht vorstellen, damit Sie sich ein Bild von mir machen können. Mein Name ist Sandra Erler, ich bin 14 Jahre alt und besuche

die achte Klasse der Mädchenrealschule Niedermünster in Regensburg. Wie schon erwähnt, habe ich ziemliche Probleme im Fach Englisch.
Und nun hoffe ich, dass Sie mir mit Ihrer Erfahrung weiterhelfen können. Bisher konnte ich Ihrer Annonce nur entnehmen, dass Sie qualifizierten Nachhilfeunterricht in Englisch geben. Leider weiß ich noch nicht, ob Sie auch in der Lage sind, Unterricht für die achte Klasse Realschule zu erteilen. Außerdem interessiert mich, wie viel für eine Stunde zu bezahlen ist, ob es sich um eine Schulstunde oder eine ganze Stunde handelt und wo der Unterricht stattfindet. Es wäre sehr nett, wenn Sie mir meine Fragen umgehend beantworten könnten.
Um Ihnen meine Schwächen in Englisch vor Augen zu führen, schreibe ich Ihnen nun, was mir große Probleme bereitet. Schwierigkeiten habe ich bei der Zeitenbildung. Ich weiß nie, wann und wo ich welche Zeit anwenden muss. Unsicher bin ich mir auch bei der Stellung der Satzglieder im Satz. Vielleicht wissen Sie auch noch einen Rat, wie man am effektivsten seine Vokabeln lernt. Nun hoffe ich, dass Sie mir weiterhelfen können und bald auf meinen Brief antworten.

Mit freundlichen Grüßen,

Sandra Erler

Lösungen

Inhaltsangabe

40 Von China nach Byzanz: Wesentliche Gesichtspunkte des Textes sind unterstrichen (S. 84)

Von China nach Byzanz

Frühmittelalterliche Seiden aus der Staatlichen Eremitage St. Petersburg
Bayerisches Nationalmuseum, Prinzregentenstraße 3, D-80538 München, Tel.: 089/21 12 41
bis 26.1.1997 Di.-So. 9.30–17 Uhr

Der Zauber der großen <u>Seidenstraße</u>, die die antiken Kulturen Asiens und Europas miteinander verband, ist schon oft beschworen worden. Faß-
5 bar wird er in der <u>Ausstellung des Bayerischen Nationalmuseums</u>, die auf einzigartige, in der St. Petersburger Eremitage verwahrte Kostbarkeiten zurückgreifen konnte. Die
10 ganze <u>Vielfalt der über die Seidenstraße verhandelten Textilkunst</u> wird anhand von <u>Funden</u> deutlich, die <u>aus Felsengräbern des nordwestlichen Kaukasus</u> stammen.
15 Die vom <u>7. bis 9.</u> Jahrhundert dort lebenden Bergbewohner ließen sich von den auf der Seidenstraße reisenden Händlern Zölle und <u>Bezahlung für geleistete Dienste nicht in</u>
20 <u>barer Münze, sondern in Seidenstoffen</u> entrichten. Auf das <u>Einhüllen in die schönen, farbenprächtigen Gewänder</u> legten die <u>Stammesoberen nicht nur zu ihren Lebzeiten</u>

25 Wert – <u>auch ihre Leichname wurden mit den edlen Geweben geschmückt</u>. Chinesische, sogdische, iranische und byzantinische Seiden haben sich, zu <u>Hauben und Kaftanen</u>
30 verarbeitet oder als <u>Verzierung an Kultgegenständen</u> und sogar an Kinderspielzeug angebracht, in Gräbern aus der „Mumienschlucht" erhalten, wie der Fundort benannte
35 wurde. Beileibe nicht nur zarte Hände wurden von dem schmeichelnden Material verwöhnt, <u>auch Waffen erhielten „seidenen Glanz"</u> [...]. <u>Kriegerische Elemente</u> fanden
40 auch Eingang in die <u>Motivpalette der Seiden</u>, deren Drucke Doppeläxte und Soldaten zeigen oder auch stilisierte Gesichter, Pfauen, Löwen und Lotosblüten. <u>Dokumentiert</u> wird
45 in der <u>Ausstellung der gegenseitige Warenaustausch zwischen Ost und West</u>, der <u>nicht nur von China</u> ausging, <u>sondern auch in umgekehrter Richtung von Konstantinopel nach</u>
50 <u>Asien</u> erfolgte. Innerhalb dieses Rahmens werden auch Einzelschicksale gestreift, wie das eines aus Bulgarien stammenden byzantinischen Feldherrn, dem ein glückbringendes Band
55 mit griechischer Inschrift auf seine militärische Mission in der „Mumienschlucht" mitgegeben wurde ... -af-

1. Kernsatz/Themasatz

Der Text informiert darüber, wie vielfältig die Bewohner der Seidenstraße ihre wertvollen Textilien verwendeten.

Lösungen

2. **Stichpunkte**
- Hinweis auf eine Ausstellung des Bayerischen Nationalmuseums
- Ausstellungsthema: Textilkunst, die auf der Seidenstraße, die Asien und Europa miteinander verband, gehandelt wurde
- Funde aus Felsgräbern des nördlichen Kaukasus
- Seide als Zahlungsmittel der vom 7. bis 9. Jahrhundert im Kaukasus lebenden Bergbewohner
- Verwendungszwecke der Seide:
  - prächtige Gewänder für Stammesfürsten zu Lebzeiten und zum Einhüllen ihrer Leichname
  - Herstellung von Hauben und Kaftanen
  - Verzierung an Kultgegenständen und Kinderspielzeug
  - Seidenbezug an Waffen
  - Seidendrucke
- Ausstellung als Dokumentation des gegenseitigen Warentausches zwischen Europa und Asien.

41 Übung zur Sprache der Inhaltsangabe (S. 85)

1. **Zusammenfassung der Zeilen 34–45**
Die beiden Jungen beginnen das Boot zu schaukeln, um den Kleinen zu erschrecken. Sie springen auf die Seite, auf der ihr jüngster Bruder steht. Er fällt ins Wasser und ertrinkt.

2. **Begriffe**

• Vater und Mutter	Eltern
• Bruder und Schwester	Geschwister
• Onkel, Tante, Oma und Opa	Verwandte
• Berge und Seen	Landschaft
• Morgen, Mittag, Abend	Tageszeiten
• Tiere und Menschen	Lebewesen

Lösungen

42 | GEORGES DUMÉZIL: Balders Tod (S. 88/89)

1. Stichpunkte

Titel:	Balders Tod
Textart:	Sage
Verfasser:	Georges Dumézil
Ort des Geschehens:	germanische Götterwelt
Thematik:	Tötung Balders
Kernfiguren:	Balder, ein guter Ase, Loki, sein Gegenspieler
Problem:	Gefahr für sein Leben
Folge:	Asen, germanische Götter, beschließen Maßnahmen zu Balders Sicherheit, Loki gefällt das nicht
List des Loki:	Er schleicht in Frauenkleidern zu Frigg und erfährt vom Mistelzweig
	Loki verleitet den blinden und waffenlosen Höd, Balder beim Ding zu töten
Folgen des Anschlags:	Keiner kann Balder rächen, da das Ding eine heilige Friedensstätte ist
	Balders Leiche wird mit dessen Schiff verbrannt
	Balders Frau stirbt vor Leid und wird auf dem Scheiterhaufen verbrannt
Absicht des Autors:	Aufzeigen, dass Neid und Missgunst alle Geschöpfe ins Unglück stürzen

2. Ausarbeitung der Inhaltsangabe

A. Bei der Geschichte „Balders Tod", geschrieben von Georges Dumézil, handelt es sich um eine Sage, die in der germanischen Götterwelt spielt. Dort prägen Neid, Hass und Missgunst die Geschöpfe und führen zum Tod des Asen Balders, einem Wesen, das halb Gott, halb Mensch ist.

B. Balder fürchtet aufgrund seiner Alpträume um sein Leben und bittet die anderen Asen, ein germanisches Göttergeschlecht, um Rat. Diese versprechen für seine Sicherheit zu sorgen. Balder wird unverwundbar. Loki beneidet ihn darum, ihm missfällt diese Unverwundbarkeit, und er geht, als Frau verkleidet, zu Frigg, der Mutter Balders. Durch eine List erfährt er, wie Balder zu verwunden ist. Frigg teilt ihm mit, dass alle außer einem Mistelzweig geschworen hätten, Balder zu schonen. Loki reißt diesen Mistelzweig, der Balder verletzen kann, aus und begibt sich zum Ding.

Dort verleitet er den waffenlosen, blinden Höd zu einem Anschlag auf den scheinbar unverletzbaren Gott. Er gibt Höd den Mistelzweig als Wurfgeschoss und leitet ihn an, auf Balder zu schießen. Der Mistelzweig tötet diesen.
Keiner aber kann diese Untat rächen, da das Ding eine heilige Friedensstätte ist. Die Asen verbrennen Balders Leiche mit seinem Schiff und auch Nanna, seine Frau, die aus Kummer darüber stirbt, wird auf dem Scheiterhaufen verbrannt.

C. Aus dieser Sage geht hervor, dass Neid, Missgunst und Hass alle Geschöpfe ins Unglück stürzen kann. Selbst die Götter sind gegen diese negativen Regungen und den Egoismus eines Einzelnen machtlos.

43 Der Affe als Schiedsrichter (S. 89/90)

1. Verbalbeurteilung der angegebenen Schülerarbeit
Deine Rechtschreibung ist gut, beachte aber die Kommasetzung vor dem nachgestellten und eingeschobenen Nebensatz und merke dir, dass die Zeitstufe der Inhaltsangabe Präsens heißt. Bevor du die Reinschrift anfertigst, musst du deinen Entwurf auf sprachliche Ungenauigkeiten im Ausdruck und Stil prüfen. Von den acht möglichen Inhaltspunkten fehlen dir zwei bzw. drei ganz entscheidende, denn du darfst die Lehre der Fabel nicht unterschlagen. Lass dir künftig mehr Zeit und arbeite ausführlicher und aufmerksamer.

2. Verbesserungsvorschlag
Eine koreanische Fabel erzählt, wie sich ein Hund und ein Fuchs um eine Wurst streiten, die sie beide gleichzeitig gefunden haben. Da sie sich nicht einigen können, wem der Fund gehören soll, suchen sie den schlauen Affen als Schiedsrichter auf. Dieser teilt die Wurst, wiegt die beiden verschieden großen Stücke und verkürzt das größere, indem er ein wenig davon abbeißt. Weil er dadurch wieder zwei ungleiche Teile erhält, muss er erneut etwas abbeißen. Auf diese Weise verzehrt er schließlich die ganze Wurst. Hund und Fuchs schleichen daraufhin verärgert über ihre Dummheit davon.
Die Lehre dieser Fabel lautet,
- dass man lieber auf ein kleines Stück verzichten soll, als alles zu riskieren;
- dass man mit dem zufrieden sein soll, was man hat;
- dass man wegen einer Kleinigkeit alles verlieren kann.

44 Der Neuntöter (S. 90/91)

- **Wie sieht er aus?**

Der Rotrückenwürger (Neuntöter) ist ein Singvogel, der sich wie ein Greifvogel verhält. Er ist 18 Zentimeter lang, hat eine Flügelspannweite von 29 Zentimeter und ein Gewicht von 30 Gramm. Das Männchen hat einen grauen Kopf, einen rotbraunen Rücken, das Weibchen ist unauffällig braun.

- **Wo kommt er vor?**

Von Spanien bis weit nach Asien hinein, nördlich bis Südengland und Skandinavien.

- **Wo lebt er?**

In Heidelandschaften mit dornigen Hecken, an Waldrändern und in alten Streuobstwiesen mit Brombeerbüschen.

- **Wie lebt er?**

Neuntöter fangen große Insekten, Eidechsen, junge Mäuse und sogar junge Singvögel. Von einer Zweigspitze aus beobachtet der Rotrückenwürger seine Umgebung. Entdeckt er eine Beute, fliegt er ab, fängt sie, trägt sie auf eine Sitzwarte, verzehrt sie gleich oder spießt sie auf einen Dorn. Durch das Aufspießen kann er große Beute besser zerkleinern und hat auch einen Vorrat für Regentage. Als Zugvogel kommt der Neuntöter im April zurück und besetzt sofort sein Brutgebiet. Das Männchen schleppt Nistmaterial herbei und fertigt den Außenbau, das Weibchen baut die Nistmulde aus Wurzeln, Halmen, weichen Pflanzenhaaren und Moos. Im Mai legt das Weibchen 4–7 Eier und brütet sie in 14–16 Tagen alleine aus, wobei es vom Männchen gefüttert wird. Die Jungen sind Nesthocker, die von beiden Altvögeln gefüttert werden. Nach 15 Tagen sind sie flügge, werden aber noch 3–4 Wochen von ihren Eltern betreut. Im September ziehen die Neuntöter nach Südafrika.

- **Warum ist er gefährdet?**

Früher wurde der Würger wegen seines Beuteverhaltens als „mordlustiger Schädling" verfolgt. Heute werden viele Neuntöter während ihres Zuges in Nordafrika und Südeuropa gefangen und gegessen. Andere kommen durch Gift um, mit dem die Wanderheuschrecken bekämpft werden.
In Deutschland ist der Rotrückenwürger gefährdet, weil immer noch alte, dornige Hecken gerodet, trockene Wiesen und Brachland umgepflügt und alte Obstbaumgrundstücke in Baugebiete verwandelt werden.

- **Was können wir tun?**

Hecken, Feldgehölze und Waldränder erhalten und neu anpflanzen, Brachflächen mit Wildkräutern dulden und auf „Schädlingsbekämpfungsmittel" verzichten.

Lösungen

45 | Steinzeitköpfchen als erstes Porträt der Menschheit (S. 91/92)

1. Klärung unbekannter Begriffe
Archäologe: Wissenschaftler der Altertumskunde
Deformierung: Entstellung, Gestaltveränderung, Missbildung
individuell: persönlich, eigenständig, die einzelne Person betreffend
Medium: Mittel
Schamanin: Priesterin, Zauberin
Sonderstatus: Sonderstellung

2. Erschließung des Textes anhand der Fragen

- Wann und wo wird etwas entdeckt?
  Bei Dolni Vestonice, in der heutigen Slowakei, 1949 bei Ausgrabungen an einem altsteinlichen Siedlungsplatz

- Wer ist der Entdecker?
  Archäologe Bohuslav Klima

- Was findet er?
  Grab einer 40-jährigen Frau mit Grabbeilage: aus Elfenbein geschnitztes Frauenköpfchen, erstes individuelles Porträt.

- Wie sieht dieser Fund aus?
  deutliche Deformierungen der linken Hälfte des Schädelknochens, wahrscheinlich aufgrund einer halbseitigen Gesichtslähmung, mögliche Ursache Knochentumor

- Inwiefern stellen die individuelle Grabbeigabe und die Art der Bestattung eine Besonderheit dar?
  – Steinzeitköpfchen: interpretiert als Hinweis für die besondere Stellung dieser Frau in der Gemeinschaft, eventuell Schamanin
  – aufwendige Bestattung: Fesselung der Toten, Begräbnis unter einem schweren Mammutschulterblatt

3. Einleitung
Der Bericht „Steinzeitköpfchen als erstes Porträt der Menschheit?" erschien 1997 in der Augustausgabe der Zeitschrift „Geschichte mit Pfiff" auf Seite 37. Dieser Text informiert über einen besonderen Grabfund an einem altsteinzeitlichen Siedlungsplatz.

Textgebundener Aufsatz

46 | WILHELM BUSCH: Das Hemd des Zufriedenen (S. 120/121)

Stichpunktartige Stoffsammlung

A. Einleitung:
- **Titel des Textes**
  Das Hemd des Zufriedenen
- **Ort, Erscheinungsjahr**
- **Verfasser**/Daten zum Verfasser/weitere bekannte Werke:
  Wilhelm Busch/Die fromme Helene, Max und Moritz
- **Thematik (Kern des Geschehens)**
  Schlaflosigkeit eines Königs aufgrund seiner vielen Sorgen

B. Hauptteil:
1. Aufbau und Inhalt
- Anzahl der Sinnabschnitte: sechs Sinnabschnitte
- Hauptpersonen: König, weiser Mann, Schweinehirt und seine Familie
- Handlungsablauf, Ursachen und Folgen: Schlaflosigkeit des Königs wegen seiner vielen Sorgen, Rat eines weisen Mannes: Hemd eines zufriedenen Menschen anzuziehen, Suche nach diesem Zufriedenen, in der Stadt kein solcher zu finden, Rückweg der Männer des Königs, Auffinden eines zufriedenen Schweinehirten auf dem Land, dieser ist so arm, dass er kein Hemd besitzt, Rückkehr unverrichteter Dinge, keine Lösung des königlichen Problems
- Bedeutung des Geschehens/Absicht des Autors: keine Hilfe für den König, weil dieser sich nur allein helfen könnte, er müsste innerlich zufrieden sein, wie der Schweinehirt (Z. 28–31), Zufriedenheit nicht von außen, nicht durch Reichtum zu erreichen

2. Textsorte
- Begründung anhand der jeweiligen Merkmale/Beispiele aus dem Text: Märchen: Einleitungsformel, Gegensatz von Arm und Reich, König und Schweinehirt, keine Bestimmung von Ort und Zeit, aber untypisch: kein Happy end

3. Sprache
- besondere Wortwahl: einige veraltete Begriffe
- Satzarten: viele Haupt- und Nebensätze, verhältnismäßig lange Satzgebilde, deshalb teilweise etwas schwer verständlich

C. Schluss:
- Beurteilung des Textes: Zufriedenheit ist nur durch eigene innere Ruhe zu finden, an einfachem Beispiel eindringlich aufgezeigt, Kritik am Streben nach Reichtum
- weiterführende Gedanken zum Text: auch heute noch aktuelle Thematik, ständiges Streben nach Konsum macht unzufrieden

Musteraufsatz

A. Die Geschichte „Das Hemd des Zufriedenen" wurde von Wilhelm Busch verfasst. Bekannt geworden ist Busch durch seine Geschichten von „Max und Moritz" und der „frommen Helene". Es geht im vorliegenden Text, der sich in sechs Sinnabschnitte gliedern lässt, um einen König, der so viele Sorgen hat, dass er nicht mehr schlafen kann.

B. Deswegen ruft er alle seine Räte zusammen und fragt sie um Rat. Ein kluger älterer Mann gibt ihm den Tipp, er solle das Hemd eines zufriedenen Menschen tragen, dann könne er wieder schlafen. Deshalb machen sich einige Männer auf die Suche nach einem solchen Kleidungsstück. In den großen Städten können sie aber keinen Zufriedenen finden. Ohne ihren Auftrag erfüllt zu haben, treten sie den Rückweg an. Dabei treffen sie einen äußerst zufriedenen Schweinehirten, den sie um sein Hemd bitten. Allerdings ist dieser so arm, dass er keines besitzt und deshalb ihre Bitte nicht erfüllen kann. So müssen die Männer unverrichteter Dinge ins Schloss zurückkehren und können dem König nicht helfen.
Mit dieser Geschichte will uns Wilhelm Busch zeigen, dass Zufriedenheit nicht durch Äußerlichkeiten zu erreichen ist. Nicht Reichtum macht glücklich, das zeigt sich an den unzufriedenen reichen Städtern, sondern die innere Einstellung. Der Schweinehirt besitzt keine materiellen Güter, trotzdem ist er glücklich und zufrieden. Diese innere Zufriedenheit fehlt dem König und deshalb kann ihm nicht geholfen werden. Er muss also weiterhin schlaflose Nächte verbringen.
Beim vorliegenden Text handelt es sich eindeutig um ein Märchen, weil er viele Merkmale dieser Textsorte auf sich vereinigt. Erstens beginnt er mit der Einleitungsformel „Es war einmal", zweitens ist er zeitlos und an keinen festen Ort gebunden und drittens lebt die Geschichte von dem Gegensatz zwischen Reich und Arm. Untypisch für ein Märchen ist jedoch das fehlende Happy end.
Sprachlich fallen an dem Märchen vor allem die etwas veralteten Begriffe wie „halte ich dafür" (Z. 8), „gebrach" (Z. 16) und „höchlich" (Z. 25),

auf. Auch enthält der Text viele Haupt- und Nebensätze und verhältnismäßig lange Satzgebilde: „Es war darunter ein alter, erfahrener Mann, der erhob sich, da er vernommen, wie es um den König stand, von seinem Stuhl und sprach ..." (Z. 5–6). Deshalb ist dieses Märchen von Wilhelm Busch stellenweise – vor allem für Kinder – etwas schwer verständlich.

C. Mir persönlich gefällt das Märchen gut, da an einem einfachen Beispiel aufgezeigt wird, dass persönliche Zufriedenheit nur durch jeden Menschen selbst erreicht werden kann. Sie ist eine Einstellung, die nicht käuflich ist. Die Lehre, die dem Märchen zugrunde liegt, ist gerade in der heutigen Zeit wieder sehr aktuell, da für einen Großteil der Menschen nur Reichtum zählt. Sie arbeiten den ganzen Tag und haben so kaum mehr Zeit, weder für sich noch für ihre Familie. Deshalb können auch heute viele nicht mehr ruhig schlafen und damit geht es ihnen wie dem König im Märchen.

47 | AUGUST VON PLATEN: Das Grab im Busento (S. 121)

Stichpunktartige Stoffsammlung

A. Einleitung:
- **Titel des Textes**
  Das Grab im Busento
- **Erscheinungsjahr**
  1820
- **Verfasser/Daten zum Verfasser**
  August von Platen, geboren in Ansbach 1796, gestorben in Syrakus 1835, Dichter der Romantik
- **Thematik (Kern des Geschehens)**
  Begräbnis des Gotenkönigs Alarich

B. Hauptteil:
  1. Inhalt
  - Geschichtlicher Hintergrund des Textes: Völkerwanderungszeit, 410 Tod des Gotenkönigs Alarich in Unteritalien, wird bei Cosenza im Busento begraben, Schilderung dieses Ereignisses
  - Anzahl der Sinnabschnitte: drei Sinnabschnitte

- Handlungsablauf, Ursachen und Folgen: Tod des Gotenkönigs Alarich, Trauer des Heeres, besondere Verehrung des Gotenkönigs: Begräbnis des Königs im Flussbett mit Rüstung und Schwert, daher Umleitung des Busento, anschließend Rückführung des Busento in altes Bett, Grund: Schutz des Grabes vor Plünderungen

2. Textsorte
- Ballade: düsteres, unheimliches Gedicht mit erzählendem Inhalt. Geschichtlicher Hintergrund: Zerfall des Römischen Reiches, Eindringen der Germanen in das Römische Reich, Verwüstung Italiens durch die Goten.
- Gedicht in zehn Strophen zu jeweils zwei Verszeilen

3. Sprache
Sätze immer zweizeilig, Strophe als Satzeinheit
- Paarreime (Lieder/wieder)
- Alliterationen (wälze sie, Busentowelle, wälze sie ...)
- wörtliche Rede („Schlaf in deinen Heldenehren! Keines Römers schnöde Habsucht soll dir je dein Grab versehren!")
- dunkle Vokale in Reihung (Z. 1, 9 und 17) geben Stimmung wieder
- Wortwiederholungen („wälze sie, wälze sie von Meer zu Meere") dienen der Intensivierung des Lobgesangs

C. Schluss:
Absicht des Autors
Aufzeigen der besonderen Verehrung des großen und jungen Gotenkönigs, der Liebe und Dankbarkeit ihm gegenüber; romantische Heldenverehrung und Personenkult

---

48 ARNO HOLZ: Erste Lerche (S. 122/123)

Stichpunktartige Stoffsammlung

A. Einleitung:
- **Titel des Textes**
  Erste Lerche
- **Erscheinungsjahr:** 1898/99

Lösungen

- **Verfasser/Daten zum Verfasser**
  Arno Holz (1863–1929), Schriftsteller der Epoche des Naturalismus, Absicht, alles möglichst naturgetreu darzustellen
  weitere bekannte Werke: „Die Kunst, ihr Wesen und ihre Gesetze" 1891
- **Thematik (Kern des Geschehens)**
  langsames Erwachen des Frühlings, symbolisiert in der ersten Lerche

B. Hauptteil:
1. **Aufbau und Inhalt**
   Gedicht in fünf Strophen, unterschiedliche Verslänge, inhaltlich in zwei Teile gegliedert; Teil 1: Z. 1–24, Teil 2: 25–41
2. **Sprache**
   - **Satzbau:** Aneinanderreihung von Wörtern, reine Aufzählungen, wenig vollständige Sätze
   - **besondere Wortwahl:**
     erster Teil: viele Substantive (Nominalstil). Wirkung: unlebendig, starr
     zweiter Teil: zahlreiche Adjektive und Partizipien, abgeleitet von Verben der Bewegung, z. B. zitternd (zittern), schwindend (schwinden), strömend (strömen). Wirkung: lebendig, bewegt
     Alliterationen (Stabreime), z. B. graue Gräben; flatterdrehig, flügelseitig; Laut, Luft, Landschaft
     zahlreiche Auslassungszeichen

C. Schluss:
Absicht des Autors
möglichst naturgetreue Darstellung des erwachenden Frühlings

Musteraufsatz

A. Das Gedicht „Erste Lerche" wurde von Arno Holz verfasst, der am 26. 4. 1863 in Rastenburg geboren und am 26. 10. 1929 in Berlin gestorben ist. Arno Holz ist ein Vertreter der Epoche des Naturalismus. Die Schriftsteller dieser Zeit wollten die Natur in ihren literarischen Werken möglichst naturgetreu darstellen. Holz entwickelte in seiner theoretischen Abhandlung „Die Kunst, ihr Wesen und ihre Gesetze" von 1891 die Grundideen dieser Richtung.

In seinen Gedichten schildert er in erster Linie die Natur in allen ihren Einzelerscheinungen, beispielhaft zu sehen im vorliegenden Gedicht „Erste Lerche". Hier beschreibt Holz detailliert, wie der Frühling ganz langsam erwacht; symbolisiert wird dieses Erwachen vom Ruf der ersten Lerche.

B. Das Gedicht besteht aus fünf Strophen von unterschiedlicher Verslänge. Es kann in zwei Sinnabschnitte gegliedert werden (Z. 1–24). Der erste schildert die Totenstimmung der Natur im Winter. Der Erzähler schlendert an einem Märzmorgen durch die Natur und sieht „graue Hecken", „falbes Gras", schwarzes Brachland" und hört keinen Laut. Die Sonne scheint nicht, die Landschaft ist kalt und leblos und auch er fühlt sich „sonnenlos". Der zweite Abschnitt (Z. 25–41) beginnt mit einem „plötzlichen Klang". Der „zage, zarte, zitternde" Ruf einer Lerche ist zu vernehmen und der Spaziergänger sieht in den Wolken die erste Lerche, die den Frühling verkündet. Die Natur wird hell und gerät in Bewegung.

In diesem Gedicht reiht der Autor häufig Wörter aneinander, sogar reine Aufzählungen treten an die Stelle vollständiger Sätze.

Die inhaltliche Zweiteilung des Textes spiegelt sich auch sprachlich wider. Im ersten Teil verwendet der Autor in erster Linie Substantive, z. B. „Gräben, Hecken, Rockkragen" etc. Dieser Nominalstil wirkt starr und leblos, so wie es die Natur auch im Winter ist. Im zweiten Teil des Gedichts überwiegen Adjektive und Partizipien, die von Verben der Bewegung abgeleitet sind, z. B. „zitternd", „schwindend", „strömend" etc. Diese Wörter vermitteln Leben und Bewegung und entsprechen dem Inhalt des zweiten Gedichtabschnittes.

Besonders auffällig in diesem Gedicht sind auch die Alliterationen, z. B. „graue Gräben", „flatterdrehig, flügelseitig", „Laut, Luft, Landschaft" sowie die zahlreichen Auslassungszeichen zwischen einzelnen Wörtern.

C. Diese verweisen wohl auf den Anspruch von Arno Holz, die Natur möglichst realitätsgetreu wiederzugeben. Was der Schriftsteller hier nicht mehr auszudrücken vermochte, kann der Leser selbst – vielleicht aufgrund eigener Beobachtungen – ergänzen.

49 Die Macht des Menschen (S. 123)

Stichpunktartige Stoffsammlung

A. Einleitung:
- **Titel des Textes**
  Die Macht des Menschen (vietnamesische Erzählung)
- **Thematik (Kern des Geschehens)**
  Machtvergleich zwischen einem Menschen und einem Büffel

Lösungen

B. Hauptteil:
1. Aufbau und Inhalt
- Schauplatz des Geschehens: Reisfeld
- Hauptpersonen: ein Tiger, ein Büffel, ein Bauer
- Handlungsablauf, Ursachen und Folgen: ein Tiger stachelt einen pflügenden Büffel gegen einen Bauern auf, indem er behauptet, die Macht des Menschen sei nicht so groß wie die des Büffels, der Tiger verweist darauf, dass der Körper des Menschen zwar klein sei, seine Macht aber groß, der Tiger wird neugierig und fordert den Menschen auf, ihm seine Macht zu beweisen. Der Bauer wendet eine List an: Er gibt vor, seine Macht erst zu Hause holen zu müssen; damit der Tiger nicht weglaufe, müsse er ihn an einen Baum fesseln. Der Tiger lässt dies geschehen, kann sich nicht mehr befreien und der Bauer erschlägt ihn mit seinem Knüppel.

2. Textsorte
Begründung anhand der jeweiligen Merkmale/Beispiele aus dem Text: Fabel: Tiere handeln, sie haben menschliche Eigenschaften; Tiger unklug, will sich nicht unterordnen, hetzt andere auf; Büffel weise, arbeitswillig, erkennt Autoritäten an; die Tiere können sprechen; nähere Orts- und Zeitangaben nicht gegeben

C. Schluss:
Lehre: nicht die Äußerlichkeiten sind für die Einschätzung eines Menschen wichtig, sondern sein Charakter und sein Denken

Musteraufsatz

A. Der vorliegende Text „Die Macht des Menschen" erschien in Vietnam, sie wurde ins Deutsche übersetzt. In der Erzählung geht es um einen Machtvergleich zwischen einem Bauern und einem Büffel.

B. Ein Büffel pflügt gerade das Reisfeld eines Bauers. Da hetzt ihn ein Tiger, der das beobachtet, auf, dies nicht mehr länger zu tun, weil er doch stärker als der Mensch sei. Der Büffel weist das Raubtier aber darauf hin, dass die Macht des Menschen trotz seines kleinen Körpers groß sei. Das macht den Tiger neugierig und er fordert den Bauern heraus, ihm seine Macht zu zeigen. Dieser täuscht die Raubkatze, indem er vorgibt, seine Macht zu Hause gelassen zu haben; er müsse sie erst holen. Damit der Tiger währenddessen aber nicht weglaufe, müsse er diesen an einen Baum fesseln. Der Tiger lässt das geschehen, bis er sich nicht mehr bewegen und von den Fesseln

befreien kann. Dann nimmt der Bauer einen Prügel und erschlägt das Raubtier vor den Augen des gehorsamen Büffels, denn die Macht des Menschen liegt nicht in seiner körperlichen, sondern in seiner geistigen Größe.
Beim vorliegenden Text handelt es sich um eine Fabel. Das erkennt man u. a. daran, dass sich Tiere wie Menschen verhalten. Sie können denken und sprechen und haben menschliche Eigenschaften. Der Büffel z. B. ist gehorsam und einsichtig. Er hat erkannt, dass der Mensch im Prinzip stärker als das Tier ist, weil er seinen Verstand gebrauchen kann. Der Tiger hingegen ist aufgrund seiner körperlichen Überlegenheit nicht bereit, sich unterzuordnen. Er überschätzt sich und zieht so den Kürzeren.

C. Der Schluss dieser Fabel vermittelt uns eine Lehre: Nicht die reinen Äußerlichkeiten sind ausschlaggebend für die Einschätzung eines Menschen; sie können täuschen. Wichtig ist es, hinter diese Äußerlichkeiten zu blicken. Man könnte diese Lehre auch mit den Worten des kleinen Prinzen umschreiben: Man sieht nicht mit den Augen, sondern mit dem Herzen gut.

50 | JOSEF REDING: Der Gegenschlag (S. 124/125)

Stichpunktartige Stoffsammlung

A. Einleitung:
- **Titel des Textes**
  Der Gegenschlag
- **Ort, Erscheinungsjahr**
  Wuppertal, 1974
- **Verfasser**
  Josef Reding
- **Thematik (Kern des Geschehens)**
  Racheplan eines Schreinerlehrlings an seinem Meister zur Wiederherstellung von Gerechtigkeit

Lösungen

B. Hauptteil:
1. Aufbau und Inhalt
- Anzahl der Sinnabschnitte: vier Sinnabschnitte
- Schauplätze des Geschehens: Landstraße/Straßengraben an der Landstraße
- Zeitpunkt: nachts, gegen viertel nach zehn
- Hauptpersonen: Richard und sein Chef
- Handlungsverlauf, Ursachen und Folgen: Ausführung des Racheplans: Richard bestückt Pappscheiben mit Nägeln, legt diese auf die Landstraße, kurz bevor sein Chef kommt, damit dieser sich aufgrund einer Autopanne verspätet, Richard will sich an ihm für eine Ohrfeige rächen, Misslingen des „Gegenschlags": Unfall, Schrottwert des Autos, Verletzung Richards, Ende der Geschichte offen
- Bedeutung des Geschehens/Absicht: Kritik des Autors an der Selbstjustiz Richards

2. Form
- Wechsel zwischen Er- und Ich-Erzählung (Rückblick)
- Textsorte/Begründung anhand der jeweiligen Merkmale, Beispiele aus dem Text: Kurzgeschichte: relativ unvermittelter Beginn, offener Schluss, kurzer, bedeutender Ausschnitt aus dem Leben eines Menschen. Zusammenfallen von Höhepunkt und Wendepunkt gegen Ende der Geschichte

3. Sprache
- einfache, leicht verständliche Sprache mit umgangssprachlichen Wendungen
- Satzarten: viele kurze Aussagesätze
- besondere Wortwahl: umgangssprachliche Wörter

C. Schluss:
- **Beurteilung des Textes/Begründung des Urteils:** gelungene Darstellung, Situation Richards gut nachvollziehbar, Anregung zum Nachdenken durch den offenen Schluss
- **weiterführende Gedanken zum Text:** Aktuelles Thema: Bestrafung von Tätern mit der Todesstrafe, Idee ist getragen vom Wunsch nach Rache

Lösungen

51 „Tic Tac Toe" liefern Kinderlieder des ausgehenden Jahrhunderts (S. 126–128)

Stichpunktartige Stoffsammlung

A. Einleitung:
Mittelbayerische Zeitung Regensburg, Donnerstag 1. Mai 1997, im Weltspiegel, von Alexander Ratz, ap

B. Hauptteil:
Es wird die neueste CD der Gruppe „Tic Tac Toe" vorgestellt, mit der sie derzeit auf Tour ist, der Erfolg der drei Mädchen und mögliche Gefahren werden aufgezeigt.

- **Inhalt**
  viel Erfolg bei Zielgruppe pubertierender Mädchen, die Texte versuchen Probleme der Zeit aufzugreifen (Kindesmissbrauch) und sind vorwiegend in einer ordinären Jugendsprache gehalten.
  – die Musik: Mischung aus Reggae, Pop und Rock – eine Tortur
  – drei Sängerinnen, ihr Leben – Vorbildfunktion
  – Probleme der Sängerinnen: Prostitution, Selbstmord des Ehemanns, Rechtsstreit um den Namen – Mitleid bei Fans
  – Aufforderung an Eltern, sich mit den Texten zu beschäftigen
- **Aufbau**
  fett gedruckte Schlagzeile über zwei Zeilen; Untertitel, Autor mit Strich vom Lauftext abgetrennt; dreispaltig, Blocksatz; drei Absätze werden mit fett gedruckten Unterüberschriften eingeleitet; einspaltig; was zu sehen ist, steht unter dem Foto der dpa
- **Textsorte**
  subjektive Textart, der Autor gibt eine Wertung ab „So werden die 13 Lieder leicht zur Tortur." Kommentar mit einem Bild (aktuelles Ereignis die Tournee)
- **Sprache**
  Hochsprache: lange schwierige Sätze (Z. 87–95, 41–46); viele Fremdwörter: touren, soziales Phänomen, Refrain, subjektiv etc.; Wortneuschöpfungen: Möchtegern-coolen, Sozialarbeiter-Pop

C. Schluss:
Text verhältnismäßig schwer verständlich – sollte auch von Jugendlichen gelesen werden, deshalb Bitte an Zeitung, auf Jugendliche mehr einzugehen

Lösungen

52 | Autoberufe – Chancen für Könner (S. 129–130)

Stichpunktartige Stoffsammlung

A. Einleitung:
herausgegeben von der Innung des Kraftfahrzeughandwerks Oberpfalz, Kreis Kelheim/Niederbayern

B. Hauptteil:
In diesem Text wird versucht, Jugendlichen bei ihrer Berufswahl zu helfen, indem ihnen die Vorteile der „Autoberufe" gezeigt werden.

- **Inhalt**
  Ende der Schulzeit, Frage nach einem Beruf; zukunftssicherer Arbeitsplatz; beliebte Berufe; moderne Welt und technischer Fortschritt
- **äußerer Aufbau**
  drei Überschriften, Schlagzeile fett gedruckt und unterstrichen; zwei Untertitel immer kleiner werdend mit Ausrufezeichen; Lauftext einspaltig, nicht im Blocksatz; unterstrichene Unterüberschriften; Männchen mit Sprechblasen; Auto rechts oben
  – erste Seite unten mit dickem Balken abgetrennt/Birne; darunter Adresse
  – zweite Seite Bild: Mann mit Kopf unter Motorhaube unten links, Männchen mit Reifen über dem Arm und Schrägtext, Siegerdaumen; mit Ausrufesatz; für junge Leute ansprechend gestaltet; Rakete als Symbol für Start ins Berufsleben
- **Textsorte**
  Appellative Texte fordern dazu auf, etwas zu tun oder zu lassen. Oftmals werden direkte Aufforderungssätze verwendet („Wenn Ihr sichere Arbeitsplätze wollt, kommt zum ...", Z. 20/21). Manchmal geschieht diese Aufforderung auch indirekt durch Bilder (Männchen). Werbetexte sollen gelesen werden, deshalb fallen sie schon durch ihre äußere Gestaltung auf.
- **Sprache**
  – Jugendsprache: mega in, giga out, echt spitze
  – direkte Anrede: „... stellt sich für Euch die Frage", „Um Euch diese ..."
  – leichte Satzkonstruktionen, leicht verständliche Aufforderungen, englische Ausdrücke: „out", „Hire und fire"

C. Schluss:
einfache, aber einladende Gestaltung, die sicher auch von Interessierten und noch Unschlüssigen gelesen wird

Lösungen

Musteraufsatz

A. Die Werbebroschüre „Autoberufe – Chancen für Könner", aus der uns ein Ausschnitt vorliegt, erschien im Januar 1997. Herausgeber ist die Innung des Kraftfahrzeughandwerks Oberpfalz, Kreis Kelheim/Niederbayern.

B. Mit diesem Text wird versucht, Jugendlichen bei ihrer Berufswahl zu helfen, indem ihnen die Vorteile von Berufen in der Automobilbranche aufgezeigt werden. Mit dem Ende der Schulzeit stellt sich die Frage nach der Lehrstelle und damit nach dem beruflichen Werdegang. Vor allem die „Autoberufe" bieten laut diesem Werbetext zukunftssichere Arbeitsplätze, was heute von größter Wichtigkeit ist.

Die Beliebtheit der Automobilberufe bei jungen Leuten wird bedingt durch den technischen Fortschritt und den Wunsch, an einer modernen Welt mitzubasteln.

Schon durch sein Lay-out erregt der Text unsere Aufmerksamkeit. Drei Überschriften stechen ins Auge. Die Schlagzeile ist fett gedruckt und unterstrichen. Zwei Untertitel, die immer kleiner werden, wurden als Ausrufesätze formuliert. Der Lauftext ist einspaltig und nicht im Blocksatz verfasst, was einen unruhigen Eindruck hinterlässt. Unterstrichene Unterüberschriften im Text sollen neue Kapitel hervorheben bzw. kennzeichnen. Stark vereinfachte Zeichnungen wie z.B. ein Männchen, ein Auto und eine Birne lassen die Anzeige etwas laienhaft erscheinen. Die weiteren Bilder, ein Mann mit dem Kopf unter der Motorhaube, ein Männchen mit einem Reifen über dem Arm und der Siegerdaumen, sollen die jungen Leute ansprechen. Besonders symbolträchtig ist die dargestellte Rakete. Damit ist wohl der Start ins Berufsleben gemeint.

Werbetexte sind appellative Texte, die uns auffordern, etwas zu tun oder zu unterlassen. Vor allem Aufforderungssätze wie „Wenn Ihr sichere Arbeitsplätze wollt, kommt zum ..." (Z. 20/21) unterstreichen dies noch. Aber auch Bilder haben diese Wirkung. Anzeigen und Werbetexte sollen gelesen werden, deshalb wird größter Wert auf ihre äußere Gestaltung gelegt; hier sind es die Zeichnungen in Comic-Art.

Sprachlich sind die Zeilen durch die Jugendsprache gekennzeichnet und damit auch durch die häufige Verwendung englischer Ausdrücke: „mega in" (Z. 44), giga out" (Z. 50), „hire und fire" (Z. 18/19). Damit sich die jungen Menschen persönlich angesprochen fühlen, setzt der Verfasser die direkte Rede ein: „... stellt sich für Euch die Frage" (Z. 6), „Um Euch diese ..." (Z. 12).

C. Der Text wurde mit relativ einfachen Mitteln gestaltet, wirkt aber trotzdem recht ansprechend. Er hilft Interessierten und Unschlüssigen bei ihrer Berufswahl.

53 Boyband Perversion: Freundin? Verboten! (S. 131/132)

Stoffsammlung in Stichpunkten

A. Einleitung:
Jugendzeitschrift X-mag, März 97, unter Rubrik X-life, Artikel von Andreas Hentschel

B. Hauptteil:
Es wird Kritik geübt an den Musikgruppen, die von den Managern aufgebaut werden und die das auch noch alles mitmachen.
- **Inhalt**
  Boyband 911 sind solo, nach eigener Auskunft vertraglich gebunden; durch Aussage ein Mythos zerstört; Problem, immer von Menschen umgeben zu sein, Mädchen sind hysterisch, weil sie glauben, sie würden angesprochen; Boybands sind es nicht wert, angehimmelt zu werden
- **äußerer Aufbau**
  schiefe Überschrift mit Schatten, Perversion in Negativschrift; Text einspaltig im Blocksatz, aber unregelmäßig gesetzt; Bild mit den drei Jungs außerhalb des Schriftsatzes und Untertitel; drei verschieden starke Blocksätze
- **Textsorte**
  subjektive Textart: Kommentar
- **Sprache**
  – Jugendsprache, einfach verständlich: „absolut o. k."; kurze Sätze, einfacher Satzbau (Z. 7–10), aber auch Satzgefüge (Z. 17–20, 28–32); Doppelpunkte, vorher Ellipsen (unvollständige Sätze: Z. 37 „Ihr armen Jungs: ...", Z. 55 „Zwei Dinge noch: ...")
  – Fremdwörter: Mythos, Songs, Klientel
  – Wortneuschöpfung „Boys-Band-Pool"

C. Schluss:
Der Kommentar zeigt uns deutlich, wie Stars gemacht werden, auch sprachlich so formuliert, dass ihn Jugendliche lesen.

Lösungen

Musteraufsatz

A. Der interessante Artikel „Boyband Perversion: Freundin? Verboten!" erschien in der Jugendzeitschrift „X-mag" im März 1997. Er ist dort unter der Rubrik „X-life" zu finden und wurde von Andreas Hentschel verfasst.

B. Der Text übt Kritik an den Musikgruppen, die von Managern aufgebaut werden und alles akzeptieren, was ihnen angeboten wird. Kein Mitglied der Boygroup 911 hat eine Freundin, dazu mussten sich alle Musiker vertraglich verpflichten. Dies beweist, dass alles nur „Mache" ist. Die Problematik dieser Jungen besteht darin, immer von Menschen, besonders Mädchen, umgeben zu sein. Diese reagieren oft hysterisch auf die Liedtexte, weil sie sich angesprochen fühlen. Wenn man aber durchschaut, wie diese Gruppen aufgebaut, man kann sagen, vermarktet werden, müsste jede(r) erkennen, dass sie es nicht wert sind, angehimmelt zu werden.

Die schiefe Überschrift mit Schattendruck und dem Schlagwort „Perversion" im Negativdruck fällt dem Leser sofort ins Auge. Der einspaltige Text ist zwar im Blocksatz, aber unregelmäßig gesetzt. Ein Bild mit den drei Jungs außerhalb des Schriftsatzes rundet den äußeren Aufbau ab.

Bei diesem Kommentar wird ganz deutlich, dass es sich um eine subjektive Textart handelt, die die Meinung des Autors, hier Andreas Hentschel, wiedergibt („Ihr armen Jungs: Ich würde nicht wollen ...", Z. 37).

Die einfache und verständliche Sprache, bei der auch der Jugendjargon, „absolut o. k." (Z. 25), nicht fehlt, spricht eine breite Leserschaft an. Kurze Sätze und einfacher Satzbau (Z. 7–10) sind kombiniert mit Satzgefügen (Z. 17–20, 28–32). Ellipsen, wie in Z. 37: „Ihr armen Jungs ..." und Z. 55 „Zwei Dinge noch: ..." und allgemein gebräuchliche Fremdwörter, „Mythos", „Songs", „Klientel", kennzeichnen die Sprache. Wir finden aber auch Wortneuschöpfungen, ein Beispiel dafür ist „Boy-Band-Pool" (Z. 7).

C. Der Kommentar zeigt deutlich, wie Stars gemacht werden. Da er ansprechend gestaltet und auch allgemein verständlich formuliert ist, wird er sicher von vielen Jugendlichen gelesen werden.

Lösungen

54 | Eine schrecklich fette Familie (S. 133–137)

Stichpunktartige Stoffsammlung

A. Einleitung:
- aus X-Mag, März 1997, Autor Albert Link
- oder: Titel von Fernsehserie entnommen: „Eine schrecklich nette Familie"
- Leselust wird geweckt

B. Hauptteil:
Wir erfahren Hintergründe über Sumo, den japanischen Nationalsport, und das Training der Kämpfer.
- **Inhalt**
  Fahrt durch Tokio; Stellenwert der Kämpfer; Trainingscenter und Kiminore, der Sumo; Lebensbedingungen; Sumo-Regeln; geschichtlicher Rückblick und Interesse heute; Essgewohnheiten und Portionen; Kampf, Kleidung und Riten
- **äußerer Aufbau**
  Bilderreihe mit Kampf ganz oben; gesamter Text im Negativdruck (schwarze Seiten mit weißer Schrift); weiße große Schlagzeile mit dunklem Wort: fette japanische Schriftzeichen; „Ei" in der Mitte, soll vielleicht Vulkan (Kampf) darstellen
- **Textsorte**
  kommentierende Textart; Reportage im Text: geschichtlicher Rückblick, Bilder, Interviews etc.
- **Sprache**
  lange Sätze, die Sachlichkeit erzeugen; wörtliche Rede: „Bitte nicht stören." (Z. 34/35); Fachsprache: Sumo, dohyo (Arena, Z. 127), Chankonabe (Z. 167); viele Klammern, um Erklärungen abzugeben; Neologismen (Wortneuschöpfungen): „Stallneulinge" (Z. 66/67), „Sumo-Gott" (Z. 58)

C. Schluss:
faszinierender Text: Einblick in fremde Kulturen, spannend geschrieben, optisch ansprechend aufgemacht

Lösungen

55 | Mehr Schutz für die Haut (S. 138–140)

Stichpunktartige Stoffsammlung

A. Einleitung:
„Wir und unsere Umwelt", Bundesumweltministerium, Bonn, Interview führte Dr. Maria Hoffacker

B. Hauptteil:
Wir werden informiert, wodurch unsere Haut gefährdet ist und wie wir uns schützen können.

- **Inhalt**
  Zunahme von Hautkrebserkrankungen; Ursachen für Hautkrebs: Umweltfaktoren, Ozonschicht und Krankheiten; verschiedene Möglichkeiten, sich zu schützen; Selbstbeobachtung hilft bei der Erkennung; Heilungschancen gut bei Früherkennung
- **äußerer Aufbau**
  Dachzeile – stellt Interviewpartner vor; kursiv und groß gedruckte Schlagzeile; vierspaltig und Blocksatz; Bild letzte Spalte – eineinhalbspaltig: Dr. Breitbart; Interviewer Fett- und Großdruck „WIR"; Interviewpartner Dr. W. Breitbart Fettdruck
- **Textsorte**
  kommentierende und subjektive Textart; Interview am Aufbau und dem Frage- und Antwortspiel erkennbar
- **Sprache**
  Interviewer: kurze und prägnante Fragestellung: „Wodurch wird Hautkrebs ausgelöst?"; Befragter: lange Sätze mit wissenschaftlichem Charakter, (Z. 4–16); Fachbegriffe aus der Medizin: Neurodermitis (Z. 6), Melanom (Z. 12), UV-Strahlen (Z. 49); Abkürzungen (Z. 139–145)

C. Schluss:
Trotz der vielen Fachausdrücke verständlich und gut erklärt – veranlasst mich vorsichtiger zu sein, mich gegen Sonne zu schützen, Text hat seinen Zweck erreicht

Lösungen

Musteraufsatz

A. Das Interview „Mehr Schutz für die Haut" erschien in der Broschüre „Wir und unsere Umwelt", herausgegeben vom Bundesumweltministerium in Bonn. Das Interview wurde geführt von Dr. Maria Hoffacker.

B. Der Text informiert zum einen über die Gefährdungen unserer Haut, zum anderen über Möglichkeiten, wie wir uns vor Erkrankungen schützen können. Anlass für dieses Interview war die rasante Zunahme von Hautkrebserkrankungen. Sie sind häufig die Ursache für Hautkrebs. Umweltfaktoren spielen hierbei die Hauptrolle, aber auch das Dünnerwerden der Ozonschicht.
Wir können uns auf verschiedene Art und Weise schützen. Selbstbeobachtung hilft bei der frühzeitigen Erkennung dieser Krankheiten. Wenn der Hautkrebs rechtzeitig erkannt wird, bestehen sehr gute Heilungschancen.
Der äußere Aufbau des Textes ist relativ einfach und sachlich. Die Dachzeile stellt den Interviewpartner vor. Es folgt die kursiv und groß gedruckte Schlagzeile. Der Lauftext wurde vierspaltig und im Blocksatz gesetzt. Das Bild des Interviewpartners, Dr. Breitbart, geht über eineinhalb Spalten. Der Interviewer „wir" steht in Fett- und Großdruck, ebenso der Interviewte „E. W. Breitbart".
Bei einem Interview handelt es sich um eine Mischform zwischen objektiver und subjektiver Textart. Man erkennt es am Frage- und Antwortspiel.
Die Sprache zeichnet sich durch zwei wichtige Komponenten aus, einmal durch die kurze und prägnante Fragestellung des Interviewers, z. B. „Wodurch wird Hautkrebs ausgelöst?" (Z. 17/18) und zum anderen durch die langen Antwortsätze des Befragten (Z. 4–16), die dem Text einen wissenschaftlichen Charakter geben. Dieser wird auch noch durch die (medizinischen) Fachbegriffe „Neurodermitis" (Z. 6), „Melanom" (Z. 12), „UV-Strahlen" und die Abkürzungen in Z. 139–145 verstärkt.

C. Trotz der vielen Fachausdrücke bleibt der Text verständlich und erklärt die Problematik anschaulich. Bei mir hat der Text seinen Zweck erreicht: Ich werde vorsichtiger sein und mich in Zukunft besser gegen die Sonne schützen.

Lösungen

56 | Snowboarder, Yetis und Carving-Ski (S. 141–143)

Stichpunktartige Stoffsammlung

A. Einleitung:
Reportage aus „Puncto! 2", Jugendzeitschrift Dez./Jan. 97, Verfasser unbekannt

B. Hauptteil:
Der Text informiert über die neuen Wintersportgeräte, deren Funktion und Handhabung ebenso wie über die Preise.
- **Inhalt**
  Snowboarden, ein neues Vergnügen; verschiedene Boards für verschiedene Fahrten und Fahrer; Ausrüstung außer dem Board; neue Welle: Carving-Ski mit bester Kurvenlage
- **äußerer Aufbau**
  zwei Seiten je dreispaltig, die in Kästchen gesetzten Texte gehören nicht dazu; links oben FREE FOR FUN; Text beginnt mit großem, fett gedrucktem „n", Kleinbuchstabe; Überschrift links unten, Dachzeile unterstrichen; Schlagzeile groß, Fettdruck; Lead dicker gedruckt und 1. Spalte; fett gedruckte Unterüberschriften im Text; Bild beginnt klein auf S. 28 oben und endet fast in der Mitte auf S. 29: zeigt einen Carving-Skifahrer in extremer Kurvenlage
- **Textsorte**
  kommentierende Textart; Reportage, eingestreute Interviews, historischer Rückblick, Bild
- **Sprache**
  lange und kurze Sätze gemischt, man kann dem Text gut folgen (Z. 1–10); Fachsprache: „Snowboarder", „Wintersportfreaks", Carving; Jugendsprache: „Feeling", „Newcomer", Neologismus (Wortneuschöpfung): „Luis-Trenker-mäßig", „Board-Spezialist"; Ellipsen bei den Unterüberschriften im Text

C. Schluss:
Ich freue mich jetzt schon auf den nächsten Winter und werde aufgrund der Reportage einmal einen Carving-Ski ausprobieren.

Lösungen

57 Levi's 501 (S. 144/145)

Stoffsammlung in Stichpunkten

A. Einleitung:
X-mag, September 1996, Jugendmagazin, Autor Albert Link

B. Hauptteil:
Der Autor zeigt uns, wie Kinder in anderen Ländern, hier speziell in Thailand, ausgebeutet werden und wie wir relativ sorglos damit umgehen.

- **Inhalt**
  Einkaufsbummel in Fernost; Kinderarbeit, Arbeitszeit und Folter; „Child Watch"-Kinderschutzbund half; Billigklamotten müssen aus Asien kommen; aber auch Markenprodukte und andere Waren werden so produziert; Ausbeutung durch „uns"
- **äußerer Aufbau**
  Überschrift in Fettdruck mit Schattenbild; Lead etwas dicker gedruckt; dritter Absatz mit größerem Zeilenabstand, um die Idee für diesen Kommentar zu verdeutlichen; restlicher Lauftext ohne Absätze, kein Blocksatz; in drei verschiedenen Richtungen gedruckt; zwei Bilder: Kaufladen und Wunden eines Kindes; handgezogener Ausschnitt eines Kreises um und im Text
- **Textsorte**
  kommentierende Textart; Kommentar
- **Sprache**
  relativ kurze Sätze, um das Entsetzen besser auszudrücken: „Den versprochenen Monatslohn von 60 Mark haben sie nie erhalten."; Jugendsprache am Anfang: „gefaked", „Klamotten"; 3. Absatz: sachliche klare und informierende Sprache

C. Schluss:
Endlich einmal ein Text, den vor allem die lesen sollen, die immer noch auf „Marken-Klamotten" abfahren. Er soll uns zum Nachdenken anregen, wie gut es uns geht, im Gegensatz zu den Menschen in Asien oder Afrika.

58 | Ty-ran-nisiert (S. 146/147)

Stichpunktartige Gliederung

A. Einleitung:
Text aus der Mittelbayerischen Zeitung vom 8. 3. 1997, Autor Peter Schmitt

B. Hauptteil:
Der Autor kritisiert in diesem Text die Präsentation der Sportsendung „ran".

- **Inhalt**
  überall Kameras auf dem Fußballfeld und Interviews; Moderatoren zwischen Werbung und Applaus; Betonung von Nebensächlichkeiten, begleitet von geplantem Beifallklatschen; Akzeptanz der Sendung durch die Zuschauer
- **äußerer Aufbau**
  einspaltig Blocksatz; vier Absätze mit fett gedruckten Anfangsbuchstaben; Schlagzeile mit Bindestrichen getrennt, um Sinn des Wortes zu erhalten und einen zweiten hineinzulegen; Name des Autors durch langen Strich vom Lauftext getrennt; über Schlagzeile „Links Oben" im Negativdruck, hier als Symbol für Meinung
- **Textsorte**
  kommentierende Textart: Glosse „Ty-ran-nisiert"
- **Sprache**
  Ironie: „Heute wird der Fußballfan zwei Stunden ..."; Fachsprache: „Seitenlinie", „Pay-TV"; Satzgefüge: Z. 5–10, sachlicher Charakter, fundierte Kenntnisse; Neologismen: „Hechel-Hechel-Interview", „Fußball-Lehrer"

C. Schluss:
Berechtigte Kritik des Autors: Werbeblöcke, Aussagen der Interviews nach dem Spiel nichts sagend

Lösungen

Musteraufsatz

A. Der Text „Tyr-ran-nisiert" erschien am 8.3.97 in der Mittelbayerischen Zeitung. Peter Schmitt verfasste die Zeilen, die im Sportteil abgedruckt und durch den Balken mit dem Negativdruck über der Schlagzeile besonders hervorgehoben sind.

B. Der Autor kritisiert hier besonders die Präsentation der Samstagabend-Sportsendung „ran".

Die Kritik beginnt damit, dass überall auf dem Fußballplatz und in den Zuschauertribünen Kameras aufgebaut sind, um die unmöglichsten Szenen festzuhalten und sie aus allen möglichen Perspektiven drei- bis viermal in Zeitlupe senden zu können. Weitere Kritikpunkte sind die vielen Werbepausen und das oft leere Gerede der Moderatoren sowie die Tatsache, dass Nebensächlichkeiten den Moderatoren wichtiger sind als das jeweilige Spiel. Besonders schlimm aber ist nach Meinung des Autors, dass die Zuschauer dies alles akzeptieren und durch das so genannte Pay-TV die Gefahr besteht, dass Fußballspiele nur noch per Decoder zu sehen sind.

Der einspaltige, in vier Absätze eingeteilte Text ist im Blocksatz geschrieben. Zu Beginn jedes Absatzes wurde der erste Buchstabe größer und in Fettdruck gehalten. Dies gewährleistet einen guten Überblick. Unter der größeren und fett gedruckten mit Bindestrich verfassten Schlagzeile „Tyran-nisiert" befindet sich vom Lauftext durch einen langen Strich abgetrennt der Name des Autors Peter Schmitt.

Dieser kommentierende Text ist eine Glosse, die die Meinung des Autors wiedergeben und den Leser zum Nachdenken anregen will. Damit der Text auch ein Publikum findet, ist es ein besonders Stilelement der Glosse, ironisch zu sein. Diese Ironie zeigt der Text schon in der besonders gestalteten Überschrift. Der Begriff tyrannisiert weist darauf hin, wie Schmitt diese Art der Sportsendung versteht. Geschickt ist es in diesem Zusammenhang auch, dass der Name der Sendung „ran" in dem Wort „Ty-ran-nisiert" vorkommt.

Die Ironie setzt sich im Text fort: „Heute wird der Fußball-Fan zwei Stunden ty-ran-nisiert." (Z. 3–4). Fachbegriffe werden vom Autor sowohl aus der Fußballersprache, wie „Seitenlinie", „Schlusspfiff", als auch aus der Fernsehsprache, „Pay-TV", „Erstverwertungsrechte" etc., benutzt. Neben umgangssprachlichen Ausdrücken wie „ausflippen", „Woran lag's?", finden wir auch Fremdwörter im Text, z. B. „passé", „exklusiv", „kolossal". Während die Umgangssprache vor allem die Alltäglichkeit zeigen soll, wollen die Fremdsprache und die vielen Satzgefüge (Z. 5–10) den Text versachlichen und ihm eine gewisse Seriosität verleihen. Ebenso finden wir Neologismen, wie „Hechel-Hechel-Interview" oder „Fußball-Lehrer".

C. Die Kritik des Autors richtet sich also an die Macher der Sendung und auch an die Fußballfans bzw. die „ran"-Seher. Er will sie aufrütteln, dass sie sich nicht alles bieten lassen. Dies versucht er mit den Mitteln der Glosse, die, so hofft er, durch die Ironie eine breite Leserschaft anspricht.

Training für Schüler

Theorie ist gut, Praxis ist besser. Deshalb enthalten unsere von Fachlehrern entwickelten Trainingsbände nicht nur alle nötigen Fakten, sondern jede Menge praxisgerechte Übungen mit vollständigen Lösungen. Auf die prüfungsrelevanten Stoffgebiete konzentriert, ermöglichen alle Bände ein effektives Lernen – beste Voraussetzungen, um sich als Schüler selbstständig auf Prüfungen vorzubereiten.

Mathematik

Mathematik Training Funktionen I und II/III 8.–10. Kl.
185 Übungsaufgaben mit ausführlichen Lösungen.
■ Best.-Nr. 91408 .... DM 16,90

Übungsaufgaben Mathematik I – 9. Klasse
115 Übungsaufgaben mit ausführlichen Lösungen.
■ Best.-Nr. 91405 .... DM 14,90

Übungsaufgaben Mathematik II/III – 9. Klasse
67 Übungsaufgaben mit ausführlichen Lösungen.
■ Best.-Nr. 91415 .... DM 12,90

Mathematik Training I und II/III – 8. Klasse
233 Übungsaufgaben mit ausführlichen Lösungen.
■ Best.-Nr. 91406 .... DM 16,90

**Mathematik Training
Aufgaben mit Lösungen Probezeit 7. Klasse**
230 Übungsaufgaben mit ausführlichen Lösungen.
■ Best.-Nr. 91407 .... DM 16,90

Mathematik Training Übertritt 6. Klasse
■ Best.-Nr. 93406 .... DM 14,90

Deutsch

**Deutsch Training
Erörterung – Textgebundener Aufsatz 9./10. Klasse**
■ Best.-Nr. 80401 .... DM 18,90

Deutsch Training Aufsatz – 7./8. Klasse
■ Best.-Nr. 91442 .... DM 16,90

Deutsche Rechtschreibung 5.–10. Klasse
■ Best.-Nr. 93442 .... DM 16,90

**Lexikon zur Kinder- und Jugendliteratur
Autorenportraits und literarische Begriffe** **NEU**
■ Best.-Nr. 93443 .... DM 14,90

Französisch

**Französisch –
Sprechsituationen und Dolmetschen** **NEU**
Übungsaufgaben für die mündliche Prüfung an Realschulen. Mit Lösungen. **CD mit Begleitbuch.**
■ Best.-Nr. 91461 .... DM 24,90

Englisch

Englisch – Wortschatz Mittelstufe
Zur gezielten Erarbeitung des Wortschatzes.
■ Best.-Nr. 91455 .... DM 17,90

Englisch – Hörverstehen 10. Klasse **NEU**
Textbeispiele zur Vertiefung des Hörverständnisses mit Aufgaben und Lösungen. **CD mit Begleitbuch.**
■ Best.-Nr. 80457 .... DM 24,90

Comprehension 3 / 10. Klasse
Übungstexte mit Fragen und Grammatikübungen.
■ Best.-Nr. 91454 .... DM 16,90

Translation Practice 2 / ab 10. Klasse
■ Best.-Nr. 80452 .... DM 15,90

Englische Rechtschreibung – 9./10. Klasse
265 Aufgaben mit ausführlichen Lösungen.
■ Best.-Nr. 80453 .... DM 15,90

Comprehension 2 / 9. Klasse
Übungstexte mit Fragen und Grammatikübungen.
■ Best.-Nr. 91452 .... DM 14,90

Translation Practice 1 / ab 9. Klasse
■ Best.-Nr. 80451 .... DM 15,90

Comprehension 1 / 8. Klasse
Übungstexte mit Fragen und Grammatikübungen.
■ Best.-Nr. 91453 .... DM 14,90

Englisch – Hörverstehen 6. Klasse **NEU**
Textbeispiele zur Vertiefung des Hörverständnisses mit Aufgaben und Lösungen. **CD mit Begleitbuch.**
■ Best.-Nr. 90511 .... DM 24,90

Englisch – Hörverstehen 5. Klasse **NEU**
Textbeispiele zur Vertiefung des Hörverständnisses mit Aufgaben und Lösungen. **CD mit Begleitbuch.**
■ Best.-Nr. 90512 .... DM 24,90

Rechnungswesen

**Realschule Training
Rechnungswesen 9. Klasse** **NEU**
Beispiele und Aufgaben mit vollständigen Lösungen.
■ Best.-Nr. 91470 .... DM 16,90

(Bitte blättern Sie um)

Abschlussprüfungen

Für jedes wichtige Prüfungsfach mit vielen Jahrgängen der zentralgestellten Prüfungsaufgaben an Realschulen in Bayern – einschließlich des aktuellen Jahrgangs 1998 – mit vollständigen Lösungen. Da erfährt jeder Schüler, worauf es ankommt, und geht sicher in die Abschlussprüfung.

Mathematik

Abschlussprüfung Mathematik I
1990–1998: Mit vollständigen Lösungen.
■ Best.-Nr. 91500 .... DM 12,90

Abschlussprüfung Mathematik II/III
1993–1998: Mit vollständigen Lösungen.
■ Best.-Nr. 91511 .... DM 12,90

Deutsch

Abschlussprüfung Deutsch
1987–1998: Aufgaben und Mustergliederungen, ab '97 mit Aufsatzbeispielen und ergänzenden Erläuterungen.
■ Best.-Nr. 91544 .... DM 12,90

Physik

Abschlussprüfung Physik NEU
1990–1998: Mit vollständigen Lösungen. Dazu Übungsaufgaben mit Lösungen sowie 3 Aufgabengruppen, die in Form und Inhalt jeweils einer Abschlussprüfung nach dem neuen Lehrplan entsprechen.
■ Best.-Nr. 91530 .... DM 12,90

Englisch

Abschlussprüfung Englisch
1989–1998: Mit vollständigen Lösungen.
■ Best.-Nr. 91550 .... DM 12,90

Französisch

Abschlussprüfung Französisch
1994–1998: Mit vollständigen Lösungen.
■ Best.-Nr. 91553 .... DM 8,90

Sozialwesen

Abschlussprüfung Sozialwesen
1994–1998: Mit vollständigen Lösungen.
■ Best.-Nr. 91580 .... DM 8,90

Hauswirtschaft

Abschlussprüfung Hauswirtschaft
1994–1998: Mit vollständigen Lösungen.
■ Best.-Nr. 91595 .... DM 8,90

Rechnungswesen

Abschlussprüfung Rechnungswesen NEU BEARBEITUNG
1997–1998: Dazu 3 Übungsaufgaben auf Abschlussprüfungsniveau, konzipiert nach der neuen Prüfungsordnung und umgerechnet auf die neue MwSt. 16%. Alle Aufgaben mit vollständigen Lösungen.
■ Best.-Nr. 91570 .... DM 12,90

Kunst/Werken

Abschlussprüfung Kunst
1994–1997: Mit vollständigen Lösungen.
■ Best.-Nr. 91596 .... DM 8,90

Abschlussprüfung Werken
1994–1997: Mit vollständigen Lösungen.
■ Best.-Nr. 91594 .... DM 10,90

Sammelbände

Fächerkombination Mathematik, Physik – I
1995–1998: Mit vollständigen Lösungen.
■ Best.-Nr. 91402 .... DM 5,90

Fächerkombination Deutsch, Englisch – I und II/III
1995–1998: Mit vollständigen Lösungen.
■ Best.-Nr. 91403 .... DM 5,90

Fächerkombination Mathematik, Rechnungswesen – II/III
1995–1998: Mathematik – mit Lösungen; Rechnungswesen – Jg. '97 und '98 sowie 2 Musteraufgaben mit Lösungen nach der Form der neuen Abschlussprüfung.
■ Best.-Nr. 91412 .... DM 5,90

Sammelband Mathematik, Physik, Deutsch, Englisch – I
1995–1998: Mit vollständigen Lösungen.
■ Best.-Nr. 91401 .... DM 12,90

Sammelband Mathematik, Deutsch, Rechnungswesen, Englisch – II/III
1995–1998: M/D/E – mit Lösungen; Rechnungswesen – Jg. '97 und '98 sowie 2 Musteraufgaben mit Lösungen nach der Form der neuen Abschlussprüfung.
■ Best.-Nr. 91411 .... DM 12,90

Natürlich führen wir noch mehr Buchtitel für alle Schularten. Bitte rufen Sie uns an. Wir informieren Sie gerne!

Telefon: 0 81 61/17 90

STARK
... und lernen wird einfacher!

Bestellungen bitte direkt an: Stark Verlag · Postfach 1852 · 85318 Freising
Tel. 0 81 61/17 90 · FAX 0 81 61/179 51 · Internet http://www.stark-verlag.de
Unverbindliche Preisempfehlung.